Thrivers

好好养孩子

陪孩子慢慢长大，
成为更好的自己

曹马培昕 ◎ 著

中国出版集团　现代出版社

图书在版编目（CIP）数据

好好养孩子：陪孩子慢慢长大，成为更好的自己 / 曹马培昕著. -- 北京：现代出版社，2023.10
ISBN 978-7-5231-0533-7

Ⅰ. ①好… Ⅱ. ①曹… Ⅲ. ①家庭教育 Ⅳ. ①G78

中国国家版本馆 CIP 数据核字 (2023) 第 175107 号

好好养孩子：陪孩子慢慢长大，成为更好的自己

作　　者：	曹马培昕
责任编辑：	姚冬霞
出版发行：	现代出版社
通信地址：	北京市安定门外安华里 504 号
邮政编码：	100011
电　　话：	010-64267325　64245264（传真）
网　　址：	www.1980xd.com
电子邮箱：	xiandai@vip.sina.com
印　　刷：	北京飞帆印刷有限公司
开　　本：	880mm×1230mm　1/32
印　　张：	9.25
字　　数：	225 千
版　　次：	2023 年 10 月第 1 版
印　　次：	2023 年 10 月第 1 次印刷
书　　号：	ISBN 978-7-5231-0533-7
定　　价：	88.00 元

版权所有，翻印必究；未经许可，不得转载

父母子女一场，是相互爱的滋养，更是一种修行。孩子慢慢长大，父母也在养育中成为更好的自己！

推荐序（一）

听说培昕的新书《好好养孩子》即将付梓，我十分高兴。20多年前，培昕的先生在洛杉矶工作的时候我与他相识，通过他，我在2006年认识了培昕。我们保持着密切的交往。多年以来，我们时常会在洛杉矶或北京见面。他们有孩子以后，也时常和我分享孩子们的照片和小视频。培昕作为一个"多面手"操持家务、相夫教子的能力，给我留下了深刻的印象。

我自己是3个孩子的母亲。抚养孩子长大的不容易，那种充满挑战、辛苦、担忧但是心中又满足充实的感觉，我仍然记忆犹新。我从来都相信中华传统文化中关于做人做事的理念的价值。培昕在对孩子的教育中对于传统文化中这些理念的重视，如温良恭俭让、仁义礼智信，让我感到十分欣慰。同时，她也认可西方教育中优秀元素的重要意义。她重视让孩子保持活泼爱玩的天性、培养他们好奇探索的兴趣。她的孩子平时学习音乐、舞蹈、绘画、国际象棋、游泳、滑冰等许多自己喜欢的课外兴趣课程，在学校的学习成绩也很不错。结合东西方文化中的优秀元素教育孩子，不仅可以给他们一个愉快的童年，还可以为他们将来在一个复杂多变的社会中具备适应性和灵活性做好准备。

培昕教育孩子和建设家庭的方法与她的学习领域有关。她的专业方向是行为心理学，其研究领域又包括公共关系和组织形象设计。在这本新作中，她与读者分享有关培养孩子的实务经验与长期累积的见识。认真阅读本书的读者，毫无疑问将会发现本书难得的实用价值。

影视及舞台表演艺术家　卢燕

2022 年 7 月于洛杉矶

推荐序（二）

先生给太太的书作序是个技术活。赞扬不到位的风险是挨太太批，赞扬到位的风险是被读者笑。可是尽管有这样天大的风险，我还是特别愿意为马老师的新作《好好养孩子》实话实说一番。

常言说生和养比起来，养为大。的确，孩子呱呱坠地，对于父母来说只是"养"这个万里长征的第一步。而日常的养，孩子的母亲差不多都冲在最前面。在我眼中，马老师是个特别勇于承担而且善于承担养孩子责任的妈妈。她是一个非常爱孩子的人。落实在行动上，她不仅不怕辛苦（想想每学期周一到周五基本上每天早上6点起床给孩子放音乐加按摩唤醒），而且经常琢磨如何把孩子带得更好。比如，看到许多孩子刚上幼儿园时不适应，她就研究儿童分离焦虑应对策略，并且设计了具体的步骤。结果，我家两个孩子上幼儿园的适应过程都相当顺利。

马老师养孩子这样上心，当然也影响了我。我的职业性质，经常要求长时间、高强度地工作，繁忙是常态。我非常喜欢孩子，但是工作忙起来，也会告诉自己，陪不了孩子也是没办法的事。但是马老师的责任心这个时候隆重出场了。我记得第一个孩子还很小的时候，马老师老是跟我说，孩子的成长需要父亲的陪伴，你一定要想办法多陪陪孩子。唠叨多了，我也越来越觉得很有道理、很重要。于是我只能开动脑筋，深入挖掘时间上的潜力！比如孩子幼儿园运动会和电话会的时间有冲突怎么办？那就电话会的时候到幼儿园外面找个安静的角落打电话，结束后再进去。晚上要谈事怎么办？安排得稍晚一点，等陪孩子吃完晚饭甚至给孩子讲了睡前故事再出去。日积月累，用心找时间陪孩子，孩子回报给了我陪伴他们的无穷乐趣，而我也越来越能找到办法兼顾工作和陪伴。可以自豪地说一句，在孩子的成长过程中，我也算基本上做到不缺位了。这一点，需要感谢马老师那段时间持之以恒的唠叨。

　　一百个家庭，就有一百种养孩子的方法。本书也是一家之言。虽然文中不乏旁征博引，但事实上马老师的感悟和思考主要来自生活中的第一手经验与经历。翻阅本书，相信读者朋友会感到亲切，读到会心处也会莞尔一笑。特别希望读者朋友不吝分享自己的养娃灼见，愿我们在好好养孩子的路途上共同进步！

曹　宇

2022 年 8 月于北京

作者序

2021年5月31日，随着国家放开三胎政策，"生孩子"和"养孩子"这两个问题受到社会各界更高程度的关注。对于父母们来说，生和养，可能养的任务更艰巨。毕竟，生孩子只要十月怀胎就可以了，而养育则是一个缓慢的、熬心费力的过程；不仅要耗费很长的时间，更需要正确的教育引导，孩子将来才能健康快乐有出息。养不好孩子，不仅耽误孩子的成长与发展，甚至影响自己后半生的幸福指数。

我的处女作《好好过日子》出版之后，不少读者和我沟通时说，对于有孩子的家庭来说，过好日子的前提就是在养孩子这件事情上不闹心。这话很实在、很有道理。该书出版后，因为有意于本书的写作，我更深入地调查研究与养育孩子相关的信息。近看之下，更加发现有关孩子养育牵涉的各种家庭、社会问题相当多，能生孩子还真的不等于自然而然就会养孩子。很多人都是在真正成为父母那一刻才愕然发现，原来我们并不比当年自己的父母更懂得教育，甚至我们依然在不知不觉中延续自己不喜欢的方式去教育孩子。例如，没有耐心，对孩子大吼大叫；给孩子报过多的兴趣班，总担心孩子在任何方面落后于人；依然用落后于这个时代的方法给孩子灌输知识……我看着身边不少为人父母的朋友在付出了诸多辛苦后，依然常常对养育下一代中存在的问题感到茫然、屡遭挫折，仿佛是被这个时代里倾泻而下的洪流裹挟一般，状况一个接一个无法停止。

因此，我决定要把"好好"系列继续写下去，这次就要专门写一本有关养育孩子的书，总结我的所失所得和思考，与朋友们共勉。就这样，经过接近一年的筹备、8个月的写作，20万字的《好好养孩子》原稿完成了！

如果说，过去我们读育儿的书籍就像是给自己上一堂课，那么，我希望手捧这本书的您觉得，此刻，我们更像是朋友间一次轻松的促膝对谈。而我只是分享我对孩子们的爱，以及一些我在教养之路上的真心话。此外，这本书中更多的是我对自己10多年来养育儿女体悟的总结：从主观制订培养计划到不断修正教育策略，我和先生在教育孩子的问题上不断磨合、碰撞。我们在养育孩子的过程中也走过弯路，争执和辩论过，也因教育客观环境彷徨迷茫过。后来，我想起苏格拉底说过一句话："教育不是灌输，而是点燃火焰。"最终，我们决定坚定初衷：以"全人素质教育"为养育方向，以打造生存能力、生活能力为基础，以让孩子有抗压、自省、自救等最基本的社会生存所需的心理素质为养育目标，在此基础上让孩子多参加社会实践，给予艺术和生活情趣的启蒙，开阔视野、创新思维，体验不同环境中不同的角色，以增强孩子自身学习、发展的内驱力。

经过十几年的育儿实践，我最深的感触是：我们之所以会觉得养孩子太累，主要是因为急于求成。就家庭层面来说，孩子的养育要纵横几十年才能看出成效。孩子早期的身心成长，中期的学业、事业发展，后期的社会角色担当，无一不体现孩子在原生家庭受到的感染和熏陶，原生家庭的影响力常常超过孩子所有成长阶段学校对他们的作用力，这一点不容忽视。可原生家庭的作用力应当如何分布？在孩子不同的成长阶段父母如何介入？父母对孩子的关注力在不同阶段用几分合适？过度关注与缺乏陪伴之间的平衡点是什么？按计划方案像造螺丝钉那样养育孩子问题会出在哪里？……这些问题在养育孩子的过程中几乎没有一对父母会做得毫厘不差。

我的原生家庭是五口之家，我上面有哥哥还有姐姐，父母从事的是教育工作。作为那个年代的知识分子，总难以避免对孩子的成长指点筹划。多子女家庭都面临一个教育规划问题，而我父母起初对我们三兄妹就有他们自认为很清晰的规划：哥哥文学底子好，就好好念书子承父业，将来从事文学或教育工作；姐姐从小机灵，学业在我和哥哥之上，将来就考所好大学光耀门楣；而我作为家里老幺，在学业上看不出有什么"惊喜"，于是父母决定把我留在身边发挥"小棉袄"的功能。

一切都计划得那么完美，可如今再看：哥哥并没有子承父业做文化教育工作，而是从商；姐姐最终也没有考上父母心仪的大学，而是远离家乡自己去创业；我这个"小棉袄"最终也没能发挥功能，反而在离家最远的北方生活。我们三兄妹貌似完全偏离了父母当年煞费苦心计划好的轨道。可终其结果来看，如今我们三兄妹都过上了自己想要的生活，都在自己的事业和家业上走出了一条自创、自认的通向幸福之路。

经常有朋友问我：

我们对不同阶段事业发展和家庭管理的能力是从哪里来的呢？

我们的婚姻观是怎么形成的？

面对人生变故和发展危机，我们的应变能力、自立能力又是怎么形成的？

其实，我们的家庭观念和生活方式都深受父母的影响。就我个人而言，在那个物质匮乏、娱乐贫瘠的年代，父母营造的温馨的家庭文化氛围和家庭生活方式就当时而言是颇为超前的。它帮助我们形成发展事业、经营婚姻、管理家庭、应变、自立的能力，不少规则和方法在我们自己成为父母之后依然受用。

回忆我们三兄妹的成长过程，我发现，我的父母养育我们可以说是不急不躁的，没有现在普遍可见的焦虑，也没有给我们硬性设定特别"高大上"的目标，对我们的期待和要求也不局限在学习上。他们是要把我们培养成自立自强、对社会有所贡献的人。如今我们三兄妹在3座不同的城市，踏踏实实过着我们心目中认为很不错的日子。其实，可以说，我父母的教育终极目标已基本达成。

而现在的我们要如何养育孩子，当然需要研究、关注时代背景下的各种新课题。"双减"后如何制定教育策略？如何远离"内卷"？如何培养孩子的创新能力？各种新问题不一而足，它们反映了当下这个时代的教育环境和特点。我谨以此书抛砖引玉，希望给"养孩子"这个朴素而永恒的社会话题带来一抹色彩和一段韵律。您翻阅本书，就当多了一份不曾谋面的朋友的分享。多年来，我在儿童教育领域不断钻研，至今依然是个孜孜以求的研究者。若是您发现我的分享和领悟能与您养育孩子的思想碰撞出一些火花，那将是我极大的荣幸。

  时间虽如流沙般从指缝中溜走，我对孩子的爱却更加浓烈，在我创作本书的 8 个月以来，两个孩子仿佛又长大了许多。我深深怀念那些晨起用音乐唤醒孩子的日子，怀念那些稍纵即逝的精油推拿的亲子时光，怀念每一顿惬意的早餐和有仪式感的家庭沟通会，以及无数个和他们在一起的家庭节日聚会。看着他们从嗷嗷待哺的婴儿成长为窈窕淑女和生气蓬勃的少年，我想我是多么幸运。从他们出生时我就清楚地知道，自己要好好养育和陪伴他们。一路走来，我不断地调整自己的生活和养育方式。那些陪伴的时光不只是惠及他们，更让我的生活有了金子般闪亮的光芒。

  原来，养育孩子从来都不是一件苦差事，而是人生乐事。扎克伯格说："愿你成长的世界，好过我们今天的世界。"而我要说的是，生了孩子，就要好好养育，这不仅是职责所在，更是对生命的敬畏之心！最好的成长，不是你已长大，我还未老，而是作为父母，我们有幸与孩子一起慢慢长大！

曹马培昕

2022 年 4 月于北京

目录 CONTENTS

推荐序（一）// I

推荐序（二）// I

作者序 // I

PART 1　好父母思想：想养好孩子，先做好父母

第一章　懂角色转换：做孩子不同人生阶段的好父母 // 003

初为父母，应尽本色 // 003

消除入托分离焦虑 // 007

当个美育启蒙的导师 // 010

学龄儿童择校与幼小衔接方法 // 015

面对懵懂少年，与其为"敌"，不如化"敌"为友 // 019

青年阶段苦恼多，好父母不如好顾问 // 024

孩子成家立业终有时，学做孩子心中的灯塔 // 028

第二章　具备洞察力：孩子并非平庸，只是没被发掘 // 034

洞察孩子身上真正的天赋 // 034

明白何时是才艺学习的关键期 // 041

洞察孩子不专注背后的原因 // 046

究竟要不要给孩子报兴趣班 // 051

第三章　保持教育立场：不"内卷"，不盲从 // 056

好父母的教育立场：学业、事业、家业需并进 // 056

明确的教育目标才能让孩子远离"内卷" // 059

规划孩子不同阶段的学习重点 // 062

学习能力中应试能力不可少 // 065

好父母要统一教育立场 // 066

第四章　教育格局：父母有远见，孩子的未来才更宽广 // 070

父母会潜移默化地影响孩子 // 070

孩子，谢谢你成全了我们做父母 // 073

父母不快乐，便没有快乐的孩子 // 077

好父母从来不当"甩手掌柜" // 079

平衡两种关系：孩子个体发展 & 家族持续发展 // 082

PART 2　好父母观念：
与娃同行，本真生活

第五章　与时俱进：更新做父母的观念 // 089

引导孩子正确看待自己——证明自己不只看成绩 // 089

培养孩子的学习力比拥有好基因更重要 // 093

从容的人生从从容的早晨开启 // 096

新时代家庭教育中养儿养女教育策略不一样 // 098
认清"鸡娃"和"内卷"带来的竞争形态 // 100
"读书无用论"让孩子失去的是什么 // 104

第六章　与娃同频：给予孩子理解、陪伴、保护和引导 // 109
一路同频，才能一路同行 // 109
面对校园霸凌，教会孩子捍卫尊严和生命安全 // 112
建立孩子的底线思维和危机管理意识 // 116
物质给予不能代替父母陪伴 // 120
你没有去过孩子的未来，凭什么让他都听你的 // 124

第七章　善于沟通：好父母都会"好好说话" // 129
善用非语言方式与倔孩子沟通 // 129
危机沟通艺术用在孩子犯错时 // 134
与孩子各科目老师高效率沟通 // 138
孩子受委屈时先当个好听众 // 143
如何与恋爱中的孩子促膝谈心 // 146

第八章　正视教育：好父母也注重应试教育 // 151
孩子不仅要学得好，还要玩得好 // 151
孩子的学习力才是最终的竞争力 // 157
进入高年级孩子应掌握的学习统筹法 // 159
优秀必伴随压力，教孩子如何减压 // 162
当好引路人，做孩子成长的阶梯 // 167

PART 3 好父母行动：好父母是学出来的

第九章　家庭环境：打造好氛围，成长有温度 // 173

打造好的家庭人文环境有秘诀 // 173

小日子大格局：如何降低隔代育儿风险 // 177

二孩家庭新难题：管理和教育的统筹规划 // 183

家庭会议：用企业式管理代替鸡飞狗跳的日常 // 189

给孩子多一些正面反馈的成长环境 // 193

第十章　教育策略：孩子个体发展&家庭发展 // 198

幼儿园启蒙期：蒙以养正，要抓住关键期 // 198

读公立还是读私立？瞄准符合家庭未来发展的靶心 // 202

小学打基础期：稳扎稳打，全面规划方能水到渠成 // 205

初高中过渡期：让孩子身心健康，平稳度过青春期 // 208

大学人生转折期：做孩子人生事业的"成长合伙人" // 213

在不确定性的阶段，长远规划让孩子的路越走越宽 // 216

第十一章　情感联结：面对孩子早恋和嫁娶都释然 // 221

孩子，你只不过是恋爱了 // 221

当青春期撞上更年期 // 224

帮助孩子健全情感世界和社会人格 // 228

你的原生家庭里，藏着孩子的婚恋观 // 231

重组家庭里也有亲情 // 234

第十二章　人生管理：孩子，你快乐所以我们快乐 // 238

思考快乐过好一生的统筹计划 // 238

管理期待值和底线思维同等重要 // 242

让孩子成为自己人生的 CEO // 245

管教要有界限，适时而退是智慧 // 248

让孩子有希望、更快乐地生活 // 251

采访手记

马雪梅：好习惯让孩子受益终身 // 258

周敏茹：孩子的成长只此一次，教育没有回头路 // 261

吕春梅：引导式教育让我与孩子共成长 // 264

孙婷婷：教育和家庭战略规划，一个都不能少 // 267

孟庆玲：每个人都是在错误中成长的，允许孩子犯错 // 270

后记

陪孩子一起成长，遇见更好的自己 // 273

PART 1
好父母思想：
想养好孩子，先做好父母

每个父母心里都希望自己的孩子是优秀的。然而,很多父母都忽视了一个问题——要想培养好孩子,首先要让自己努力成为好父母。

第一章　懂角色转换：做孩子不同人生阶段的好父母

初为父母，应尽本色

世界卫生组织研究指出，从怀孕开始到儿童 2 岁这一时期，是"生命早期 1000 天"，也是决定孩子一生的黄金时期，对体格与智能发展影响深远。0—3 岁的生命很柔软，孩子不同的哭声释放出不同的诉求，照护这个年龄段的孩子，是从最基本的生养陪伴、吃喝拉撒开始，做好本色父母比教育更重要。

然而，近年来，随着"90后""00后"为人父母时代的到来，以及在我国城市化进程中大批农村务工人员涌入城市，"生而不养""养而不教"成为一种社会现象，更成为一种亟待解决的社会问题。父母可以为生孩子付出生命，却不肯为养育孩子付出时间和心思，这类父母不仅没有做好本色父母，更丢失了为人父母最基本的责任。而没有和亲生父母在一起长大的孩子，其情智的发展往往也是欠缺的。

◎ 当好本色父母，就是要给孩子最初的爱与责任

日本作家伊坂幸太郎说过这样一句话："一想到为人父母居然不用经过考试，就觉得真是太可怕了。"是啊，想当父母，生个孩子就可以，但不是每个父母都能做好本色父母。

生了孩子却不抚养孩子长大,这叫渎职。"父母"这个称呼不仅是一种身份的标签,更是一个极具"本色"内涵的角色,如同"英雄本色"一样,爱孩子不过是父母的本能,如果为人父母连"本色演出"都做不到,那么这样的父母必然是不称职的。

在现实中,我遇到过太多这样的例子,孩子从一出生,只是被亲生父母带了几个月,就被送回老家由老人抚养。年轻的父母去大城市奋斗,一年回家次数有限,久而久之,孩子都快把爸爸妈妈的样子忘记了。即便如此,却还有父母指着孩子抱怨:"都是因为你,要不是为了你我才不用出去打工呢!"没有喂养、陪伴孩子已然失职,到头来还要把错误归咎于孩子。

美国著名心理学家、芝加哥大学教授布鲁姆曾对1500多名0—3岁的婴幼儿进行了为期20年的追踪研究,最终得出结论:一个人一生的性格、情商、智力会在3岁以前形成80%,也就是我们中国人常说的"三岁定八十"。美国早期教育专家伯顿·怀特教授也在其著作《从出生到3岁》中写道:"没有任何问题比人的素质问题更加重要,一个孩子出生后头三年的经历,对其基本人格的形成有着无可替代的影响。"

初为父母,应做以生养陪伴为主的本色型父母。

第一,以孩子为本,给予孩子最原始的呵护与关爱。

孩子在3岁以前,每天吃什么、喝什么几乎都取决于自己的父母。对于0—3岁的婴幼儿来说,"爸爸""妈妈"往往就是整个世界!因此,对于这一时期的新手爸妈来说,最重要的职责就是喂养。别以为喂养孩子就像养只小动物那么简单,父母对喂养和营养方面的认知直接关系孩子未来的健康。

第二,父母要开始进行角色转换,尽快适应从"无"到"有"

的变化。

孩子常被我们称为"爱情结晶",当这个"结晶"真正到来时,你会发现有孩子、没孩子的家庭生活完全不一样。一个生命的降临不只是代表家里多了一口人那么简单,伴随的往往是家庭状态、夫妻关系等一系列原有生活轨迹的改变。然而,有不少父母满心欢喜地迎接宝宝的到来,却忘了自己的角色已然开始转变。此时,父母若还是抱着结婚无孩的心态,让自己的人生角色错位,生完孩子出于各种原因不亲自喂养,甚至理所当然地当起"甩手掌柜",一切不良的成长过程就会在孩子幼小的心灵上留下印记,成为影响孩子一生的"病灶",尽管这种养育方式对孩子的伤害不会立刻呈现。一晃孩子大了,这些父母突然又渴望孩子回到自己身边,开始指导孩子的人生,还美其名曰要弥补对孩子曾经"爱的缺席"。殊不知,孩子的记忆和世界观早已成型,你现在才想起塑造孩子,一切晚矣!

第三,分工协作,以"家庭"为单位开始"多成员""企业化"发展。

"男主外,女主内"是中国人的传统观念。在很多家庭中,妻子一人扛起带娃重担,丈夫在外打拼事业、忙于养家糊口,成了养育过程中的"局外人"。于是,"丧偶式育儿""诈尸式育儿"成了很多妈妈的切肤之痛。

我身边就有不少全职妈妈,洛雯就是其中一个。她有一个2岁的儿子,丈夫是典型的"996"工作狂,家里没有老人帮衬,她就辞职在家带起了孩子。丈夫每天上班时,她和儿子还在睡觉,丈夫加班回到家,她和儿子已经睡觉了。仅有的休息日,丈夫也是窝在沙发里忙着电脑上永远回不完的电邮。有次洛雯在厨房给儿子做饭，她在水池里洗菜时，锅里正煮着粥，突然听到"哧哧"的声音，她回头一看，吓得浑身发抖，原来儿子正踮着脚尖试图用手去够锅盖，眼看锅盖手柄已被儿子拉歪，幸好洛雯反应及时，否则后果不堪设想。

家庭好比一个小微企业，要想实现最优发展，就离不开每一位家庭成员的共同努力。夫妻二人从决定以家庭为单位共同生活那一刻起，就构成了生命共同体。作为这个"小微企业"的掌舵人，父母有责任和义务根据自身的特点，发挥各自所长，共同为孩子搭建一个温暖的港湾。在这个过程中，父母的角色缺一不可，二者就像是事业合伙人，更多的是体现合作互补的关系。例如，女性身上自带天然的、男性无法比拟的优势，如心思细腻、情感丰富、做事周到等，那么在3岁以前的喂养时期以妈妈的陪伴为主。而男性通常是意志的锤炼者、理性的修为者，是指引孩子人生航向的船长，更能从大处着眼，在孩子3岁之后要多做到陪伴，守住孩子人生的底线。

当然，家庭教育的分工与企业合作最大的不同是无须明文规定。每个孩子都是独一无二的天使，喂养方式也不是一成不变的。做好本色父母，不仅要与时俱进，更要及时自省、不断修正、推陈出新，才会事半功倍。

成年人的世界固然有很多无奈，但称职的父母绝不会以任何借口放弃养育孩子。本色父母存在的意义就是给予孩子最初的爱与责任。

生而不养，养而不育，何以为家！

或许，你初为人母，精心养育一个孩子的时候总会感到精疲力竭。但多年以后，当孩子逐渐长大成人，总有一天你会发现，陪伴孩子成长的幸福会像空气一样弥漫在我们周围，成为生命里久不消散的余香！

消除入托分离焦虑

分离焦虑症是孩子在0—3岁阶段,由家庭式喂养向融入社会转化的过程中,产生的情绪反应等一系列问题。

我看过诸如蒙氏教育等相关书籍,也有一些自己的思考。

清晰记得几年前第一次送孩子上幼儿园时,我在门口碰到一位年轻的妈妈,她和女儿在门口依依不舍地告别,在她转身的瞬间,女儿号啕大哭并上前抱住了她。我以为她会先安抚女儿的情绪,不料这位妈妈也抱着女儿开始抹泪。女儿见妈妈哭了,于是哭得就更起劲了。实际上,孩子的分离焦虑并非从上幼儿园那天才有的。他们从出生后就会与身边亲密的照料者建立依恋关系,例如,他们会通过啼哭、眼神和肢体动作等来寻求照料者的回应。而当孩子可以分辨出照料者(通常是妈妈)和陌生人的区别时,他们就会进入分离焦虑期。孩子在幼儿园门口分离焦虑的表现,其实是父母行为的投射,说明父母平时就没有给予孩子足够的安全感。

相反,只有父母自我的轴心改变,问题才会迎刃而解。情绪会传染,妈妈不开心,孩子必然不快乐;妈妈自己都不愿放手,孩子怎能不焦虑?面对分离焦虑,父母必须先为孩子创设一个有助于他们摆脱焦虑的环境和气氛。

◎ 打造利于孩子摆脱焦虑的环境和气氛

记得女儿在两岁半刚入托时,我提前半年就开始准备了。

例如,提前布置家庭环境,让家里的玩具少了一半;开始抽出半天时间不和她朝夕相处,其间,我有时去工作,有时是单纯地为了与她分离而离开半天。这个过程让女儿逐渐意识到,妈妈并不是随时都在的,妈妈也是要出去工作的。

从最初的不适应,到对我的工作感到好奇,再到慢慢适应我的离开，我用了半年时间，这一行为为女儿后期上幼儿园奠定了基础。

当女儿适应后，我便开始用她能听得懂的语言引导她认识幼儿园：幼儿园会以什么方式存在，在幼儿园我们会做些什么，老师会做些什么……

就这样，女儿慢慢对幼儿园产生了好奇，于是对去幼儿园这件事就产生了期待。

女儿正式与我分离，独自去上幼儿园的第一周，其实我是做好了她的情绪会反复等思想准备的，结果我的设想并没有实现。两周过去，我都没有看到女儿哭闹说不喜欢上学，这让我备感欣慰，我也因此越来越大胆地践行接下来的步骤。

第一步，把家里变得没有幼儿园好玩。

第二步，让孩子曾经长期见面的、熟悉的固定伙伴定期才能出现。

第三步，通过心理引导，把未来要去的幼儿园变得神秘多彩，让孩子发自内心地期待去幼儿园。

第四步，当孩子上了幼儿园以后，我们继续鼓励孩子找到更多好玩、感兴趣的事情，帮孩子找到更多好的伙伴。

很幸运，女儿上幼儿园的整个过程，一切都很顺利。我发现，万事万物只要做好沟通和协调，让一个3岁的孩子接受起来也并没有想象中那么难，父母们不妨试一试我的方法。

除了借助外部环境，利用幼儿语言黄金期，创设语言环境也可以在一定程度上让孩子勇敢表达、摆脱焦虑。

◎ **利用幼儿语言黄金期培养出"能说会道"的娃**

有科学研究表明：父母一旦错过了孩子语言启蒙的关键时期，就会影响孩子的脑部发育，同时给孩子的心理带来巨大影响，并且随着孩子的发展会逐步影响其性格、智力、阅读能力等。你会发现那些语言发展功能相对落后的孩子，在需求得不到满足或不被关注的时候总是会用哭闹来表达，甚至在与他人交流或见到不熟悉的人时本能地往父母身后躲藏，这其实不只是孩子内心没有安全感、感到焦虑，更因为孩子的语言功课没有做好，导致孩子的社会化人格没有被开发出来，那么他在社会化发展中自然欠缺与他人相处的能力。

3岁开始是幼儿语言发展的黄金启蒙时期，然而在现实中很多父母错失了这个时期。这一时期，孩子刚刚会说话，他们的语言世界如同一张白纸，我们要把握这个机会给孩子增加语言修养。

当我的女儿和儿子处于2岁左右时，我跟他们说话都是使用征求式的语气。例如：你喜欢吃面条还是米饭？你喜欢玩这个玩具吗？我们可以去洗澡了吗？你可以洗一下手再吃东西吗？

诸如此类。

其实，语言的培养也是对孩子情感的认知培养。在孩子的语言功能刚被开发出来的时候，我们让他听到的应该是一个征求式的语境，而不是支配式的语境。例如：妈妈，把这个拿来一下；阿姨，我不想吃了；阿姨，我们去玩吧……这些都是支配性语气。

在这样尝试的过程中，我就让爸爸、爷爷、奶奶等家庭成员，都跟孩子用征求式的语气说话。事实证明，女儿不论到了幼儿园还是小学，都是受人欢迎的小朋友。儿子长到2岁左右，开始牙牙学语的时候，我一如既往地使用这种方法，同样，儿子也逐渐成了"小暖男"。

给孩子优美语言的灌输，就是从听开始，让他能够有一个优美语言的环境，从听到说，再到读写，整个语言的发展，就会受到正面的引导。让孩子从小学会用征求式的语气说话，会让人感到很舒服，这样也会帮助孩子在上幼儿园后交到很多小朋友，而在交友过程中，也会因为这些温暖的表达提升孩子的社交能力。当孩子变得越来越勇敢、自信，自然就可以摆脱焦虑，大踏步地向前迈进！

当个美育启蒙的导师

中央音乐学院副院长周海宏提出了一个观点：未来我们呼吁的是以乔布斯为代表的具有很高艺术修养、审美品质的人，他们将引领这个时代的未来。如果父母缺乏对孩子的审美教育，那么孩子的未来可能会无比艰难。

◎ **审美教育并非可有可无**

这么多年来，艺术在中国往往是茶余饭后可有可无的东西。尤其现在被繁忙课业充斥生活的孩子，似乎除了学习什么都没干，父母还"炫"出"成功育子经验"，孩子的每一分钟都被安排得满满的，乱学一气，结果人一生最重要的东西没学。

俗话说"三岁看大，七岁看老"。科学研究表明，人一生中最重要的思维习惯通常都是在3—6岁的幼儿期形成的。这一时期孩子不仅面临上幼儿园，其审美思维、兴趣认知也开始萌芽。父母若能把握这个启蒙的黄金时期，那么对孩子的一生将会有积极影响。

新课改实行以来，教育部颁布了《幼儿园教育指导纲要(试行)》，重申了儿童科学教育的启蒙意义，启蒙是为了开启儿童智力的启智教育。如今，我国主流的教育正在向素质教育发展转型，美育越来越受到家长的重视。孔子所云"兴于诗，立于礼，成于乐"，也是在强调审美对一个人人格培养的作用。

然而，真正的美育并不是眉毛胡子一把抓。很多父母都希望孩子从小就培养几种兴趣爱好，练就一技之长，于是在大街小巷到处找培训班，甚至随波逐流地给孩子上各类乐器课、美术课。美国作家理查德·洛夫在其《林间最后的小孩》一书中提道，"在中国，只有5%的母亲说自己的孩子常常在大自然中探索"，表明很多父母在启蒙教育的过程中都忽视了大自然对孩子身心和精神健康的影响。一味地给孩子上课并不能真正启智。

放眼世界，不同国家对儿童启蒙教育的侧重点不同，如表1-1所示。

表1-1 不同国家对儿童启蒙教育的侧重点不同

国家	侧重点
美国	美国更注重对幼儿艺术的启蒙，他们强调艺术的教育并非天才教育，而是每个人的自我发现
英国	英国十分注重幼儿人格的塑造，同时以伦敦多元文化大都市为背景，将国际视野纳入启蒙教育，让幼儿形成对多元文化的包容意识
法国	法国更注重幼儿对事物的认知与感悟，其中美术教育被视为所有教育的根本，法国80%以上的幼儿课程都和美术有关
日本	日本的家庭氛围比较浓厚，侧重幼儿动手能力与实践能力的培养，倾向于让孩子在创造艺术的过程中获得美的体验
俄罗斯	俄罗斯侧重对幼儿鉴赏能力的培养，让孩子从小在艺术的熏陶中培养艺术的感受力和鉴赏力

◎ 从美育启蒙到人生启智，做孩子成长道路上的伙伴

其实，无论是国内还是国外的教育方式，其宗旨都是培养出健康、快乐、优秀的孩子。

从启蒙到启智，美育最重要的是对孩子审美能力的培养。我的

女儿和儿子从 5 岁开始习画，从绘本开始途经素描、彩铅、水粉，渐进国画、油画、动漫。

（儿子曹嘉佑的绘画作品）

（女儿曹菡熙的绘画作品）

我相信他们的每一次创作，在年幼的心底里种下的不只是美的色彩，更有美的学问，久而久之便形成了别具一格的审美能力。

当然，我也会做他们成长道路上的伙伴，带他们参加一些有意义的艺术展览。

上图所示，是他们人生中首次参加与德国20世纪最重要且最具影响力的女性艺术家珂勒惠支画展。珂勒惠支的作品是一个时代的经典，反映了当时社会的现实与残酷。小朋友是含苞待放的花朵，也是冬日的暖阳与未来的希望，他们的作品通过发散想象力表现了对环境保护的关注。虽然相处时代不同、经历不同，可他们和大师都有一个共同点：都是在用手中的画笔，刻画着心中所想；用笔下的色彩，记录着片刻的瞬间！

一种是记忆，一种是童真！

杨绛先生曾说："好的教育首先是启发人的学习兴趣，学习的自觉性，培养人的上进心，引导人们好学和不断完善自己。要让学生在不知不觉中受教育，让他们潜移默化。这方面榜样的作用很重要，言传不如身教。"3—6岁的孩子思想纯洁如同一张白纸，父母在这张纸上涂抹的是什么颜色，孩子感受到的就是什么颜色。"污池之水，多生泥鳅黑鱼；沧浪之水，偏生鲫鱼；清水江流，能产金鳞之鲤。"唯有通过言传身教、树立典型的表率作用，进行引导式教育，让孩子学有榜样，一生被爱滋养，孩子才更容易成为良才，才会健康快乐成长。

经过多年的育儿实践，我现在更相信一件事，那就是我们在为人父母以后就像是半个哲学家抑或学者。当年幼的孩子问出一个"为什么"后，我们要帮助他思考并探究直至回答出某件事的行为意义，由此我们会重拾自己对他人和整个世界的好奇心。在幼儿的眼中，没有什么是理所当然的存在。我们因此获得了一个看待事物的独特视角。在这样的视角下，幼儿不再只是一个无知的教育对象，而我们也不单单是美育启蒙者的角色，更是陪孩子一起探索世界的好伙伴。

"蒙以养正，圣功也。"无论何时，父母都要保有"蒙以养正"的正确教育观。

每个孩子在经过几年的启蒙教育和思想引导后，未来都有可能成为袁隆平那样的农业家、屠呦呦那样的医学家、李嘉诚那样的企业家，创造不可估量的价值。但前提是父母要时刻以正心、正念、正行去投入孩子的教育事业中。哪怕是微不足道的一件小事，在孩子眼里也可能是一件天大的事。

记得我女儿3岁多的时候，有一次不小心把装满了水的玻璃杯摔在地板上。我瞬间怒火攻心，女儿没有哭，也没有表情，却止不住地打哆嗦。从女儿哆嗦的细节中我看到了她的恐惧。那一刻我意识到，真正的启蒙不只是思维、审美、艺术上的启蒙，更应该关注孩子心智的启蒙。我就在想，如果连妈妈都不能包容孩子的错误，那么这个世界上谁能包容她？相反，孩子往往报以我们百分之百的信任与爱，而她在最需要安慰的时候我们却没有出现。其实这个阶段的孩子，除了开始接受教育，她在妈妈这儿得到的就应该是最温暖的港湾，妈妈的最高职责就是给孩子安全感。

教育不是万能的，但启蒙教育在孩子成长的过程中起着关键作用。让一个呱呱坠地的婴儿，从懵懂无知到学富五车，进而成为一名利于国家和社会的人，是为人父母和一个家庭最成功的事业！

学龄儿童择校与幼小衔接方法

奥地利心理学家弗洛伊德在其人格理论中，将一个人的一生划分为 10 个心理发展时期。如图 1-1 所示，其中，18 岁之前占了 6 个，重要性可见一斑。如果把这 18 年平均分成三个阶段，那就是 0—6 岁、6—12 岁和 12—18 岁。

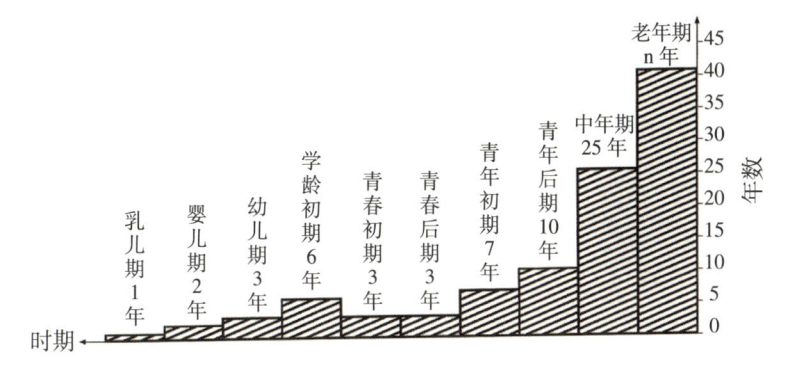

图 1-1 人生各个心理期及年数

显而易见，6 岁之前包含的心理发展时期最多，主要包含乳儿期、婴儿期和幼儿期三个时期，而青春期则包含青春初期和青春后期两个时期。唯有第二个 6 年，即学龄初期仅一个时期，弗洛伊德称之为"潜伏期"，意味着这一时期孩子的变化最多，可塑性也最强。无疑，这是预防青春期失控、成年后失能的最佳育人时期。因此，我们在给孩子一个快乐童年的同时，也要做孩子知识传授的教师型父母，帮他们汲取知识的养分。尤其在学龄初期，帮助孩子完成从"玩"到"学"的心理转变是关键。

◎ **帮孩子完成从"玩"到"学"的心理转变**

父母给了我们第一个童年，无边无际，无忧无虑。

孩子给了父母第二个童年，有声有色，有惊有喜。

但有惊喜的同时，我也经常能收到来自身边父母朋友各种各样的育儿困惑，将所有问题汇聚在一起，组成了大大的两个字——焦虑。其中，最让家长焦虑的问题之一就是幼小衔接问题。

经常会有妈妈提出这样的问题：如何帮孩子做好幼小衔接？

☆ 我家小孩明年就要上小学了，需要提前储备哪些知识呢？

☆ 我的孩子已经上中班了，他们班好多同学准备上完中班，直接上幼小衔接班，不上大班了，我很矛盾，到底要不要上幼小衔接班呢？

☆ 孩子还有两年上小学，是选公立小学还是国际小学呢？

☆ 我们正在给孩子进行幼小衔接教育，但是我和孩子他爸越来越没有信心，幼小衔接到底应该怎样做？怎样培养孩子的学习习惯和专注力呢？

☆ "不辅导作业母慈子孝，一写作业鸡飞狗跳"，如何才能提升孩子的自律性和专注力？

这些问题应该是绝大多数家长的困惑，毕竟都是第一次做父母，家长并不知道怎样帮助孩子平稳地从幼儿园阶段过渡到小学阶段。

其实,家长第一个要了解的问题是:幼小衔接是什么?顾名思义,是孩子从幼儿园过渡到小学的一个衔接阶段,这个阶段起着承上启下的作用,对于孩子而言是一个非常重要的转折阶段。

可能很多家长会觉得小学阶段成绩很容易就能得到提升,不如初中、高中阶段那么重要,有什么好衔接的?事实上,有研究证明:人一生所用的基础知识,90%以上在小学阶段就已经学过并掌握了;人的性格形成在小学阶段,也已经完成了90%;人的人生观、价值观在小学阶段也已经基本定型。如果把孩子的一生比作一幢高楼大厦,那小学阶段就好比这幢大厦的地基,如果地基打不牢,孩子的整个人生会很容易沦为"豆腐渣工程"。

由此可见小学阶段的重要性,而一年级作为小学阶段的基础,更是重中之重。其中,幼小衔接则是决定一年级学习生活好不好的关键。做好幼小衔接,可以让孩子更快适应小学阶段的学习节奏、学习环境,避免孩子因为学习成绩落后失去对学习的信心,错过了一年级打好基础的宝贵机会。

那么,幼小衔接到底应该怎么做?

首先,解决读公立还是私立的择校问题。

起初,在为孩子选择公立还是国际小学时,我也有过一些烦恼,最终选择让孩子读公立小学。我有以下三个方面思考,供家长们参考:

第一,公立学校的教育体系相对稳定和完整,公立学校的管理水平也在渐渐提高和走向成熟。

第二,公立学校是我国教育体系的根本,孩子在公立学校学习中文肯定比国际学校要好。

第三，结合自身因素综合考虑。

按照我们家庭的发展规划来看，短期或者未来移民的可能性很小，而且我们也非常看好中国未来的发展，孩子在中国这个文化体系和沟通语境里，也能得到更丰富的工作机会。毕竟孩子读书到最后就得生存，生存以后就得发展。孩子在中国的公立教育体系中成长，以及将来在中国这个大的环境中工作都会比较顺畅，这是我选择公立小学最主要的一个原因。但我就建议身边的一个朋友为孩子选择国际小学。因为他们家几年之后就要移民，未来全家都要到国外工作生活，我觉得孩子越早进入国际学校的体系学习，今后就越能够以最快的速度融入其中。

可见，孩子读公立小学或者国际小学是要从自身实际出发的，一是看整个家庭的发展前景和父母事业的布局，二是看孩子自身的优势和劣势。

其次，了解孩子的个性和特长，拉长对孩子的学习规划，得出哪种教育方式更能让孩子如鱼得水、取长补短。

在孩子上小学以前，我们不应该只注重知识储备，更重要的是要在学习习惯、自律、对待学习的心理建设等方面培养和引导孩子。也就是说，准备阶段不在于教给孩子多少拼音、汉字，更重要的是帮助孩子养成良好的学习习惯，建立对于学习目标的认知，让孩子拥有充分的学习热情和专注力。

直到现在，我仍记得女儿幼升小时的状态。当时她即将面临幼升小，于是我结合自己的理论基础，提前一年多去做幼小衔接的准备。女儿从一年级开始就不需要我们反复催促她做作业，跟同学和老师也都相处得很好。对于我来说，帮孩子做好幼小衔接后，最大的收获就是可以轻轻松松应对一个小学生的初始求学阶段，也能在照顾好女儿和儿子的同时去做一些自己喜欢的事情。比如，开办工作室，考取精油芳香理疗师资格认证书，获得博士学位，带孩子参加选美活动。其实，当看到自己的父母专注在自己的领域做自己喜欢的事，并且在某些方面比他们做得好时，孩子幼小的心里就会产生一种崇拜、钦佩之情。父母是成人心理，而孩子则还是儿童心理，但当孩子开始以父母为榜样时，父母与孩子的这两种心理就会趋于对等，亲子关系也会更加和谐。

在我看来，家长研究幼小衔接方面的知识最重要的是一定要对孩子的未来发展有一个思考，至少要有一个大致的方向。很多家长可能会说，现在考虑这些问题会不会太早了？其实不然，我们当然不能够左右孩子未来兴趣的发展方向，但是我们可以适时观察，引导孩子，并帮助孩子开发他们的潜力，让孩子完成从"要我学"到"我要学"的心理转变，在小学生涯学得高效、玩得愉快。

面对懵懂少年，与其为"敌"，不如化"敌"为友

人生的前三个阶段不管有没有问题，在"潜伏期"内基本看不出差别，可孩子一旦渐渐长成了懵懂少年，通常在10—15岁这个青春早期的阶段，他们的小秘密变多了，甚至开始厌学、早恋，多种问题立刻暴露无遗。你可能会发现，初入社会的孩子似乎什么都懂一点，却又什么都似懂非懂，他们阴晴不定的情绪更加让人捉摸不透。父母若毫无准备，则根本不知如何与孩子和谐共处。

其实，在青春初期阶段，孩子的心理和身体都还处于高速发展的过程中，孩子旧的心理模式被打破，新的心理模式尚未完全建

立，所以在父母眼中才会显得非常叛逆、矛盾。整个人看起来就像一个易燃易爆的危险品，这也是为什么很多父母会觉得青春期就等于叛逆期。

◎ 做孩子的朋友型父母，当一个懂得共情的朋友

几乎每年都有青少年自杀的新闻见诸报端。根据北京大学儿童青少年卫生研究所发布的《中学生自杀现象调查分析报告》数据显示（如表1-2所示），中学生自杀的首要症因来自家庭矛盾。

表1-2 我国中学生自杀因素调查

因　素	占　比
家庭矛盾	33%
学业压力	26%
师生矛盾	16%
心理问题	10%
情感纠纷	5%
校园霸凌	4%
其他因素	6%

我们总能看到青少年跳楼自杀的社会新闻，而大部分悲剧的酿成都与孩子的父母或教养模式有关。

我之前看过这样一个视频。一个12岁的初中男生因为学习问题和妈妈发生口角，二人互不相让。男孩一气之下，竟然打开窗户纵身跃下，导致脊椎和下肢粉碎性骨折。后来有人问他为什么如此冲动地跳楼，他却淡淡地说了句："妈妈嫌我学习不好。"

比这个男孩更为不幸的是，一名沈阳男孩于2021年12月8日

离家出走，两天后，救援人员在河中发现了男孩的遗体，他即将迎来自己的第十个生日，结果妈妈的一句"不好好读书就去捡垃圾"成了男孩选择了结自己生命的导火线。

青春期阶段，比每天逼着孩子学习更重要的事情是，多陪陪孩子，多跟孩子聊聊天，成为懂得与孩子共情的朋友，而不是成为战胜孩子的对手。

有人说，每个父母和孩子之间都有一场战争，只不过，如果孩子赢了，是一出喜剧，父母赢了，则是一桩悲剧。

首先，父母的心态尤为重要，即应该无条件地信任并接纳孩子。

美国作家乔希·西普在《解码青春期》一书中有这样一段话："当一个孩子不断地推开他的父母，挑衅他的父母，不断做这个测试的时候，其实他就是想看看父母爱不爱自己。"

不知大家有没有这样的感触，十几岁的孩子是很难听进道理的，有时他们甚至不知道自己究竟要什么。此时，父母越是讲道理，与孩子之间的隔阂就会越深，孩子会认为自己的感受被忽视，父母只是为了用权威来迅速解决问题，才会总跟自己剑拔弩张。

有些父母会说自己和孩子已经沟通过了，但那并非真正有效的沟通。孩子并不需要一个在语言或行动上战胜自己的对手，而是一个能够听得见自己心底呐喊的、懂得和他共情的朋友。

父母要时刻提醒自己放低姿态、放平心态，我们所做的一切不是单纯地为了在某些事情上赢孩子，而是为了赢得孩子的心。只有这样，才不会两败俱伤。

其次，孩子的面子也很重要，即使孩子犯错也要维护他的尊严。

面子不只是大人的专属，孩子同样也需要，无论发生任何事，父母都应以尊重的态度和孩子并肩站在一起。从心理学的角度来说，孩子在被父母理解的心灵支撑中，更能获得自尊与归属感。

有次我和朋友晴美聚餐，席间她13岁的女儿希拉全程低着头，只知自顾自地吃饭，几乎不与任何人交流。突然晴美打趣地逗女儿说："你可少吃点吧！你看看自己都胖成什么样子了，买衣服都买不到，小心长大嫁不出去！"在场的友人听后纷纷扑哧一笑，连希拉自己也不好意思地笑了。

饭后我私下跟晴美说，孩子已经长大了，尤其是13岁的女生正是敏感多疑的阶段，孩子也有自尊心，你这份逗趣听起来像是玩笑，但细想大家的欢笑是建立在伤害孩子自尊之上的。

果不其然，据说希拉回家后一直郁郁寡欢，甚至自己偷偷上网买减肥药吃，险些酿成大错。自那以后，晴美说话办事都会特别在意孩子的感受，即便是女儿犯了错，她也不会当众恶狠狠地批评孩子，让孩子没面子。的确，孩子的自尊心远比我们想象的更珍贵，父母的眼里若没有孩子的尊严，孩子的心里也就没了自我存在的价值，轻则会使他们失去向阳生长的养分，重则让他们失去生命。

最后，帮孩子塑造良好形象，陪孩子不断实现自我价值。

美国著名社会心理学家马斯洛在"需求层次理论"中指出，自我实现是人们最高层次的需求，如图1-2所示。

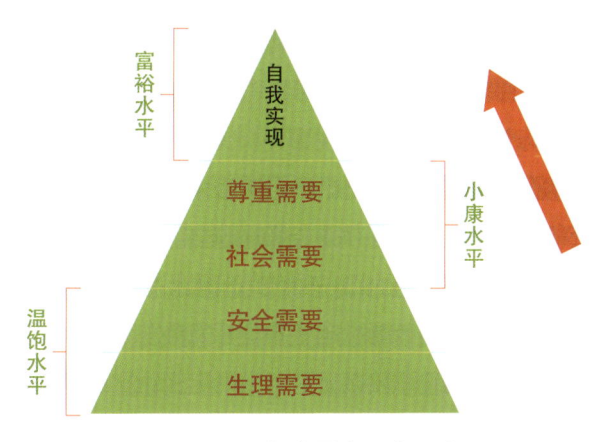

图1-2 马斯洛需求层次理论

青春期是孩子从依恋父母到成为独立个体的一个重要转型期，孩子在自身能力往纵深发展和横向扩展的同时，更多地开始追求自我发展，包括自我独立意识、性意识、自我价值感、自我同一性等，还有群体性和结交密友，最后是追求自我实现。对待孩子在这一时期的各种叛逆、挣脱的表现，父母"不急不慢"是最好的破解之道。

每个青春期的孩子都有自己的性格特征，养儿养女更是不一样。父母可以是儿子的好哥儿们，也可以是女儿的好闺密。但总体来看，孩子在进入青春期后，他们对独立人格的需求越来越迫切，自己与父母在观点上的矛盾也会越来越多，同时他们又认为自己的羽翼已经日渐丰满，于是不愿像过去一样对父母的意见言听计从，而是希望用自己的方式去探索新世界。此时父母的担心也属正常反应，毕竟孩子不谙世事，我们总会担心孩子受到伤害。但是鹰总要飞向属于自己的领空，过多的干涉、阻碍都是徒劳。

有些弯路总要让孩子亲自去走，他们才能更清晰前方的路在哪里；有些苦总要让孩子自己去吃，他们才更能认识到问题的严重性。我们只需要帮孩子守住底线，安静地陪在他们身边，让孩子享受成长的爱与自由，汲取成长正能量！

青年阶段苦恼多，好父母不如好顾问

孩子的人生大事无外乎择业与择偶。

孩子从少年蜕变成青年，在15—18岁成人之前是人生风险最大的时期。孩子面临的选择也越来越多，完全放手让孩子选择并不是最好的方式。因为这一阶段充满了不确定性，在心智尚未完全成熟时就需要父母引导。尤其在选择与未来职业相关的专业方面，这直接关系到未来的生存之道。而从良师益友转型成为顾问，是父母与孩子陪伴十几年路上又一次重要的角色转换。

◎ 做孩子人生十字路口的顾问，引领孩子一同成长

最好的父母不是每天缠着孩子，逼着孩子做选择，而是要比孩子跑得更快，引导孩子正确抉择。尤其在帮孩子选择专业时，不能随波逐流，而是要结合孩子的实际竞争力、父母的资源优势、家族发展传承的文化使命等因素综合考虑。

第一，通过SWOT分析法为孩子做一次深度自我剖析，在帮助其择业时保持冷静与客观的立场。

SWOT分析法原本是一种企业竞争态势分析方法，又称强弱机危综合分析法。主要通过对Strengths——优势（S）、Weaknesses——劣势（W）、Opportunities——竞争市场上的机会（O）和Threats——威胁（T）四个方面的分析，以便更精准地定位。这种方法同样适用于帮孩子在选择专业时做一次深入的自我分析。

以下是我帮助朋友家的孩子露娜做的个人SWOT分析，如表1-3所示。

表 1-3 露娜的个人 SWOT 分析

内部环境分析	优势 Strengths	做事踏实、认真，对于新事物有一定的学习能力
		积极向上，善于发现事物积极的一面
		有爱心和责任心，分析能力强，做事细腻
		是班委会成员，组织能力和管理人员的能力和经验较为丰富
		有较强的竞争意识，且适应能力比较强
	劣势 Weaknesses	情绪多面化，性格开朗但不善于与人沟通
		总是能看到乐观的一面，缺乏一定的危机意识
		执行力和自制力不强，没有养成良好的习惯
		有时不够冷静果断，有时有些优柔寡断
		冒险精神不够，创新力有待提高
外部环境分析	机会 Opportunities	身边很多优秀的同学，有很多向他人学习请教的机会
		刚上高一，还有两个学年，可以在剩余的时间多争取赢得一些荣誉
		是班委会成员，可以利用管理职责多认识一些人，构建人际关系
		利用假期多去打工实习，锻炼自己的综合能力
	威胁 Threats	综合学习成绩排名没有很靠前，单科学习成绩没有特别突出的
		缺乏建立人际关系网的思维，对身边资源的利用率不高
		缺乏一定社会实践经验
		如果没有一项突出的能力，在择业时会有更多的压力，往往不能按照自己的意愿选择专业

经过SWOT分析后，我们就可以通过适当的战略组合，有所侧重地在各方面提升孩子的能力。例如，通过"WT"战略组合，告诉露娜要学会直面来自劣势的威胁，利用高中毕业前的两年时间继续完善自己。当我们帮助孩子建立一个正确的认知后，才能使他站在客观的立场看待专业的选择问题。

第二，通过多平台、多渠道钻研学习、总结经验，并结合资源优势为孩子争取到锻炼的机会。

时移世易，我国的中高考制度也在稳步改革中不断完善，没有天生的专业顾问，只有保持终身学习的好父母。对父母而言，可怕的不是孩子长大我们变老，而是孩子光速前进，我们却不再学习新的东西了。如果我们对当下的环境、所处的世界没有自己的理解，何谈引导孩子去选择方向呢？

除了与时俱进、不断学习，父母也要结合自身的资源优势尽可能地为孩子争取锻炼的机会。我的一位朋友，在女儿高三在读的时候，为她找到一位在高校里当老师的同学，并利用假期带着女儿跟随这位老师完成了一些生物统计相关的项目。后来，听说她女儿顺利去了国外读硕士。我想，实际上并不是因为这段经历让她获得了这样的优势，而是通过这次锻炼，她看到了未来这个行业的雏形，开始意识到自己将来会做什么事情、在实验室里做什么实验，渐渐地就会对自己有一个清晰的认知，做起事来也会更有动力。

因此，如果父母发现孩子在某一方面有兴趣或有极高的禀赋，而刚好我们有这样的资源，不妨让孩子趁早去接触和锻炼。竞争路上，父母可一直担任启蒙者！

第三，通过组织家庭成员团队作战，共同引导、启发孩子为自己的人生做选择。

相信厘清了上述思路，我们就不至于盲目跟风。说到底，孩子选择专业是大事，不能只跟着感觉走，父母多观察社会、多思考问题，孩子才能在择业就业问题上少走弯路。

我身边许多朋友都问过我怎么选专业的问题。其中，很多朋友说，孩子的事情就让孩子自己去做主。

但我的观点不一样。

孩子固然可以提出兴趣所向，但是随着社会的发展、整个环境的变化，父母有着得天独厚的优势。我们有着阅历、经历去帮助孩子做引导、做分析，当孩子的择业顾问。

那么，孩子如何合理地选择自己的专业呢？

其实孩子在升学选择专业时，即便是到了青年时期，他们的经验也是不够的，这时，父母就是孩子最好的顾问。

首先，父母要平等地和孩子交流，去问孩子的心之所向，同时帮他们做好专业发展和社会发展的一些统筹规划等问题。

其次，跟孩子进行交流，对于孩子心有所属的专业方向和大学的功课，父母也要实事求是地帮孩子做一些思考。

现代社会呈多渠道发展趋势，对于孩子的成长、专业选择也是要更加高效。很多人都在感慨，现在的孩子比我们小时候聪明太多了，他们对知识的吸收、头脑的敏捷度以及动手能力，都远超我们。其实这是社会发展、岗位竞争、资源欠缺造成的。

很多人会问：那是要让孩子取长补长还是取长补短？

我的观点是，在孩子的升学问题上，不可避免地要面对竞争，而竞争就是要出众，就是要取长补长，基础素质教育阶段，那就是要取长补短，两者之间是不同的，因为目标不同，目的不同，所以方法也是不同的。

一个家庭就像一个团队,每个人都有自己的优势和最擅长的领域。我们也可以诚邀家庭其他成员,如父辈的人及他们身边的"资深人士",来帮助我们和孩子一起明确心之所向。

爱的动力最深切、最澄明,也最无私。我们需要知道的是,即便是分工合作、家庭作战,每个人也要将所有的力量和最优资源都归集到孩子身上,如此一来我们便给了孩子很高的期待和明确的发展路径,但最终走完这个路径的人,始终只能是他们自己,其他外力皆为辅助。所谓顾问式父母,不是为孩子拍板决定他们的人生,而是不断引导孩子走原本属于他们自己的最正确的路。

孩子成家立业终有时,学做孩子心中的灯塔

亲子关系从来都不是恒久地占有,爱是放手,是老鹰亲手将雏鹰推下悬崖那一刹那的心痛与坚定。

18 岁以后,孩子的生理发育逐渐停止,从孩子身心逐渐成熟这一刻开始,预示着曾经那个襁褓中的小婴儿长大了。这种成熟不仅表现在孩子的性格、能力、情感、自我等方面,他们身上的人格开始趋于稳定,无论是言谈举止还是待人处事等方面都不再需要父母过多的干涉。因此,这一时期的父母要学会接受与放手。

孩子来到我们的生命中,与我们是一场深厚的缘分,我们既不能让孩子的童年太贫瘠,用一生去治愈童年,又不能让孩子觉得成年后无比窒息。为人父母,不仅是一场修行,更是一次胸怀和智慧的远行。

和闺密聊天时曾有人问起过我:"你现在儿女双全,每天都可以陪伴在他们身边,但你有没有想过一晃子女长大了,他们都有了各

自的家庭，你会不会选择让孩子成家立业后依然和你住在一起？"

我果断地回答："当然不能和我在一起！长期和成家后的子女住在一起一定会有问题的。且不说孩子不方便，我也会觉得不方便。就算是早上起来去洗手间，可能我都必须穿得整整齐齐的，这样大家都不自在。"

在我看来，我们和孩子最好的距离就是能够保持"一碗汤的距离"。想念子女时我可以从家里端一碗汤送过去，刚好到了孩子那里，汤还是热热乎乎的，这就是"刚刚好"的距离。但是，现实的距离并不代表灵魂的离开。我们开始和孩子适度保持距离，让孩子去过自己的小日子，这不过是换一种方式继续守护孩子罢了。

◎ 孩子，只要你回头，我永远在你身后！

我非常喜欢作家龙应台《目送》里的一段话："我慢慢地、慢慢地了解到，所谓父女母子一场，只不过意味着，你和他的缘分就是今生今世不断地在目送他的背影渐行渐远。你站在小路的这一端，看着他逐渐消失在小路转弯的地方，而且，他用背影默默告诉你：不必追。"

然而，就算是如此"看得开"的作者，龙应台也曾非常黏儿子。他的儿子安德烈"控诉"龙应台曾经非常喜欢给他打电话，一天二十几条短信、半夜"夺命连环 Call"如同家常便饭，不知道的同学还以为他谈了个女朋友。后来，为了摆脱母亲的"纠缠"，他才同意和母亲以书信的形式交流并发到专栏，也才有了我们今天看到的《目送》一书。龙应台说，因为爱孩子，自己才显得这么无能，总是低声下气。但同时她也体验到："做父母，得从头学起，得放空自己。"

但在现实中，有太多人把孩子培养成了"妈宝"，即便孩子成家立业了，都没有做到渐进式放手，更没做到得体地退出。

以前我在做节目时遇见过一位58岁的冯阿姨，她退休那年，三十而立的儿子刚好结婚。由于家庭条件一直不错，她把儿子从小宠到大。她认为尽管儿子结婚了，但她依然有责任和义务继续照顾儿子、儿媳，一切是那么理所当然。可老伴极力劝阻冯阿姨和儿子、儿媳一起生活。即便如此，冯阿姨还是坚持每天早晚去儿子家帮忙打扫卫生、做饭，直到儿子、儿媳休息后自己才回家。

有一天，冯阿姨像往常一样拎着几袋瓜果蔬菜，满怀欣喜地去儿子家做饭，可发现门打不开了。打电话确认后她才明白，不是她拿错了钥匙，而是儿媳把门锁换了。儿媳的解释是，近期小区里偷盗案很多，为了安全起见才换锁。于是冯阿姨没有多想，照样去给做饭，直到要走的那一刻，冯阿姨才发现儿子、儿媳都没有要给她新锁钥匙的意思。冯阿姨还是不甘心，第二天准备去敲门，结果到了门口听见儿子、儿媳的争论，两个人正在细数自己的不是……

冯阿姨没有再敲门，但备感心酸，她自认是个"二十四孝"婆婆，不料自己的付出换来的却是这般声讨。

客观地说，夫妻二人吵架本是再平常不过的事。外面的风浪其实并不可怕，孩子的成长过程，也是父母的成长过程。真正的父母之爱，是一场体面的退出。但是，得体地退出，并不代表减少对孩子半分的爱，而是调整爱的方式，继续做守护孩子一生的"灯塔"。

第一，灯塔型父母是孩子最初的港湾。

其实，从孩子出生、离开母体开始，他的成长过程就是不断地退出我们的生命：从退出喂养到独自吃饭，从退出怀抱到独立行走，从退出监护到单独外出，从退出供养到自己赚钱，直至退出我们的家庭组建属于他自己的家庭——而父母也由"当事人"变成

"局外人",开始从第一亲密者的角色中离场,直到彻底退出孩子的生活。正如我们送孩子上学时,需要原路折返,而孩子终将渐行渐远。当我们和孩子开始逆向而行的时候,就要从无限期的陪伴变为固定时间的陪伴,我们可以约定让孩子每周或者每半个月回一次家,就像《常回家看看》中唱的一样,"妈妈准备了一些唠叨,爸爸张罗了一桌好饭"。分开的只是距离,在一起时的仪式感却丝毫不减半分,掌握好相聚的次数和尺度,让孩子无论身在何方都能感受到来自父母给予的最初的温暖。

第二,灯塔型父母是孩子追随的方向。

在一次谈话中,演员伊能静在谈及亲子关系时讲到一个故事。她一向有给孩子过生日的习惯,但是从儿子快满18岁时她开始发现儿子不太喜欢和自己过生日了,而是更喜欢和朋友一起过。但是出于照顾妈妈的情绪,每次儿子还是会"故意"留下她切蛋糕。就是这种"故意"让伊能静意识到,自己是时候退出了,作为母亲,她必须从当初那个照顾者的角色中退出,让儿子去经历自己的生活了。于是,在儿子18岁成人礼那天,伊能静决定送给儿子一份礼物——得体地离开,从此做一个"守望者"。

儿子生日那天,她去帮儿子切完蛋糕后,就把过生日的场地留给了儿子,并对他说:"你已经18岁了,你今天可以玩过12点,我帮你准备了一点点啤酒,有什么事你就打电话给我。"说完便转身离开,据伊能静描述,她虽然是笑着离场的,但在回家的车上却哭了。因为她开始明白,爱是放手。父母最大的成就,就是你终于确定,孩子可以离开你,完成他自己的人生。或许人生这艘航船总有迷失方向的一刻,如果孩子在人生中发生重大事件或需要父母的帮助时,你只要让他记得回家的路,在他成长起来的大家庭的一隅，永远有一处暖灯让他取暖，为他提供后方支持就够了。

第三，灯塔型父母是孩子永远的背书。

我们说到灯塔型父母是孩子永远的背书的时候，其实往往指的是社会地位、事业发展。很大程度上，我们不否认一个观点：孩子都是在我们的肩膀上行走，父母打拼一生得来的社会资源，理所当然会传给下一代，成为家庭资源，那么孩子在这上面是可以高效运用的。

一言以蔽之，现在的孩子在专业的选择、事业的选择上，多少都受父母的庇护。但是，灯塔型父母并不会把这种资源优势当成庇护孩子的理由。而是告诉孩子，我有这样的资源优势，然而，你现在的能力是否够得着，能够恰到好处地运用这种优势，则要看你自己。

所以，在孩子的发展中，父母并不是要完全包办到底。孩子在学习过程中，遇到问题，父母理应给予合理的解释；到了孩子创业的阶段，父母会给出合理化的建议；在遇到创业风险时，父母也会尽自己所能帮他们分析问题，最终给孩子正确的引导。

所以，灯塔型父母其实是给孩子来时的路照亮方向的人。

其实这个时代已经远不是自己打拼那么简单，而是讲究个人形象、家庭形象、团队形象和组织形象等综合形象的管理。形象至上的社会已经到来，作为父母管理好自我形象、社会形象，这也不失为是为孩子助力、守护孩子的一种好方法。

照顾和分离是我们每个父母在孩子身上必须完成的使命，使命完成后，就让孩子循着我们的足迹一路向前，而不是让孩子在自己的家庭与父母的斗争中盘旋，他们每天心惊胆战地划着小舢板出海了，结果却满身疲惫、遍体鳞伤地回到家。授人以鱼不如授人以渔。这一路，你可以不求孩子替你争脸，也不求孩子完美无瑕。只要这个由我们带到世上来的生命健康快乐地存在，让我们与孩子在这个美丽的世界上同行一段，足矣。

因此，当孩子成家立业后，请告诫自己：换个方式去爱孩子！让孩子带着我们的祝福勇敢地搭乘属于他自己的人生巨轮披荆斩棘、乘风破浪，你只需要让他记得，无论外面的风有多大、浪有多高，向着家的方向永远有一盏灯为他点亮回家的路，路的尽头有一个可以让他随时停泊栖息的港湾！

「培昕心语」

家庭教育就像是电影演出，在这出戏中，谁是主角？

很多人认为父母是这出戏的主角，的确，没有父母就没有孩子。但随着剧情的发展，我们发现孩子逐渐成为主角，父母在导演、制片、演员、观众等不同的角色中不断切换身份。要想让这出戏精彩纷呈，关键在于父母如何转换角色、摆正关系。在这个过程中，或许父母总会忍不住对剧情的好坏以及剧中的主角评头论足。可能我们平时看到的更多的是从画面到内容，从音效到特效都制作精良的完整的影片。殊不知，一部电影成功与否，不只取决于主角本身，更取决于导演对整个故事的理解，以及配角的衬托。换句话说，唯有各个部门、各个角色互相配合、通力合作才有可能成就一部叫好又叫座的经典电影。

第二章 具备洞察力：孩子并非平庸，只是没被发掘

洞察孩子身上真正的天赋

每个生命都有自己的光芒，每个孩子都有自己的天赋优势，关键在于父母能否发现。可惜，在现实中有太多父母只看到了孩子的学习成绩，却看不到或者很少能发现孩子在其他方面的天赋，最后错过了孩子天赋发展的黄金期。久而久之，已习惯了自己平庸的孩子只能对着"别人家的孩子"心生艳羡。如果我们能尽早洞察孩子的天赋并通过正确的培养路径，给予孩子施展才华、发挥优势的足够空间，那么孩子才更容易在其擅长的领域获得成功，这也是心理学中所谓的"优势效应"。

"世界上没有两片相同的雪花。"曾被老师说成"一无是处"的爱因斯坦，长大后竟成了闻名全球的物理学家；著名音乐家贝多芬能在失聪的情况下坚持创作出诸多伟大的交响乐，凭借的正是他与生俱来的音乐天赋。物理发明也好，音乐作曲也罢，每个孩子的天赋个性总是独一无二的，要知道，这些天赋与后天的才华有着本质的区别，它不会轻易暴露在外，需要家长仔细观察和探寻，若没有让孩子亲自尝试过，他们又怎会知晓自己的天赋或长处是什么？

可见，对待孩子那些隐藏的天赋，家长唯一要做的就是，在遵循孩子成长规律，尊重孩子选择的基础上，从孩子的身上挖掘看不见的"宝藏"。

◎ **天赋被保护和被扼杀的孩子，命运截然不同**

孩子的天赋是被保护还是被扼杀，结果有着天壤之别。

有一部名为《零零后》的纪录片，主要讲述的是生活在同一所幼儿园的不同孩子12年里的成长故事。其中有一段内容令我记忆犹新：有一个名叫锡坤的孩子，他是一个富有探索精神的孩子，十分擅长做物理实验，平时很喜欢与伙伴们共同做一些小实验。对此，老师也非常赞扬和支持，只有锡坤的妈妈表示无法接纳孩子发展他的探索精神。

在妈妈的眼里，孩子只有努力学习数学、语文等学科知识才是有用处的。为了让锡坤成为学优生，妈妈给孩子报了他并不擅长的语言班，进入语言班的锡坤成绩一落千丈，情绪非常抑郁和沮丧。可是妈妈依然固执己见，要求他放弃那些没用的实验，坚持按部就班地学习，却未曾发现如今已经十几岁的孩子，喜欢躲在被单里，这便是他心里唯一喜欢的"游戏"。

锡坤的妈妈是现代社会传统教育中大多数家长的一个典型缩影。她温声细语，精心照料孩子的起居生活，宁可辞职也要陪伴孩子学习，但这种所谓"有用"的教育方式无形中限制了孩子的天赋运用与发展。孩子像是被折了翼的天使，无法施展自己的才华，甚至会因为心灵受到打击而处于崩溃的边缘。

当然，父母为了孩子的未来提前做好打算是人之常情，毕竟走可预见的传统道路可以为孩子的未来谋一份保障，而"不走寻常路"可能会有风险相伴。可是，人生不就是充满了不确定性吗？谁也不敢保证自己为孩子选择的未来就一定没有荆棘。成功不可一蹴而就，那些成功人士的背后往往有一双善于发现的眼睛。

在 Instagram[1] 上，我看过一则火遍整个时尚圈的最小时装设计师的消息。这个最小时装设计师年龄才 4 岁，她可以随意将床单、锡箔纸、纸巾、窗帘等设计成各种时尚、潮流的美丽服装，那些展示在 Instagram 上的精美服装照片令网友们叹为观止。

在她很小的时候，有一次她把妈妈的衣服剪坏了，做成了芭比娃娃的礼服，然后天真懵懂地跑到妈妈面前转身亮相，等待被夸奖。有些妈妈看到孩子将自己的衣服毁坏，第一反应一定是训斥孩子，但她的妈妈反而感到喜出望外，对她表示称赞，并特意将一个房间腾出来专门培养她的设计天赋和想象力，供她尽情地发挥与创造，展示自己的作品。

试想一下，假如她的妈妈不是表扬与支持的态度，而是一味地打击和制止她独特天赋的发挥，也许就不会有如今风靡 Instagram 的最小服装设计师了。与其说这个世界上有所谓"神童"，不如说是孩子恰好能在自己擅长的领域大展手脚。

我作为两个孩子的妈妈，特别想说一点，其实孩子拥有天马行空的想法是件好事。拿我女儿来说，她小时候很喜欢胡乱涂鸦，比如画只小鸟、画朵小花、画一个小女孩等，时间久了我发现那是她的一种探索路径。她很喜欢与我沟通交流有关每天画画的想法，于是我便全力支持她继续画画。有了儿子后，我小心翼翼地保护着他特有的一些创造天赋，比如与他一起用橡皮泥捏成各式各样的小动

1　Instagram（照片墙）是一款运行在移动端上的社交应用，以一种快速、美妙和有趣的方式将你随时抓拍下的图片彼此分享。

物；与他一起玩乐高，搭建梦想的房子……慢慢地，我与孩子们的亲子关系变得更加和谐、融洽，他们也将我视为无话不谈的知心朋友。

德国哲学家雅斯贝尔斯说过："最好的教育，是一棵树摇动一棵树，一朵云推动一朵云，一个灵魂唤醒一个灵魂。"孩子的想象力与创造力需要被挖掘、被看见。作为父母，我们应该成为孩子成长道路上的保护伞，不能只想着约束和限制，而忽视了他们得天独厚的个性与优势。我们要做的是去引导孩子不断地进行尝试，让每个孩子都成为具有独特天赋的"宝藏宝宝"。

◎ 尽早洞察孩子的天赋优势

所谓天赋，是指人们打从出生时天然拥有超越99%的人的那一部分能力，可它又是隐藏在人们个性深处不易被察觉的那一部分。既然孩子的天赋优势如此重要，那么作为父母，怎样尽早发现孩子有没有天赋呢？

在讨论此话题前，我们先来了解一下著名的"多元智能理论"。多元智能理论是美国心理发展学家霍华德·加德纳在哈佛大学创立的零点项目中的一项研究成果，主要包含了人类大脑的八种多元智能，如表2-1所示。

表2-1 霍华德·加德纳的多元智能理论

通过多元智能理论洞察孩子相应的天赋	
语言智能	对声音、语言文字和节奏特别敏感，如作家、记者、演说家等
逻辑—数学智能	拥有非常强的逻辑思维，能够运用数字进行推理和假设，如数学家、会计师、电脑程序员、工程师等

续表

通过多元智能理论洞察孩子相应的天赋	
空间智能	思考问题时习惯用三维空间的方式,能够感知视觉的立体空间中的线条、色彩、形状以及它们之间的关系,如建筑师、航海家、房屋设计师等
肢体—动觉智能	喜欢用肢体动作表达自己的想法,运用灵巧的双手制造工艺和生产事物,如运动员、舞蹈家、木匠等
音乐智能	可以欣赏、创作、辨别和谐的音阶与曲调,如钢琴家、歌手、作曲家等
人际智能	善于察觉他人情绪变化的意向、动机,具有很强的社交能力,如教师、记者、人力资源部职员等
内省智能	能够对自己的人生做出良好的规划和引导,拥有构建自我的能力,懂得怎样应用这些意识察觉做出适当的行为,如心理学家、哲学家等
自然观察智能	具有大自然里面的洞察力以及对生物的鉴别观察力,如鉴赏家、收藏家、考古学家等

1983年,加德纳进一步提出,数学和语文并不是人类智能发展的全部体现,人类智能应更具多元化。根据以上八种智能,每个人的智能组合都有所不同。比如,建筑师空间智能比较强,运动员的肢体—动觉智能比较强,教师的人际智能比较强等。

从多元智能理论来看,每个孩子都像一张智力拼图,他最好的那块拼图究竟是什么谁也无从知晓,一旦找出,孩子的未来便无可限量。

或许你的孩子称不上是学校或班级里多么出色的学优生,但那只是代表他在某一学科并不擅长而已,他还有无数种天赋等待你去挖掘,而挖掘孩子天赋的最好方式就是洞察。

洞察的关键在于细心，我们要从孩子的一举一动、一颦一笑中找寻线索。如果孩子平时喜欢与人交流、聊天，说明他在社交方面很有天赋；如果孩子喜欢跑跳，说明他拥有运动方面的潜力；如果孩子日常表现平平，各方面的能力都不是很优异，父母也不要着急，他的天赋可能表露较晚，这时就需要父母多花一些时间让孩子尝试更多新鲜的事物，在此过程中找到孩子的兴趣所在。

正如教育家傅雷先生在培养儿子傅聪时，先让他尝试绘画，后来发现傅聪绘画时缺乏灵感，提不起兴趣去努力学习。观察了很久，傅雷也一直找不到孩子爱好什么，但他没有泄气，继续日复一日地留意着。直到有一天，他看见傅聪趴在一台老旧留声机旁边静静地一边听着音乐，一边敲打拍子，傅雷瞬间明白了儿子的喜好，并与他进行了深入的沟通。就这样，傅聪从学美术转为学钢琴，多年以后成为享誉国际的著名音乐钢琴师。

除此之外，尽管孩子的天赋会在他的兴趣中表现出来，但是他能否持之以恒，再苦再累也咬牙坚持，敢于一次又一次地挑战自己，才是关键性的"天赋信号"，这方面需要我们用一些智慧和技巧去洞察。

我根据多年的教育经验积累，总结出了孩子的天赋拼图，或许可以帮助您顺利找到孩子的那些"潜藏小天赋"，如表2-2所示。

表2-2 孩子可能存在的"潜藏小天赋"

运动天赋	拥有运动天赋的孩子通常肢体协调能力好，控制力强；爱蹦爱跳，肌肉发达有力；学习骑车、打篮球、轮滑等各种运动时非常快；面部表情丰富，喜欢模仿动物的表情和动作

续表

语言天赋	拥有语言天赋的孩子通常喜欢与人聊天，语言思维逻辑很强，在聊天或叙述故事的过程中善于指出他人语言上的错误；同时这样的孩子还善于记忆歌词、诗词以及语言类相关的广告台词等
音乐天赋	拥有音乐天赋的孩子最明显的特征是喜欢聆听以及哼唱歌曲，学习歌曲和乐器速度快，不走音不跑调，且曲调和谐；平时喜欢用带曲调的声音说话；喜欢模仿各种动物的叫声；能够准确地辨别出各类乐器的声音；能够随着音乐的悲喜而改变自己的情绪
数学天赋	拥有数学天赋的孩子普遍数学口算能力较强，解题速度快、不费力；对数字、时间概念很敏感；可以快速理解数字间的大小关系以及数字与物体个数间的关系
逻辑天赋	这一类的孩子通常善于发现事物之间的规律变化，如物体的大小、颜色以及性质等属性变化，并能够准确地对其进行归类；在回答问题以及语言表达上，可以用到逻辑关联词语"之前……后来……""原来……现在……"等
空间认知天赋	这一类的孩子通常能够清晰记得走过一遍的地方，并记得附近的标志性建筑；喜欢玩迷宫类型的游戏，经常能够顺利通关；喜欢绘画地图，路线描绘清晰
创造天赋	拥有创造天赋的孩子特别喜欢搭建、拆卸玩具；喜欢在各种地方涂鸦、绘画，并能说明自己无规则行为的用意；喜欢编故事、玩角色扮演；对寻常事物总能表达自己不同的见解

需要说明的是，孩子的全部天赋不仅限于此，以上这些特点只是帮助父母们发现孩子身上天赋的代表性线索，想要挖掘孩子更多的闪光点，父母需要摒弃程式化的眼光，用发展性的眼光慧眼识珠。

孩子的天赋如同上帝赠予我们的一份珍贵礼物，它有可能被包裹得严严实实，不会轻易出现。可见，开发孩子天赋的过程是条漫长的路，父母不仅要有"不畏浮云遮望眼"的信念，更要有"柳暗花明又一村"的信心。

明白何时是才艺学习的关键期

天赋只是孩子具备在某方面成才的基础，但并不意味着有了天赋就一定能成才，还需要通过长期艰苦的练习，将天赋转化为个人才艺，而这个过程同样离不开父母的洞察。

英国米德尔塞克斯大学教授琼·弗里曼专注研究儿童心理学多年，她认为，孩子非凡的能力需要获得发展的机会才能被认可。

◎ 营造良好的环境是激活意愿与兴趣的前提

曾经，艺术教育对于大多数普通家庭来说就像是一项贵族教育，唯有家庭富裕的子女才有机会学习歌唱、跳舞、绘画等才艺。如今，随着艺术院校在全国各地数量的增加、社会经济水平的增长，业余艺术教育文化产业的规模也逐渐发展得更加庞大，越来越多的父母开始重视孩子的艺术培养，学习艺术似乎也不再那么遥不可及。

至于怎么洞察，有的父母会说，我的孩子不会唱歌，五音不全；我的孩子声音条件非常好，但她并不爱唱歌。

其实，每个人有某一方面的技能一定是有原因的，即这个人受所处环境的影响。例如，对于五音不全的孩子，父母可以在家里多放一些音乐给孩子听，找到音准的方向，慢慢找到模仿的方向，这是一切的开始。

古人说到声律启蒙，其实就是对素养的培养。实际上，在孩子听音乐、唱歌等问题上，所谓的天赋不完全来自父母，重要的是他所处的环境都充满了音乐。在孩子2岁时，我就非常注重对其乐音、旋律、节奏的培养。每天早上推孩子出门前，我放的是中文儿歌；归来时放的则是英文儿歌；孩子下午午睡起床后，听的是欧洲经典的乐曲；晚上入睡前，听到的是安神的佛教音乐。孩子能通过不同的音乐体会不同的旋律，当积累到一定程度就成了语言。一放中文歌曲，孩子就知道要出门了；一放佛教音乐，孩子就知道要睡觉了。在不同的音乐中，孩子找到了规律，达到一定量级的时候孩子就会慢慢找到音律。我的女儿会唱歌大概是在2岁的时候，一首《小燕子》被她模仿得奶声奶气。于是，我找出一个App，让孩子在不同歌曲的伴奏下唱这首歌。女儿到了三四岁时，已经能唱出很多首歌，甚至有一些是成年人的歌曲。女儿就是在这样的环境中不断地由听、模仿、自己找寻乐音，直到出口成曲，这就是我的孩子们最早在音乐兴趣方面的开发。

说实话，我当时没有深入去想他们是否有这样的天赋，但我觉得音乐和艺术素养还是很重要的。后来，女儿能唱得像模像样时已经7岁了，这时我就和先生商量是否要给她请一位专业的音乐老师，从发声练习到专业声乐。女儿8岁时正式开启了训练，至今已经3年了。由于前面的功课做得很扎实，所以8岁的女儿在上音乐课后除了表现出明显的兴趣外，进步也非常大，至今已经发布了自己的原创歌曲若干首，同时还能用日文、英文等多国语言翻唱很多高难度歌曲。好多人认为我的女儿有音乐天赋，我想告诉大家的是，所谓天赋往往也是后天的环境造就的。这一方法在后来培养儿子的音乐兴趣上也同样得到了证实。

需要说明的是，在进行才艺开发时，父母不要急功近利，从一开始就设定很高的目标，也不要让孩子为谁而学，重要的是开发孩子的兴趣，并让这种兴趣在没有要求和压力的前提下肆意飞扬。久而久之，这些东西会形成孩子内心固定的情绪诉求。现在，我的女儿在休闲时间随时随地唱歌，能听懂流行歌曲，也懂得严肃音乐，自己对歌曲还有不少的体会和理解，这些都是需要我们去尊重的。

2022年伊始，女儿和儿子还有幸参加了北京电视台的演出，双双受到在场嘉宾的赞扬。我内心深处备感欣慰，培养出这样一对"黄鹂鸟"，我也没有付出多大的代价，只不过在环境的营造方面始终甘之如饴地坚持罢了！

即便如此，依然有很多家长心中不免会产生一些疑惑：那些学习艺术的孩子是发自内心地喜欢吗？艺术学习会不会占用孩子的业余玩耍时间，对他们的个性成长发展产生影响？孩子参加艺术培训班真的能够成为下一个郎朗或廖昌永吗？

关于这些问题，或许现在还没有任何人能给出一个标准的答案，但至少我可以肯定地回答：学习艺术的孩子，未来他们的生活情趣、性格都相比同龄人要阳光、开朗、有爱、包容。

我曾在《易经》的"家人卦"中看到一句卦辞，"无攸遂，在中馈，贞吉"。意思是说家里的女人在外（表面上）虽然没有多大的成就，但是操持家里内务，抚养教育下一代，让孩子释放自己的天性，是一项伟大的事业。

我有一个从事医学行业的朋友，她始终相信：性格可以决定命运。在多年工作中，她看到身边同事接受过艺术训练的子女行为谈吐落落大方，无论是在舞台上还是在生活中，总能保持着那份自信和高雅的气质，这让她越来越体会到艺术培养远比美丽更重要。因此，她与5岁的女儿沟通后为她报名了钢琴班，学了一年多，女儿竟拿到了电视台少年组钢琴比赛的第一名。但是她告诉我，她从不会逼迫孩子练习钢琴，或是要求她长大后一定成为出名的钢琴师，剥夺孩子童年的快乐。在她看来，弹琴不仅可以提升女孩子的修养，陶冶情操，让她在不开心时有音乐为伴，还能帮助女儿实现理想，使她生活得更幸福、快乐。

当然，学才艺固然重要，可在此过程中"学而不杂"才是关键。《礼记·学记》有云："杂施而不孙，则坏乱而不修。"如果你为孩子报名多个艺术班，孩子的心可能会散乱，学习的这门艺术知识还未等消化，又要学习另外一门艺术知识，效果往往适得其反，让孩子产生逆反、厌学的心理。学习才艺主要在于精，一旦孩子深度投入，家长便无须继续鞭策他们，他们也会因一次次的突破而感到前所未有的喜悦。待到孩子将一门艺术完全掌握后，便会觉得学习其他才艺也不是什么难事。

◎ 90%的父母不清楚孩子学才艺的关键期

孩子学习各项才艺的最佳年龄是哪个阶段？

美国耶鲁大学博士罗伯特·斯腾伯格做了一项关于孩子"多方面"才能的测验，他认为，儿童智能发育方面也存在一定的关键期。下面，结合儿童发育的自身特点，我们来分析一下孩子学习才艺的最佳适龄期。

1. 学小提琴的最佳年龄为 5—6 岁

小提琴演奏需要孩子单手托住琴身，手指要有力才能拉出好听的乐曲。所以，孩子学习小提琴的年龄不能太小，在 5—6 岁为宜。

2. 学钢琴的最佳年龄为 4—5 岁

学习钢琴需要孩子具备一定的乐谱认知能力以及对音乐的感受能力，比如能够准确地分辨音阶、音色、音调等，手指的力度、手眼的协调能力都要发育好，所以，建议儿童学习钢琴的年龄在

4—5岁。

3.学绘画的最佳年龄为2.5—3岁

孩子从1岁多便具备了涂鸦的能力，再大一点就开始对颜色、形状有了认知，到了4—5岁时就可以画出某个看到的物体，往后便有了对事物的观察力和想象力，因此我认为在2.5—3岁时学习绘画较为适宜。

4.学书法的最佳年龄为10岁左右

学习书法需要很高的技巧性，想要写出漂亮的字体，孩子要掌握书法的正确要领，并持之以恒地进行练习，因此，若孩子对书法感兴趣，可以从一二年级开始学习书法，只是这段时期的学龄儿童理解能力很弱，不容易坚持练习。如果孩子学习书法缺乏持久性，可以到三年级再学。

5.学英语的最佳年龄为3—4岁

孩子通常在幼儿期便开始学习母语，因此为了避免语言音调的干扰，建议孩子从3—4岁就开始接触英语，在学习母语的同时，也跟着老师正规学习英语。

6.学舞蹈的最佳年龄为3岁接触，6—7岁技巧指导

孩子在3岁左右就可以慢慢往前踏步，此时我们可以尝试让他跟着一些培训班体会乐感，差不多每周练习一次即可。若想让孩子跳出更有难度的舞蹈步伐，比如芭蕾舞、现代舞，则不宜太早，否则对孩子的生长发育不好，适龄期为6—7岁。

作为孩子成长道路上的领路人，父母要具备洞察孩子艺术天赋的能力，孩子的各种艺术学习都有相应的适龄期，抓住这些学习的关键期，有助于使孩子的艺术天赋得到快速、高效的发展。

其实，孩子学习才艺究竟有没有用是具有两面性的。如果孩子

喜欢，充满兴趣，能够长久坚持，那么他们学习的艺术就是有价值的。相反，如果孩子不愿意学习父母为他们选择的才艺，每天被父母逼迫学习，那么自然就是没有意义的，即使学了效果也可能不是很理想。

因此，我们可以将 6 岁作为培养孩子才艺的时间分水岭，6 岁之前，我们尽量遵从孩子的意愿，让孩子尝试更多的可能性，从中洞察孩子最喜欢的兴趣。

6 岁之后，我们可以帮孩子提炼出最主要的兴趣，找准培养孩子才艺的方向，并让孩子持续朝着这个方向发展下去，只有这样才能达到事半功倍的效果，最终通往成功的彼岸。

当孩子到了青春期，会有自己的想法和意愿，不想与父母有过多的交集，如果他拥有一项特长，如跳舞是他的特长，他就会与伙伴们共同参与舞台排练，进而去参加更多的演出活动和舞蹈大赛。可见，孩子会将一项兴趣转化为能力，再转化为自己的特长，最后变成参与社会活动的一个本事，那么我想，培养孩子学习艺术这件事就是值得家长去做的。

总之，凡事趁早，家长需要做一名合格的洞察者，将孩子的生活日常尽收眼底，借助遗传基因传递的信号准确抓住孩子偏爱的兴趣，掌握孩子学习才艺的关键期，愿每一个孩子都能在自己擅长的艺术领域发光发热。

洞察孩子不专注背后的原因

专注力，又称注意力，是指一个人专心于某一事物或活动时的一种心理状态。

在心理学上，对于专注力也有一个很专业的定义。它指的是人的心理活动，对外界一定事物的指向和集中。良好的专注力，其实是一个非常重要的基础品质，因为它是我们大脑进行后续的所有感知、记忆、思维等认知活动的一些基础条件。

按照心理学家的研究，不同年龄阶段的孩子的专注力是不一样的，一般来说，一年级孩子的专注力是10—20分钟，二三年级孩子的专注力应该可以上升到半个小时，三年级以上孩子固定的专注力水平在40分钟以上。也就是说，当我们准备让孩子读一年级的时候，他真正能够放在学习上的专注力也就是20分钟。

但很多家长对此并不了解，在他们的理解里，孩子能够坐一两个小时写作业或读书，才算是具备专注力，当他们发现自己的孩子只能坐上20多分钟后，就以为是孩子有问题，就会焦虑，但这种焦虑完全没有必要。

◎ 辩证看待专注力不够的孩子

有的父母会说，我的孩子有时候看电视一看就是几个小时，为什么写作业就坐不住？这是因为，看电视有画面的吸引，调动的是视觉和听觉接受的刺激，但孩子在学习时候的专注力，一般不能调动这么多或者这么生动的视觉和听觉刺激。

所以，从事儿童教育的一些教师，会在上课时间达到十几分钟或者20分钟时，用颜色笔或者一些其他的方式刺激孩子的视觉，进而调动孩子的专注力，然后休息片刻或者转换话题，再回到课堂内容。因为20分钟是孩子专注力的分水岭，再讲下去孩子就会走神、听不进去。

对于父母来说，可以在孩子看书的过程中，去抚摸一下孩子，或者表扬一下他，造成听觉、视觉和触觉的多重刺激，这也是有助于提高专注力的。当然，这种视觉和听觉的刺激也不能太多，不然就是干扰孩子的专注力。

而在培养孩子专注力时,父母特别需要注意的是,不要让孩子一直不停地坐一两个小时,这样的培养其实是有悖于孩子这个年龄段的生理和心理特点的,有可能会让孩子产生厌学心理。

◎ 不能随意给孩子贴"贪玩""不专注"的标签

当孩子从幼儿园进入小学阶段后,很多孩子会在课堂上表现出以下现象:总是在座位上扭来扭去、上课时坐不住、咬铅笔头、抠橡皮甚至交头接耳等。发生这些现象最重要的一个原因就是不专注。可即便如此,作为父母也不能随意就给孩子贴上"不专注"的标签。因为不只是孩子,很多成年人也时常不能专注在某件事上,更何况是几岁的孩子。只不过,"不专注"这种现象在小学一年级的孩子身上表现得更为普遍,其原因主要有以下几个方面。

第一,父母对幼儿园阶段和小学阶段的孩子的期望值不同。

幼儿园阶段的教育主要以幼儿的保育教育为主,孩子在幼儿园只要吃好、睡好、玩好,每天是开心、安全的就好。尽管有些父母也会有更高的期望值,但通常会选择在园外给孩子报兴趣班,通常不会过多地关注孩子在幼儿园学到了多少知识。

但当孩子进入小学之后,父母对孩子的期望就从幼儿园时的"开心就好",转变成了"学习要好"。这一阶段,父母对孩子在学习上就会提出更高的要求和一定的目标,并且要求孩子能努力实现目标。

第二,幼儿园阶段和小学阶段的教学模式有很大不同。

幼儿园的课程,主要是通过讲故事、做手工等寓教于乐的方式进行教学,孩子的专注力更容易被吸引。而小学阶段虽然也会有手工、美术等课程,但主要是以语文、数学、英语为主,和幼儿园时期的课程比起来，小学课程的吸引力相对较弱，故孩子上课时就会不够专注。

第三，幼儿园阶段和小学阶段的课堂纪律要求也完全不同。

在幼儿园阶段，教师对孩子更多是生活习惯等方面的培养，课堂上，孩子们通常会围成一圈听老师讲课。但小学教育则完全不同，教师对于课堂纪律有更为严格的要求，这对于幼儿园阶段纪律表现不佳的孩子而言就会是异常痛苦的一种体验。

正是由于幼儿园教育与小学教育在教育目的和手段等方面存在诸多差异，很多孩子在进入小学后会感到不适应。如果父母忽视了对孩子专注力的培养，就会发现等孩子越高年级时，做作业的时间就会越长，错题率也会越来越高，孩子会越来越不喜欢上课。对此，很多父母都感到焦虑万分。

其实，从行为心理学的角度而言，对有些人来说，同样的欲望或行为，有些人是为了建立信心，而有些人则是为了寻找安全感，等等。那么，我们可以这样理解，通过孩子表现出来的行为，或许可以追踪到更深层次的性格与心理。孩子表现出的缺点，如贪玩、不专注，我们不能像除草那样简单粗暴地对待，因为在孩子贪玩的背后有可能存在其他原因。又如，在其正面原因上，可能存在活力、好奇、探索精神等；在负面原因上，可能表明孩子性格浮躁、自制力差、不喜欢吃苦等。但如果我们在发现负面原因时，就将其连根拔除，很可能会面临打击孩子整体性格表现的风险。再如，很多父母用强硬的态度扼制了孩子贪玩的欲望，至少孩子不敢再表露出来贪玩，但同时也扼杀了孩子的活力与好奇心。即便贪玩是孩子更深层的缺点——害怕吃苦、缺乏自制力的一种压力分流方式。但如果在孩子没有做好心理准备的时候就逼迫孩子，这种逼迫不仅不会把孩子逼上正道，反而会抑制孩子的自然成长。

对孩子性格的培养，不应是单方面的排斥或过度的保护，而是应该洞察孩子性格特质中的精华，并尽可能创造出条件允许的相互作用的最佳状态。否则，过分地排斥一部分的内在，往往会令孩子失去更多宝贵的天性。

当然，这并不意味着对孩子放任自流，对孩子的性格不加引导和培养，而是提醒家长，即便一定要帮助孩子改正，也要仔细洞察和评估，通过正面引导、提升孩子的专注力，而不是抱着"你必须怎样"的执念。

例如，晚间良好的睡眠也是不可或缺的重要部分，所以要确保你的孩子获得充分的休息；如果家中有兄弟姐妹互相打扰对方，那就让他们在不同的房间里学习；父母简短的提醒永远比长篇大论的解释更加积极有效。此外，研究表明体育锻炼可以帮助孩子集中注意力。父母应该帮助孩子找到他们自己喜欢的运动项目，给孩子提供户外运动的玩具，比如球类或者跳绳，每天留出时间进行户外运动，比如一起散步或骑车。另外，美国儿科学会建议，高质量的屏幕时间一天不要超过1—2小时，其中包括电视、电脑、手机和游戏机。请不要让孩子长时间对着智能手机或电视，尽可能引导他们参与能够提升专注力的活动。例如，和孩子一起阅读，让孩子帮助大人准备晚餐、做家务，等等。

有时候，允许孩子的缺点以一种慢慢释放真我的形式存在，反而是对性格中宝贵品质的很好的提纯。只有当孩子的天性不以压抑的方式存在，才不会浪费有价值的东西，并且从一定程度上杜绝缺点的累积与反弹，也唯有这种自然而然的成长与改良才是真正有效且持久的。

究竟要不要给孩子报兴趣班

假如将人生看作一段旅程,相比马不停蹄地奔向远方,与谁同行才更为重要。

假如将成长看作一次蜕变,相比夜以继日拼命地练习,选择什么样的兴趣才更为重要。

如今,为了孩子从小获得全面发展,越来越多的家长将孩子送去各类兴趣班,全然不顾孩子是否喜欢,是否合适,只知道盲目跟风,生怕自家孩子与别人拉开距离。不知从何时起,"不要让孩子输在起跑线上"成为家长争相攀比的理由。但什么是真正的起跑线?每位家长心中的标准是不一致的。

◎ 给孩子报兴趣班到底是为了什么

我经常听到身边很多家长谈论要不要给孩子报兴趣班。比如,我家孩子有必要报小提琴班吗?我家孩子选择芭蕾舞班合适吗?别人家孩子都报吉他班,我是否也要给我女儿报个班?

说到底,家长担心的无非就是为孩子报了兴趣班后,如果达不到理想的效果,不仅花费了不少费用,还弄得自己和孩子都疲惫不堪,到头来却落得个"竹篮打水一场空"。

兴趣班最早源于西方上层社会的贵族教育。当时的贵族家庭经常举行宴会、舞会等活动,为了让孩子能够在社交场合表现得更优秀,家长会把孩子送到各种各样的兴趣班,学习舞蹈、唱歌、演讲等才艺知识。由此看来,兴趣班培养的本质就是社交。

对于普通家庭来说,很少有家长能够意识到报兴趣班的目的是使孩子拥有更强的社交能力,他们更重视的只是学得好不好和艺术考级的成绩。美国哈佛商学院教授就曾告诉学生:"哈佛能教你的就是学会如何社交,以及如何应用社交去参与融资。"社交的核心意义在于，人类终究是要走向社会，融入社会群体的，社交能够帮助人们实现有效的群体协作，从而在社会群体中准确找到自我定位和感知能力。

为此，从社交的便利性来考虑，孩子参加兴趣班是很有必要的。除此之外，每个孩子的天赋优势不同，家长还可以换种思维进行思考。

◎ **孩子该不该去上兴趣班应根据实际情况来分析**

"双减"政策的实施让家长放下了文化课补习的焦虑，然而，随之而来的是各种兴趣班的热潮更加猛烈，大多数父母想要用这种天道酬勤的方式来丰富孩子们的业余生活。

某小学曾对100名家长、100名学生进行问卷调查，调查结果显示：96%的小学生参加过课外培训班，其中20%的学生参加了音乐、美术和舞蹈等艺术兴趣班；60%的家长明确表示给孩子报兴趣班主要是为了"发挥孩子的兴趣特长"，孩子参与兴趣班的年龄是从4—6岁开始；40%的家长则表示给孩子报兴趣班是为了"让孩子进入更好的学校"。在学生的调查反馈中，超过60%的学生表示自愿参与兴趣班；而关于"兴趣班是成长的必经之路"的观点，超过半数以上的家长和学生都认可。

其实，孩子上不上兴趣班，要根据每个孩子的实际情况来分析。

前一阵子，我的朋友群因"一个孩子放弃兴趣班的事件"掀起了轩然大波。事情的原委是这样。有位全职妈妈的孩子在吉他班学习了一年多，突然对父母说不想再继续学习了。孩子的爸爸听到后感到很不可思议，毕竟选择参加吉他班的是孩子自己，坚持了那么久，付出了那么多的精力和时间成本，如今说放弃就放弃，他在百思不得其解的情况下越想越生气，于是便动手打了孩子。我的朋友虽未像孩子爸爸一样不理智，却也是不知该如何解决，便到微信聊天群里寻求朋友们的建议。

大家听后因为此事吵得不可开交。有人认为，"教育孩子不是靠棍棒打出来的，孩子不想去就不去嘛，尊重孩子的意见才是关键"。有人认为，"别太在意孩子感不感兴趣，只要有用就行"。

没想到，平时意见始终统一的一群女人，在"孩子要不要坚持上兴趣班"这件事上出现了如此大的分歧。

一直默不作声的我对此发表了自己的见解。我的想法是，首先我们一定要弄清楚孩子是真的不喜欢了还是学习中遇到了困难。如果孩子是彻彻底底不喜欢了，并且说出了自己曾经的喜欢可能只是一时冲动，想要试试看，现在放弃是因为发现这项兴趣并不是自己最喜欢的，我认为应该尊重孩子的选择，不要再纠结成本的付出，当下要做的就是及时止损。

对于孩子放弃兴趣班这件事家长要学会理解，当一项教育学习对孩子的精神造成了极大的困扰和压力，我们要允许孩子叫停，重新洞察孩子的其他兴趣。

其次，如果孩子是因为在兴趣班学习中遇到了困难，我们就需要了解孩子遭遇的困难是什么，鼓励他正确面对失败，并尽量帮助他解决难题。这种情况下我不建议让孩子轻易放弃兴趣班，因为一旦停下来，孩子的心里往往会有一种"我不行"的挫败感，往后每次遭遇挫折第一时间想到的都是退缩、放弃，不再敢于面对困难和挑战。如果必须停课，也要等帮他渡过难关后再停下来。

诚如教育家张捷所说："任何兴趣如果想做到顶级，都需要经历磨炼和坚持。这期间一定会出现厌倦期。"

美国作家埃丝特·沃西基在《硅谷超级家长课》中讲述了自己

如何采用TRICK教养法培养出了3个事业有成、热爱生活的女儿的故事。

在书中，她提到了一位名叫阿梅莉亚的舞者。阿梅莉亚因具有超出常人的舞蹈天赋，获得了无数个国际舞蹈比赛大奖。

一天，她突然想要将自己的特长转向足球领域，并向父母说了自己的想法。父母欣然同意了，但有一个条件，那就是她要先坚持完成比赛，不能中途退出，否则很难知晓自己是因为不喜欢还是害怕困难才做出的决定。这样，比赛结束后，不管结果是输是赢，她都能直面自己的内心，做出正确的选择。

可见，孩子报名兴趣班都有一个共同的特点，就是起初兴致勃勃，一段时间后便会觉得枯燥无味，如若遇到困难，由于定力不够，便会找出各种理由逃避。

孩子遭遇厌倦期是正常现象，应用巧妙的方法给孩子鼓气，帮助孩子排除万难，走出厌倦期，孩子就有可能找到所学才艺的高级乐趣，跳舞可以跳得出神入化，绘画可以画出美好心境，家长要做孩子的"神助攻"，引领孩子走上将兴趣转化为特长的成功道路。

此外，家长还要告诉孩子，在坚持这条路上，犯错与失败并不可怕，人人都会犯错，人人都会遭遇失败，面对这些巨大的"拦路虎"，他们唯有无所畏惧，才能在未来学到真正的技能和本领，既然当初选择了兴趣班，就要坚持到底。我想，通过兴趣培养让孩子懂得这个道理，比兴趣本身还要重要。

总之，上兴趣班学会多少知识不是目的，因为学无止境。上兴趣班是通过兴趣培养提升孩子的综合素养，在学习才艺的过程中逐渐懂得提出问题、解决问题，激发孩子的学习兴趣，增强孩子的自信心，进而由被动学习变为主动学习，使孩子最终成为兴趣的主人。

马云在演讲中谈到中国式教育时说：如果我们继续以前的教学方法，只对我们的孩子进行记、背、算这些东西的训练，不让孩子去体验，不让他们去尝试琴棋书画……我可以保证，30年后孩子们找不到工作，因为他没有办法竞争过机器。

兴趣班是为孩子选择成长方向的一个起点，也是激发孩子天赋发展的动力和源泉。父母要多一点耐心与尊重，才能做出最佳的选择。

「培昕心语」

智力的发展从来都不是均衡完美的，每个人生来都有自己的优势与弱点，家长不能因为孩子某一方面的不足就完全否定他。尤其是对于心智尚未成熟的孩子，如果家长能够帮助孩子找到其能力、优势发挥的最佳点，并引导孩子付出努力，那么孩子最终就有可能在某个领域有一鸣惊人的作为——心理学中将这种现象称为"瓦拉赫效应"。

瓦拉赫最初走的是文学创作的道路，但由于他的老师认为他并没有这方面的天赋，于是瓦拉赫听从母亲的安排改学了油画，可惜他依然没有找到属于自己的潜能所在，最终还是被老师劝退了。直到后来他遇见了一位改变他命运的化学老师，瓦拉赫在这位老师的引导下，才逐渐在化学领域一骑绝尘，取得了卓越的成绩。

可见，大多数的孩子并非平庸，而是家长没有帮助孩子找到属于自己的天赋，让孩子"开窍"。

第三章　保持教育立场：不"内卷"，不盲从

好父母的教育立场：学业、事业、家业需并进

对于很多传统的中国式父母来说，人生漫长路，唯有"三业"最关键：20岁之前为学业而忙碌，40岁之前为事业而奔波，60岁之前为家业而生活。从这个角度而言，孩子的人生大事无非就这几件：考个好大学，找份好工作，找个好伴侣，组建个好家庭。孩子的发展方向关乎其未来甚至一生，作为父母，要懂得为孩子进行统筹规划，这点至关重要。

◎ 做好学业、事业、家业的统筹规划

父母的教育立场足以影响孩子的一生，而统筹规划是父母要为孩子做的重要工作。

既然人生各阶段的奋斗目标不尽相同，那么每个孩子的成长发展规划也会有所不同。为了让孩子拥有一个完美的未来，父母有必要根据孩子的具体情况为其制定各个阶段的成长发展规划。

半年前，我在参与一个活动时遇到了两位"90后"的朋友，席间她们同我诉说了自己当下的迷茫和困境。由于她们的父母是"60后"普通工人，缺乏给孩子做人生整体规划的意识，所以没有帮助她们把握好方向，导致她们上大学前对所有的专业发展趋势一无所知，跟风报名了自己不了解的大学专业，造成毕业后就业十分

困难的局面。

听完后,我为她们提出了一些建议:可以重新规划自己的职业方向,重新思考自己喜欢做的事,并参加相应的职业课程学习班。她们听从了我的建议,现在已经在自己擅长的工作领域小有成就。

另有一位多年要好的朋友告诉我,在他长久的陪伴下,其女儿在小学五年级就已经获得了舞蹈十级证书。看着女儿在舞台上优雅的舞姿,以及获得奖项时的喜悦,他觉得自己再苦再累都值得。

朋友们的倾诉,使我再一次深深地认识到父母对孩子未来发展规划的重要性。孩子未来的路该怎么走,父母对其有着很大的影响。

其实,统筹规划孩子的成长发展就像建一座高耸巍峨的大厦,父母就是这座大厦的设计工程师。他们需要先将设想的蓝图和建筑结构画出来,再去着手建设,每一步都得仔细、谨慎,以赋予孩子更多的想法、目标和方法,从而使其有规划地构筑自己的未来。

父母不妨把孩子的一生成长看作经营公司,不同成长阶段需要经营的公司属性是不同的,它们可以分为学业公司、事业公司和家业公司。接下来,父母对此展开详细的解读。

第一,学业公司。

从幼儿园、小学到初中、高中,再到大学、研究生,孩子一生要经历多个学习阶段,似乎他们的主要任务就是:好好学习,接受来自学校、家庭、兴趣班等各方面的知识培训。

很多父母不明白,为何自己给孩子提供了优良的生活环境和学习环境,孩子却依然不思进取,根本没有主动学习的意愿。为何想尽一切办法提升孩子的学习成绩，眼看胜利在望，孩子却因一次失败的考试而一退再退，失去学习的信心，即使你多么着急上火，孩子仍然对此满不在乎。

此时，父母应该反省一下是不是自己的经营策略出现了问题。想要让孩子经营好自己的学业公司，首先，你需要引领其找到动机、目标、思路和方法，激发孩子主动学习的积极性，调动孩子内在的学习斗志和激情，让孩子明白当下的学习方式与未来的命运紧紧相连。其次，需要指引孩子走出埋头苦学的低层次圈，向独立思考、找准方向和坚定信念的更高层次圈迈进。

第二，事业公司。

学业公司经营好后，接下来等待孩子的便是事业公司。学校毕业后，孩子要面临人生的又一重要转折点——择业。父母需要做的是，根据国家的政策、市场发展趋势、孩子所具备的知识和技能，来思考他到底适合什么行业。

孩子走入职场的前几年最为重要，这关系到孩子能否在工作中凸显自己的优势潜能，能否发挥自己的职业天赋，能否实现自我的价值，甚至还会关系到孩子今后人生的发展方向。

为此，父母需要了解孩子真正的兴趣爱好和天赋优势是什么，最重要的是，了解他梦想成为什么样的人。在此阶段，你需要帮助孩子规划的是：怎样帮助其顺利度过职业生涯的瓶颈期；怎样提升其坚持不懈的精神，怎样引导其在自己所擅长的领域展现自我优势。

或许在你的精心统筹规划下，孩子的事业公司可能会存在以下几种形式：要么成为公司的老板或高管，在职场中风生水起，叱咤风云，拥有特殊的营销管理才能，为社会输出众多有识之士；要么掌握某项技术、科研等优势，在同行中成为具有核心竞争力的、炙手可热的能人，如投资人、大学教授、科学家等。总之，好的助力一定能使孩子的事业公司经营得井井有条、蒸蒸日上。

第三，家业公司。

家业公司应与事业公司齐头并进。哪位父母不希望自己的子女家庭、事业双丰收，当孩子学业有成，事业稳定以后，就要与一位佳偶携手走进婚姻的殿堂，二人共同抚育儿女，赡养父母，经营属于自己的幸福的家业公司。

当然，父母不该过多干预子女的恋爱与婚姻，但至少可以做一个时时刻刻在子女身边敲醒他们的人。

人生道路很长，作为父母必定希望孩子是富有目标、有规划、有方向的。这样，孩子未来也将成为一个全面平衡发展的综合型人才，不必再苦苦寻求工作而被拒之门外。

父母在为其统筹规划的同时，还可以把孩子"人生公司"的未来蓝图构画出来，帮助孩子在学业、事业和家业上有目标、有计划地逐步获得成功和幸福。在他们天真懵懂时，就有意识地为他们种下伟大梦想的种子，当孩子学会独立、辩证思考时，梦想的种子就会发芽，经过知识营养的灌溉成长为参天大树。

开启探索统筹规划人生的旅程，让孩子的学业、事业、家业齐头并进，不是为完成的父母束缚和掌控，而是为了孩子每天都充满对未来的向往，朝着梦想的目标踏实地走好每一步！

明确的教育目标才能让孩子远离"内卷"

"内卷"早已不是什么新鲜的词语。在网络上行的时代，"内卷"从学术上的专用语变成了网络上的流行语，所谓万物皆可"内卷"。而各大家长群更是将教育"内卷"当成了茶余饭后讨论的热点话题。

"内卷"的本义是指一类文化模式达到了某种最终的形态以后，既没有办法稳定下来，也没有办法转变为新的形态，而只能不断地在内部变得更加复杂的现象。现在，但凡涉及竞争就会提及"内卷"一词，如若谁不知道"内卷"二字，似乎就证明你与社会脱轨了。

这样看来，无原则性的盲从也是导致"内卷"的主要原因之一。因为盲从会让你心理上更舒服，不会觉得比别人少了些什么。直到别人的选择无法影响到你的决定时，"内卷"才会完全消失。当然，优秀的人从不在意别人的看法，毕竟鲜少有人能够超越他们。可见，想办法提升自己才是最重要的。教育也是如此，父母有必要拒绝盲从，拒绝"内卷"。

◎ **远离焦虑，从拒绝"内卷"开始**

社会竞争越发激烈的时代下，父母们盼望子女出人头地的急切心理也日益增强，教育"内卷"已然成为最好的证明。我经常看到身边很多朋友每天忙忙碌碌，只要听到是对孩子未来发展有好处的，就会不惜一切代价让孩子参与其中。从最早游走于各类兴趣班，到如今报名各种 AI 课程、购买各种刷题软件等，这些新式教学令孩子放学后、休假时的时间被排得满满当当，总是在"赶场子"的路上。

如果父母单纯是为了全面提高孩子的综合素质，这样的做法倒是可以理解。可有些没有原则、没有立场的父母，只是因为看到其他家长给孩子报了某个课程，班级里某个孩子学习成绩好，就失去了初衷，变成以攀比为目的，由此，"内卷"便开始了。

比如，孩子以前晚上的学习时间是两个半小时，后来父母看到别人家学习到半夜的孩子考上了重点大学，就要求自己的孩子必须学习到半夜；以前给孩子报名数学培训班只是因为他偏科，而现在，当父母发现别人家孩子英语成绩超过了自家孩子，便也立即为其报名了别人家孩子所在的英语培训班……竞争愈演愈烈，但收效甚微，孩子们被搞得苦不堪言，明明已经倾尽全力，却依然不能让父母满意，几乎感觉不到学习所带来的快乐和幸福。

其实，当今社会的评价体系和用人体系已经发生了天翻地覆的变化，原有的单一传统评价机制已经变成了多元化的选拔机制，不再只重视孩子眼前的分数，父母更应改变固有的教育思维，根据孩子的自身特点进行创新式教育。

◎ 只有父母少些从众心，孩子才有可能更出众

国家"双减"政策使很多父母打破了原始的教育观念，渴望孩子在自由、快乐的学习环境中长大，原本合情合理的提议，却产生了戏剧化的结果。我不禁思考，那发起请愿的30多名家长真的都认为教师的这种做法"正确"吗？还是迫于"群策群力"之下产生掉队恐慌心理的盲目跟从？

"千军万马过独木桥"的传统应试教育让家长们意识到了学习成绩的重要性。他们不再坚持自己的立场，总是有意无意地打探哪个孩子上了补习班，哪个孩子学习超过了自家孩子，且在和家长、老师、孩子同学等沟通、比较时产生了极度的焦虑与恐慌。

大环境、大背景之下，家长漫无目的、毫无原则地跟随着别人的脚步，却从未考虑过孩子的感受。我也曾听到许多家长说并不愿给孩子增加巨大的学习压力。看到孩子性情大变、不堪重负时，自己也有过纠结和犹豫。但是他们表示别人都这么做，自己不这么做

显得很另类，也可能会耽误孩子的学习。比如，很多家长的想法无非就是：你的孩子想要"减负"就去满足你需求的学校，别影响了我孩子的学习。当多数家长持有统一意见时，如若有人站出来支持女孩妈妈的"减负"建议自然显得十分"异类"，无奈只好选择从众。

当下形势的教育"内卷"现象就像一座"围城"，城里的人想要突围改变现状，又孤立无援；城外的人挤破了头想进去，却不知城里人的痛苦与心酸。当然，我们从客观上是支持希望"减负"家长一方的，但也不能过于指责坚持的家长的行为，毕竟父母的最终目标都是让孩子的未来更美好。

只是，我们希望每个父母都能坚守自己的立场，保护好孩子的创造力和兴趣，给予孩子们施展才华和绽放天赋的可能，转变教育观念，解开心中的千千结，避免由教育"内卷"引发的闹剧再度上演。

规划孩子不同阶段的学习重点

我们都渴望孩子在未来成为令人羡慕和尊敬的成功人士。

美国马里兰州克朗斯维尔市的一名15岁的中学生杰克·安德拉卡，曾经连胰腺是什么器官都不知道，却发明了测癌试纸，独创5分钟检测胰腺癌的新方法。更令人振奋的是，这个小小的纸质测试器还能测出卵巢癌、肺癌，甚至艾滋病。他的这项天才发明，被科技界惊呼改写了历史。

很多父母感叹道：这毕竟是世界著名人物，我们普通人家的孩子即便心存伟大的志愿，恐怕也难以成就一生的辉煌。的确，所谓的"头号天才""种子选手"毕竟是少数，想要让孩子成才，也要靠父母有意地规划和培养。孩子从幼儿园到大学，在不同的阶段学习的侧重点亦不同，如果父母只是眉毛胡子一把抓，或是随波逐流从众学习，再优秀的孩子也难以脱颖而出。

◎ **帮孩子找到学习兴趣**

在现实中，有很多孩子上了初中后还保持着小学时的学习习惯，总是要在老师的再三叮嘱下才能勉强完成作业，否则就没有主动学习的意识。还有些孩子在上初中时觉得很轻松，可到了高中后发现，从前的思维已经不再适用，高中要学会从不同的维度和视角去解决问题，需要在思维上有一个质的飞跃。

当然，学习不能一蹴而就。孩子从上小学到读初中、高中，这漫长的学习生涯，必须要有合理的规划，才能让孩子找到不同阶段的各科学习重点，将来孩子在面对高考时才能信心倍增。

第一，小学一年级、二年级学习自律，三年级学习规划，重在培养孩子的学习习惯。

小学阶段，最重要的不是成绩，而是培养孩子的学习习惯。这是因为孩子在小学阶段养成的学习习惯，会直接影响初中阶段的学习。到了初中，有些学校会分快慢班，但总有些快班的孩子在经过一段时间的学习后掉队，也总有慢班的孩子能奋起直追、迎头赶上，这依赖的往往就是小学时期养成的学习习惯。

第二，初中阶段重在让孩子取长补长。

初中三年的学习过程犹如坐过山车。

初一的知识通常与小学的衔接跨度不大，对大多数孩子来说相对轻松，只要继续保持小学时期养成的良好学习习惯，提早预习，及时复习，认真听讲，做好笔记，按时完成作业。那么，孩子之间基本不会有太大差距。

但到了初二时，学习的知识就开始加大难度，尤其在增加物理这门较为抽象的学科后，孩子们就会逐渐拉开距离。如果之前没有帮孩子建立起良好的学习习惯，很多问题就会在这一阶段集中爆发。如果此时发现孩子的成绩严重下滑，父母就要及时纠正其不良的学习习惯，而不是一味地让孩子"刷"题。

初三则是孩子们开始冲击中考的一年，这一阶段更多的不是新知识的学习，而是对前面两年学习知识的总结与拔高。之前养成了良好学习习惯的孩子，经过这一年的复习会看到明显成效。如果此时发现孩子学得不扎实，就要及时查漏补缺、多加练习。

第三，高中阶段重在让孩子建立自己的知识体系。

进入高中后，很多孩子会发现，和初中比起来，高一知识量猛增，重难点越来越多，而这一年的知识总量大概要占高考的40%，高二的知识量则占高考的60%。但高二的很多知识都是在高一基础上的延伸。可见，高一要打牢基础。很多"过来人"认为"要把高二当成高三过"也不无道理。

高三和初三差不多，主要也是对前两年的学习内容进行总结归纳、查漏补缺，有问题及时解决，让孩子提早进入高考备考状态。但这不等于让孩子陷入题海战术，而是要加强其对薄弱知识点的复习，建立完整的知识体系。如果孩子偏科或没有时间总结复习，也可以征询孩子的意见，是否需要找个靠谱的辅导班老师，带着孩子复习重点难点。

近几年，我国招生政策还在不断变化，父母只有增强自身的辨别能力，帮孩子及时找出在不同学习阶段的侧重点，才能让孩子在未来的学习中以不变应万变。

学习能力中应试能力不可少

每逢高考季,应试教育就会自然而然地成为一轮热点话题。大家往往将它和素质教育相比较,其实,应试能力也是一项重要的素质拓展,毕竟应试教育依然是当今社会选拔人才的重要手段。

应试能力,从字面上理解,就是应付考试的能力。有了应试能力,就可以在最短的时间内掌握应试知识,从而有更多的时间与精力去拓展自己的兴趣爱好。

◎ 当我们无法改变大环境的时候,最好的办法是适应环境

很多时候,人不能改变环境,只能适应环境。至少,在当今时代背景下,普通父母如你我都不是一个可以制定高考标准的人,而社会的某些标准,即使有不妥之处,你也只能适应它。从这方面来说,适应标准,适应社会也是一种重要的生存能力,这是素质的体现。当然,任何事物都有两面性,应试能力只是生存能力的一种,而非教育的全部,否则培养出的人才必定是经不起考验的。所以,我们既不能盲目排斥应试教育,也不能唯"应试"独尊,忽视孩子在其他方面的能力,甚至把孩子变成一台考试机器。

在梳理这方面内容时,我刚好收到了一些朋友的留言,有人吐槽应试教育之苦,有人害怕一考定命运。

朋友阿萨留言说:我的小孩上小学了,感觉很无奈,我们是工薪族无权无钱,在当今社会情况下,如果考不上大学怎么办?周围的孩子,都在上补习班、培训班,自己的小孩不学,以后怎么办?想想我们小时候,有时也不想给孩子过多的压力,可是如果家长不管,又有几个孩子能够自觉学习呢?素质教育在国内宣扬了这么久有用吗?

说实话,在没有孩子以前我也没有考虑过这些问题,不知道

成绩对于一个人的未来有多重要。后来，我才明白高考才是改变命运的捷径。除此之外，走任何一条路可能都要耗费更多的精力和时间。

尤其是早年间我和先生一起在海外生活游学的经历，让我从更多方面重新审视了我们国家这个看似诟病颇多的教育制度。

近几年越来越多的文章开始赞扬西方教育制度，有关教育问题的纪录片也很多，引发很多人的共鸣。大家纷纷在网上吐槽公立学校的高压、呆板，很多出国留学的朋友也不断以自身经历告诉我们，国外的教育如何人性化，他们又是如何重视素质教育。

事实果真如此吗？

我曾看过3部非常有名的中西方教育比拼和思考的纪录片，分别是《中式学校》《丹麦九年级Z班VS中国初三（13）班》和《他乡的童年》。

在《丹麦九年级Z班VS中国初三（13）班》中，丹麦的中小学校减少了学生在知识性内容方面的学习，在一定程度上影响了学生的发展创新能力，很多丹麦中小学生，甚至对本国的历史都没有足够的了解，地理知识也很欠缺。相比之下，中国的知识灌输，不能完全被否定，也具有积极意义。

好父母要统一教育立场

在家庭教育中，父母教育态度不一致是大多数家庭普遍存在的问题。夫妻双方由于成长环境不同，接受的教育有所差异，价值观也有所不同，在孩子的教育上常常出现矛盾和分歧。另外，大多数父母未做过专业知识储备，不知该如何扮演好父母的角色，更加深了教育理念的冲突，而好父母就是要统一教育立场。

◎ 父母在教育孩子时要保持态度一致

不妨回忆一下，在你的家庭生活中是否出现过这样的场景。

每当你担心孩子这也做不好那也做不好时，就会忍不住直接过去帮助他，而孩子爸爸觉得你的做法简直是多此一举，孩子的事情就应该由他自己完成，认为不让他自己尝试锻炼他什么时候也不能长大，并且会说你的担心完全是多余的。

每当你看到孩子在情绪上产生波动，就会立即上前询问缘由，或给孩子买些吃的喝的，给予安慰和鼓励。孩子爸爸看到后可能会说，不能那么惯着孩子，而他看见孩子发脾气时便会以"棍棒"解决问题。

每当你因社会竞争激烈而感到惶恐不安，就想着赶紧为孩子报各种兴趣班，让孩子获得全方面发展时，孩子爸爸却不赞成，他认为孩子的童年就该以玩为主，不仅不支持你的做法，还会打击孩子学习的主动性。

遇到这些场景时，有些父母总是会站在各自的角度表明不同的观点和态度，双方各执一词，争论不休。看似平常的争论，实则会造成不小的影响：一是影响夫妻之间的感情；二是会让孩子深陷自我矛盾中，不知听谁的才是正确的，甚至还会影响孩子健全人格的形成。

的确，无论夫妻相处得多么和谐、融洽，想要在教育子女这件事上达成完全一致似乎不太可能。我的建议是，尽量不要在孩子的面前起冲突，否则可能会对孩子心理造成不良的影响。一来孩子年龄还小，听到爸爸妈妈吵架，可能会认为是自己造成的，进而产生罪恶感，在心中留下难以磨灭的阴影；二来父母主观意见的不统一会让孩子失去判断的方向，不管对与错，有些孩子都往往会听从获胜方的意见，这对孩子的人格形成自然是不利的，容易使孩子养成双面性人格。

苏联教育家苏霍姆林斯基对此持有以下看法："父亲对孩子的要求必须跟母亲对他的要求保持一致，只要孩子感到母亲和父亲对'可以''不可以''应该''不应该'等概念有不同的看法，那么，即使最合理的要求，在他们看来也会是暴力、强制，是对他自由、欲望的践踏。这样就会养成孩子任性、不讲理的恶习。因为孩子出现一定的行为后，如果父母一致肯定或否定，他就会知道自己正确与否，并学会在新的环境中继续或停止、改正这种行为，从而发展自我控制能力。"

为了避免对孩子造成影响和伤害，我认为，父母一旦因为教育问题而吵得不可开交，发现孩子出现恐惧、焦虑情绪，担心是不是因为自己犯错造成时，可以适当地做一些补救措施，比如，告诉孩子父母的争吵错并不在他，是爸爸妈妈的教育观点不一致，一时之间没有控制好情绪，但请孩子一定要相信爸爸妈妈是爱他的，妈妈也依然是爱爸爸的。

事实上，父母教育观点不一致也不是完全不可避免的。如果意见实在达不到统一，父母可以暂时在孩子面前表现出赞同对方处理方式的样子。比如，妈妈原本是反对爸爸鼓励孩子采取"以暴制暴"的错误教育方式，但换位思考一下，爸爸也是想要教会孩子怎样处理人际关系，当双方情绪稳定后，再来探讨正确教育孩子的方法，这样一来，存在差异性的冲突就能得到有效的化解。

尊重对方的观念无疑是一种高情商的表现，从这个角度来看，父母的教育立场不一致或许不是一件坏事，若处理恰当反而教会了孩子处理人际关系的最佳方法。希望家长们可以寻找到双方都能接受的沟通方式，让孩子在健康、和谐的教育环境中长大。

「培昕心语」

素质教育是一个漫长的过程，无论是"内卷"还是盲目、焦虑，都不能从根本上解决问题，这也不是教育的本质。追根溯源，教育是为了培养社会所需的人才，促进人的发展，若偏离了正常轨道，也就违背了教育的意义。

可怜天下父母心，我能理解作为父母望子成龙、盼女成凤的期待，在这背后无非是希望孩子能成才，成为对社会有用的人。但与此同时，教育的"内卷"、父母的盲从也让我看到了，为了让孩子提高一两分而要求其彻夜不眠地"刷"题，反而捆绑了孩子。从某种程度而言，这也让我们把孩子培养成了千人一面的人。因此，拒绝"内卷"，才能让教育回归本源，我希望我的孩子不一定要做人群中最厉害的那个人，而是要成为最好的自己。

第四章　教育格局：父母有远见，孩子的未来才更宽广

父母会潜移默化地影响孩子

少年商学院创始人陈华在其著作《世界是我们的课堂》中提到，父母的格局才是孩子真正的起跑线。当我看到这段话的时候，感触良多。

父母的远见、格局以及生活态度，直接影响孩子未来的发展方向。很多时候，这种格局上的差距在孩子小的时候就开始逐渐显现，有些农村家庭的孩子在初中时就选择了辍学，靠去外地打工维持生活；有些城镇家庭的孩子，在上小学时就被送到了教育环境较好的学校，以便其能接受更优质的教育。需要说明的是，这不是对阶层进行讨论，而是仅从客观角度阐述父母对孩子的影响。

曾有人把父母分成以下几种：

第一种，普通的父母，只教授孩子书本知识；

第二种，优秀的父母，教授孩子学会做人；

第三种，伟大的父母，会给孩子深刻的启迪，开创孩子的人生道路；

第四种，有格局的父母，不只是传授知识、讲人生的大道理，更不是一味地控制和改变孩子，而是用自己的言行教导孩子、影

响孩子。

正如资深主持人、传媒人杨澜曾说："做父母并非易事，身教比言传更有说服力，别把劲儿都使在孩子身上，如果自己充实、快乐，有责任感，有情绪管理能力，孩子会模仿你的。没有什么比一个爱学习的母亲能够给孩子树立更好的榜样，比千言万语、苦口婆心说教都要管用得多。"

◎ **父母的行为会直接影响孩子的内心深处**

美国心理学家布朗芬布伦纳提出了生态系统理论，对环境对儿童产生的影响进行了详细的解析。他将影响孩子人生不同阶段的环境分为微观系统、中间系统、外层系统、宏观系统以及时序系统。比如，微观系统是指父母、幼儿园等对孩子发展产生最大也是最直接影响的环境。对于刚出生的婴儿来说，其微观系统就仅限于父母，父母和婴儿彼此相互影响。随着孩子慢慢长大，接触的环境也会变得更广泛、更复杂，如学校、公司、社会等，也就不再局限于微观系统。

从以上理论可以看出，环境对孩子的影响呈现逐层递进式的变化，而父母是影响孩子最早的环境，父母的一言一行、一举一动，对孩子都会产生潜移默化的影响。在行为心理学中，常常被称为"镜子理论"，即孩子是在不断模仿父母的言行中成长起来的。由此可见，言传身教的力量不容忽视。

2022年北京冬奥会自由式滑雪冠军谷爱凌，以其自信、完美的超强发挥让人们认识了这个仅仅18岁的天才少女。但她的优秀不只得益于自身的天赋，更离不开母亲谷燕的引导与尊重。谷燕曾说："言传不如身教，孩子不愿意，不用强迫她。我不需要她考斯坦福，最重要的是她一辈子不放弃学习。"

是的，母亲从未强迫谷爱凌去做自己不愿意做的事，她只是希望用自己的行动引导孩子始终保持学习热情。谷燕是斯坦福大学的理工学霸，在她看来，进入斯坦福读 MBA 是她这一生中给自己最好的投资，当身外的财富都丢了，它所赋予自己的才能是永远拿不走的。从理工学霸到"弃理从商"，谷燕是全班获得工作机会最多的学生，她拿到了 12 家金融机构的 offer（录用通知）。

除了学习上的陪伴与鼓励，谷燕还要在每周末开 8 个小时的车陪谷爱凌到几百公里外的美国太浩湖区专业滑雪队参加滑雪场地训练。据谷爱凌回忆："我妈妈很厉害，因为她是唯一能在陪练中跟上运动员速度的家长。"这一陪，就是 10 年。

母亲的言传身教对谷爱凌影响很深，她还不到 20 岁就已接连斩获多个世界自由式滑雪大赛的冠军奖项，同时以将近满分的成绩考入了斯坦福大学，可谓"文体双丰收"。

足见，父母言传身教的第一步就是要跟上孩子的思维变化，尽量陪伴孩子做他想要做的事，即使不擅长、不喜欢，为了孩子也要咬牙坚持。

有一次，在与朋友聚餐时，我出于好奇问了几位女性朋友的孩子们一个问题："假如现在时光倒流，给你一次返回过去的机会，你觉得如果有父母陪伴学习，你的学习成绩会有什么不一样吗？"

得到的答案非常耐人寻味，孩子们认为父母的陪伴至关重要，如果有父母陪着学习，自己不仅可以多些动力，还能在遇到问题时向父母请教。对此，几位女性朋友则表示学习是孩子的事情，家长无须过多参与。

近些年父母与孩子同上一所大学的例子越来越多，当然，并不是说这种做法需要每个父母去效仿，只是这些事例足以证明，父母身体力行的学习力是对孩子最好的鼓励和陪伴。

父母在孩子成长途中产生的影响看似无形，实则已经扎根孩子的内心，从来没有消失过，当孩子走到人生的重要十字路口，父母的声音就会从孩子的心底被召唤出来，让孩子深思熟虑后做出抉择。而父母如果想要对孩子产生积极的作用，助其选择正确的人生方向，就需要不停地提升自己的学习意识和学习能力。父母有远见，孩子的未来必定无限宽广。

作家笛安说过一句话："教养这东西就像血管，可以盘根错节地生长，长在你血肉之躯的最深处，密不可分。"

作为一名职业女性，我也多次在深夜反思自己是不是因为忙于工作而忽略了孩子们的教育。经过一段时间的思考，我发现孩子们已经不再需要特殊化的教育，看到我每天为了工作拼搏奋斗的身影，享受自己的人生，孩子们放学后也会立即回屋默默地投入学习中；听到我分享着世界上有趣的故事，他们也会萌生出想要走遍世界的想法；看到我放在书架上的一个个奖杯，他们也力争拿回一张张奖状，挂在自己卧室的墙上。在此过程中，父母无须多做什么，只需在他们遇到困惑时给予合理的指导，你对学习的态度和行为，孩子都会尽收眼底。

不管何时何地，父母都要让孩子看到你是一个积极努力的人。尤其是对母亲来说，更要让孩子以你为榜样，从你的身上看到学习的力量，让他们知道自己也可以如你一样，过上充实和快乐的生活！

孩子，谢谢你成全了我们做父母

世人都认为，父母给予孩子的爱要远远超过孩子对父母的爱，父母抚养孩子长大，孩子应时刻怀有一颗感恩之心。其实，仔细想想，究竟是谁成全了谁？是我们把孩子带到了这个世界上，是我们要做他们的父母，是孩子成全了我们。孩子是我们人生过往的一部分，其实好好陪伴孩子成长会让我们的人生更完整。既然是这样，我们就应该尽全力养育他们，不求回报，而不是整日将感恩挂在嘴边。反过来，我们更要感谢孩子，感谢孩子给了我们一次做父母的机会，让我们的人生更加完整和圆满，让我们在有限的生命里享受到陪伴孩子成长的乐趣。

◎ 趁时光未老、阳光正好，就让我陪你长大、你陪我变老

武汉中德心理医院创始人、心理学界的名医曾奇峰老师曾给自己的女儿写了一封信。

不论你以后怎么看待生活，爸爸都想跟你订一个"君子协定"：如果你觉得这个世界精彩又好玩，你不必谢谢我们；如果你觉得人生痛苦又无趣，你也不责怪我们，好吗？

有一些父母觉得，自己把孩子带到了这个世界上来，而且把孩子养大，所以孩子应该感恩。

现在你知道了吧，把孩子带到这个世界上来，最多是件不好不坏的事情；而养育孩子，则是父母应尽的责任和义务。

法律规定，不养育孩子的父母亲，是要负法律责任，并且会遭到众人的谴责的。

从这个意义上来说，父母养育孩子，最低限度只是没犯法而已。

你不必对仅仅没犯法的人说"谢谢"。

的确，现代社会中"生而不养，养而不育"的事例比比皆是，很多年轻人生下孩子后直接丢给父母，自己从早忙到晚，从不关注

孩子的喜怒哀乐。也有些父母看惯了生活中失败教育的例子，认为教育孩子是件棘手的事，即使付出再多孩子可能也不懂得感恩，更何况说多了还可能造成亲子关系不和谐，还不如任其野蛮生长。

养育孩子确实是件不容易的事，但这并不足以成为父母与孩子谈条件的筹码，任何理由都不能成为"生而不养"的借口。美国 Facebook 创始人扎克伯格曾对自己的孩子说："你的到来已经成为我们反思的原因，反思什么样的世界才是我们希望你生活的世界……我们会尽自己的责任让这一切发生，这不光是因为我们爱你，也是因为我们对所有下一代孩子负有道义上的责任。"

"我为你做了这么多，你怎么没有一点感恩的心？""我这么爱你，你长大要知道孝顺我。"……当你与孩子讲条件时，你是否想过孩子才是那个真正无条件爱父母的人。

下面是我曾经收听一档节目后感动到落泪的一个小故事。有个男孩，父母离异后，姐弟三人全部由母亲一人抚养，母亲一边打工赚钱，一边操持生活，十分不易。

可是这个调皮的孩子有个坏习惯，就是每次吃肉总喜欢挑好的吃，并且咀嚼几下就吐到盘子里。母亲对此感到很自责，认为是自己没有给予孩子更好的教育，让孩子成了一个自私的人。更有一次，母亲用辛苦赚来的钱给孩子买来了香喷喷的鸡腿，竟被其咬了几口扔在了地上，看到孩子不懂生活的艰辛，母亲一气之下打了孩子，最后，自己捡起了鸡腿，用水洗干净后吃了。

回忆起这段往事，妈妈至今依然笑道，可能是孩子那时不懂事，不知道珍惜粮食，然而孩子哽咽着说："不，妈妈，我懂得珍惜，您想想，我要不把鸡腿弄到地上，您会舍得吃吗？那几年里，有什么好吃的，您全给了我们姐弟，您成天就吃咸菜呀！于是我们才想出这个办法,我把几块肉嚼得不像话后,我们就有理由不吃了。只有这样,您才会吃呀!"可能大家想不到,这个顽皮的男孩就是喜剧之王——周星驰。

我们总以为自己的爱与付出得不到孩子的回应,那可能是孩子根本不懂得感恩,为此很多父母都曾为此感到无比沮丧。其实孩子正以另一种方式表达着他对我们的爱,只是我们还不知道。孩子需要的从来都不是物质的满足,而是父母的一点点关怀和陪伴,哪怕是玩一会儿游戏,或是共同唱一首歌曲,也足以让他们笑得很灿烂。

父母和子女同行一场,也是一种修行。养育孩子,也是对父母的一种历练,孩子慢慢长大,父母也在不知不觉中学会爱与被爱,成为更好的自己,而我们陪伴孩子长大也是自己应该做的事情。

一份亲子陪伴调查显示:由父母陪伴长大的孩子更具安全感和自信,但现实中 70% 的父母没时间陪孩子,约有 66% 的儿童整日与电子设备为伴。

我看到身边太多的女性朋友因为工作不能陪伴孩子,即使晚上回到家也是与孩子各忙各的,少了家长的陪伴,孩子就会是孤独的、没有依靠的。他们每天都在成长,每天都会有所收获,如果父母没有及时与孩子进行交流,没有仔细观察,就不会发现孩子细微的变化,也就没有那么深刻的感悟。

仔细算来,父母能够陪伴在孩子身边的时间非常短暂,从孩子呱呱坠地到学走路,再到上幼儿园、小学等,如果没有抓住关键的陪伴期,错过了便无法重来。这就好比想要将一棵幼苗培养成参天大树,就要让它在幼苗时得到充足的雨露和阳光,否则,即使长大后施以再多的肥料,也难以使它枝繁叶茂。

所以父母要尽可能地参与孩子的成长,细心地照顾和观察孩子，才能在其需要的时候及时出现。这样孩子也会切身感受到父母的陪伴和爱，从而更有安全感，也更有自信，这会使孩子将来更加优秀。

唯有如此，多年以后，我们才有资格说："孩子，谢谢你愿意来到这个世界，让我知道，原来被需要是这么温暖。因为有了你，我才有了人生中最绚烂的时光，我的生命才可以称得上完整！"

父母不快乐，便没有快乐的孩子

从长远来说，教育孩子的初心其实只有两个，拥有快乐的能力和立足社会的本事。

美国心理学家佩普·考恩做过一个有关"父母情绪对子女的影响"的研究，结果表明，"父母快乐，孩子才会幸福"。孩子的快乐来自父母，父母就像孩子的一面镜子，有时，这种影响从孩子的婴儿时期就开始了。父母笑，孩子就会笑；父母不开心，孩子也会皱眉。千万不要忽略了你的性格对孩子的影响。

著名作家张爱玲每每谈到自己与母亲的关系时，总是觉得爱恨交织。她曾在书中这样写道："她才醒来总是不甚快乐的，和我玩了许久方才高兴起来。"幼时的她因为受到父亲的虐待而选择远赴异乡投奔母亲，想要与母亲共度一段快乐的时光，令她意想不到的是，她自始至终都没能成为母亲所期望的名媛，母亲失望之下用暴力的言语一次次刺伤着她的心，一句"你活在世界上就是为了害人"让她彻底心灰意懒。即便是母亲临终前想要见张爱玲一面，也被她果断地拒绝了，最终，她也只是给母亲寄了一张 100 美元的支票。很多不了解张爱玲经历的人会认为她冷血、不近人情，可谁又知她幼时内心的伤痛？

◎ 培养孩子快乐的能力——拥有快乐的心，能量场都会变

现实生活中，大多数父母对孩子的爱还只停留在满足其物质需求。大家往往认为，给孩子买好吃的食品、好看的衣服、好玩的玩具，只要达成孩子的心愿他们就会快乐。但这些都仅能让孩子暂时感觉到快乐，而不是真正意义上的快乐。真正意义上的快乐是孩子心理层面上的快乐，是培养孩子健康的心态，让其能够在面临困难时依然保持一个好的心态，有能力享受生活的美好。

这让我想到英国著名精神分析学家拜昂研究的容器理论，该理论认为，投射性认同是在另一个人身上诱发出与自己相一致的情感，从而创造一种被认为与这个人相一致的感受的过程，而接受了情感的客体还会再把改造后的情感返还到主体身上。由此，我们可以看出，父母与孩子的快乐是相通的，只有父母快乐了，才能把自己快乐的情绪传递给孩子，而看到孩子可以独当一面，有了快乐的能力，父母也会感到快乐。反之，不快乐的父母只会将难过、痛苦的情绪传递给孩子，导致孩子形成扭曲的性格，双方站在对立面，彼此折磨，相爱相杀。

当然，西方文化观念和思维方式与我们有很多不同之处，但教育是相通的。很多人都听说过"垃圾人"，这种人习惯以悲观的、负面的情绪来看待一切事物，喜欢抱怨、指责、迁怒他人，试想这样的人，会让身边的孩子感到快乐吗？

也有人说，孩子这么小懂什么大人的喜怒哀乐，长大后就都忘了，我对此不以为然。其实父母的一颦一笑都在孩子的心里种下了种子。如果种子是快乐、健康的，孩子长大后也会成为一个乐观积极的人，同时也能将这种快乐延续下去；如果种子是不快乐的，那么这会给孩子的心里留下阴影，孩子终其一生都将沉浸在无限的抱

怨与痛苦中。

我更提倡把孩子的快乐提升至另一个高度，即"你不快乐，影响不了我的快乐，反而我要让你更快乐"。当我的孩子一岁多会走路了，我就扶着她自己走山路；当我们去漂流时，我会同孩子玩得不亦乐乎，一起被水浸透；当我们出去短途旅行时，我会背着孩子跋山涉水、亲近自然，甚至前往国外的瀑布溪水畔、瓜果田园里……这些经历会对她形成乐观活泼的性格起到潜移默化的作用，多年后再谈起小时候的事仍会津津乐道、喜笑颜开。

"授人以鱼，不如授人以渔"，我们要使孩子快乐，更应该教会他们获取快乐的能力，也就是说给孩子正能量的影响，让孩子像你一样习惯以乐观的态度去看世界，那么他们就更容易在平凡小事中享受到快乐。这种快乐，甚至可以仅仅是享受枝叶间洒下的一缕斑驳阳光，看到早春里盛开的一朵不知名的小花，听到一首好听的歌曲或收获一次难忘的经历。更难得的，是让孩子从每一次体验中寻找到一种不可名状的却时刻推着他们一路向阳的快乐之源。

好父母从来不当"甩手掌柜"

家庭是孩子成长过程中的另一所学校，教育孩子不能只有简单的经济投入，还需要大量的时间、精力、情感、智力、陪伴、学习、沟通的投入。如今越是"双减"，家长越需要付出更多的精力。素质教育本身就属于家庭的责任，"双减"减的是孩子的压力，但不减父母的担当。

"慢养孩子"成为近些年很多父母教育孩子的箴言。正如圣经里所言，世间万物皆有定时，花开有时，凋零有时。

"孩子尚小不需要学太多，长大后自然就懂了。""孩子现在不懂事没关系，以后慢慢就明白了。""孩子有老师管教，不用我们家长操心。"……这些父母自认为的正面教育其实并不是"快乐教养"，而是在以各种借口来逃避自己没有时间陪伴和教育孩子的事实。你所偷过的懒，未来都会让你为今天做出错误的选择而追悔莫及。

◎ **好父母就是要帮助孩子做好面对未来的准备**

在许多父母的心里，教育孩子是学校的事，是长辈的事，总之不是自己的事。而事实上，素质教育本就是家庭的责任，父母才是孩子的第一任老师。

有段时间，一个4岁孩子拍摄的英语视频在网络上迅速走红。视频里的男孩丝毫不胆怯，他对着镜头淡定自若地讲着一口流利的英语，与此同时还在黑板上书写着英文单词，且逻辑思维非常清晰，堪比很多名师讲解。

网友在自愧不如的时候，也不免纷纷猜测男孩的家庭背景。有人说他的父母是美籍华人，有人说他是个天才，一时间众说纷纭。然而，孩子妈妈发声后，引起一片哗然。原来男孩出生在一个传统的中国家庭里，他在英语方面如此优秀，是因为他从3岁起就开始通过英语App听英语儿歌来学习英语词汇，现在已经掌握了2000个单词，这相当于一个中学生才能达到的词汇量。

男孩的自学能力不得不令我连连称赞，但是，了解到孩子妈妈的教育理念后我才恍然大悟，这并不取决于"别人家的孩子"，而是取决于"别人家的父母"。

孩子妈妈的教育方式十分明确，主要表达了以下三点内容。

第一，每天尽量抽出一个小时的时间，做到高质量的陪伴，而不是完全把孩子的教育寄托在学校上，当个"甩手掌柜"；

第二，要弄清楚自己的角色，我们并不是要教育孩子，而是要做一个与孩子共同学习、共同进步的陪伴者；

第三，以学生的身份跟他一起学习，父母的一言一行，孩子尽收眼底。

单凭这几点，就是我们现如今很多家长无法做到的。理由无非是没有时间或感觉很劳累。父母认为，学习是孩子的事，自己只需要提供好的学习生活环境，其他无须参与过多，一切顺其自然就好。可是大家别忘了，既然我们生下了孩子，就应该尽到自己应尽的责任，不是仅把他抚养长大就算完成了任务，最重要的是让他好好长大。

长大与好好长大，这中间的差别，大概就是好的父母从来不当"甩手掌柜"。

托尔斯泰说："全部教育，或者说千分之九百九十九的教育都归结到榜样上，归结到父母自己的端正和完善上。"

我也听过一些家长抱怨，自己每天朝九晚五奔波于工作和家庭之间，回家后还要做家务，哪有时间陪伴孩子做功课，哪有精力培养孩子良好的习惯，自己拼命挣钱为的不就是把孩子送到教学条件最好的学校，接受最好的教育吗？

父母的这些想法似乎也很有道理，但是孩子在学校里只是跟着老师学会了听课与学习，却学不到良好的学习习惯。父母不该以工作忙为借口而疏于对孩子的管教，教育孩子不是老师一个人的事，它更需要家长和学校之间的共同协作。

当你羡慕别人家的孩子足够自律、拥有很强的自学能力时，殊不知那是其父母在百忙之中抽出时间教育孩子，日积月累的结果；当你羡慕别人家孩子为人谦逊、品学兼优时，殊不知那是其父母背后悉心教导，苦心栽培的结果，其中的付出和辛酸只有自己知晓；

当你羡慕别人家孩子见多识广、知识丰富时，殊不知那是其父母经常陪伴孩子出游，走遍祖国大好河山的结果。一分耕耘一分收获，所有的付出都会慢慢看得见。

父母在教育孩子的过程中扮演着重要的角色，特别是年轻的父母，更应该抓住教育孩子的黄金期。要知道，没有哪个孩子生下来就什么都会，就像没有哪只小鸟出生就会飞翔，父母后天的悉心培养不可或缺。就像作家龙应台说的那样："在黄金时期内帮助孩子做好面对未来的准备，珍惜老天爷赐给我的这份甜蜜礼物，并希望我在将来不要面对叹气、摇头与后悔！而那时，孩子会因我充分利用了'有效期限'而成长为人。"

平衡两种关系：孩子个体发展 & 家族持续发展

◎孩子的发展是家族兴盛繁衍之基

几乎所有的家族企业主都希冀家业传承犹如一场没有终点的接力赛，父辈在拼尽全力奔跑之后，能够顺利地将接力棒交给子辈、孙辈，一代又一代地传承下去。

在中国，家族企业的传承模式通常为"子承父业"，即子女无论是否拥有足够的企业知识储备和管理能力，都可以直接从父辈的手中接过接力棒。在"家文化"的影响下，中国家族企业比较重视人情关系，未经过专业培训的子女往往随心所欲、任人唯亲，导致职业经理人等外来管理人员无法发挥作用，可想而知这样的企业自然不会长久。就像巴尔扎克说的那样：培养一个贵族，需要三代换血。

纵观欧洲和日本传承数代的家族企业，他们更具备长远的眼光，更重视家族企业的利益。凡是继承企业管理权和所有权的子女都需要具备发扬家业的能力，如果不具备就只能交由职业经理人来接管，以保证企业能够长久、稳定地发展。另外，我发现那些计划让子女接班的欧洲以及日本企业，在孩子小的时候就会为他们灌输接班人意识和培养他们管理家业的能力。

日本酒企"月之桂"传承了300多年之久，它的第十四代继承人增田德兵卫曾坦言，他小时候就已经被灌输接班使命，学习继承家业的知识。藤间秋男是日本传承百年企业TOMA的第五任继承人，他自幼便常跟随父母到公司，中学时就被要求尝试学习和掌握公司的大小事务。

欧美企业更是如此。对于美国第一大家族——洛克菲勒家族来说，"富不过三代"的家族传承魔咒似乎失效了。洛克菲勒家族堪称美国第一大百年家族，从洛克菲勒大学、现代艺术博物馆，到标准石油公司、洛克菲勒基金，无一不记载着洛克菲勒家族的传奇史。为了将家族发扬光大，这个家族历来有一个传统，那就是让家族子女从小接受精英教育，在每一代的家族成员中选择3位具有强烈意愿、能力卓越的进入家族企业，像要求普通员工一样要求他们从小事做起。

至今，洛克菲勒家族不仅代代出名人，而且从未发生过家产纠纷事件。家族长辈在传承家族文化时常常教育子女，要始终牢记并坚守"财富可以造就人，也可以毁灭人，家族精神才是永恒的财富"的价值观，要始终以"家族团结"作为人生导向。

一个伟大家族的不断传承依靠的正是一辈又一辈家族成员的坚守，只有这样，这个家族才能历久不衰。

可见，有远见的父母，从来都是充分尊重孩子，更要考虑家族的兴盛繁衍，将孩子的发展和家族发展紧密挂钩，将家庭责任感与社会责任感紧紧联系在一起。

◎ 把眼光放长远，未来一切皆有可能

普华永道发布的"2014年全球家族企业调研报告"数据表明，中国家族企业中已规划接班策略的仅占22%，其中能够以书面形式明确制定出来的还不到10%。可见，"富不过三代"的主要原因在于众多家族企业没有重视建立子女培养与家族发展的纽带关系。

当然，在一些大家族中，也不乏一些父辈意识到了培养子女接班的重要性，于是将孩子送到国外留学深造。然而，效果适得其反，那些海外留学归来的子女由于受到西方教育的影响，在价值观、行为方式以及处世观方面与父辈存在很大的分歧，随着矛盾的深化，子女们失去了接班的意愿和自信。比如，新希望集团刘永好的女儿刘畅从国外回来后，一心想要创业或按照自己的喜好从事其他职业，不想继承父亲的产业，后在父亲诚恳的沟通和引导下，她才重回新希望。

另一个事实是，母亲在家庭教育、家业传承中扮演着重要的角色。中国一直有"男主外，女主内"的传统，大多数家庭中的父亲在孩子小时候常因工作忙碌，陪伴孩子的时间非常少，给孩子的印象往往是严肃、难以亲近的，若是从小便强硬地给子女灌输继承家业的意识，有可能会让子女产生逆反心理。所以，母亲应担起培养子女接班意识的责任，进而成为维系支撑家庭与家族企业的核心。

可能很多父母会说，我们只是一个普通家庭，根本无法做到像欧洲、日本大家族一样兴盛繁衍。但是我想说的是，万事皆有可能。也许我们的家庭并不富裕，也许我们出生在农村，可是我们要把眼光放长远，从过小日子逐渐转变为过大日子，未来谁都无法预测。那些百年传承的家族企业不也是从独门小户白手起家逐渐发展起来的吗？最主要的是父母要学会将孩子的发展和家族发展挂钩，既要尊重孩子的个性发展，也要重视家族的兴盛繁衍。

为此，父母可以从培养孩子家庭责任感和社会责任感着手，拥有家庭责任感的孩子从小孝顺父母，尊敬师长，善待伙伴；拥有社会责任感的孩子更有大局观和大爱，既有慈善心又有公德心。只有这样，家族才能代代传承、繁衍昌盛。当然，不是所有的父母都能培养出优秀的孩子，但是，这并不妨碍我们向优秀的家族企业学习，用长远的眼光去看待孩子，不强求亦不设限，只有这样孩子的未来才会无限宽广！

「培昕心语」

父母的教育格局里，藏着孩子的未来。

《战国策》中说："父母之爱子，则为之计深远。"为人父母，没有人会不为孩子的将来打算。尽管我们不能将自己未实现的理想强加给孩子，但可以凭借自己的能力和资源优势，为孩子的梦想和未来尽一点力量。

《论语》中亦有言："人无远虑，必有近忧。"这句话不仅适用于个人发展，同样也适用于教育孩子。王安石笔下的方仲永其实也是个身怀天赋的优秀人才，却由于父母没有远见，而最终泯然众人。

孩子在成长发展的道路上，总有在十字路口徘徊的时候。向左走还是向右走？这时父母的指导和远见就体现出了价值。有格局、有远见的父母，不会唯成绩论，更不会以分数论成败，反而会根据孩子的实际情况和性格、兴趣，引导孩子不断完善自己。

当然，十年树木，百年树人，教育孩子也不能急于求成。但父母首先要有远见，孩子的未来才能更宽广。

PART 2
好父母观念：
与娃同行，本真生活

不同时代环境催生不同的教育观念。做好父母首先要与孩子保持思想同频，脚踏实地地去引导孩子，人前人后都保持一颗本真之心，实时更新教育观念，不仅要做到因材施教，还要用发展性眼光看待以往的教育理念，择其善者而从之。

第五章　与时俱进：更新做父母的观念

引导孩子正确看待自己——证明自己不只看成绩

自从"双减"政策实行，学习成绩不公布了、家庭作业减少了，让孩子们真的减负了。孩子是开心了，可是家长却越来越担忧，茶余饭后讨论最多的是："你家孩子回家写完作业干什么？""你家孩子平时在家做单元检测吗？"

家长们的反应不足为奇，毕竟中考、高考的指挥棒还在。想要孩子未来有幸福的生活，父母的观念往往还摆脱不了是"万般皆下品，唯有读书高"。而"双减"要传递的正是"不能唯分数论"。

◎ 父母和"成绩"的博弈，牺牲的或许是孩子的未来

世界上每个孩子都是独一无二的，就犹如植物一样，有的植物适合生长在硬土地里，有的植物适合生长在沙地里，但它们均能在自己适合的环境中茁壮成长，开花、结果。成绩固然重要，但它不是决定孩子命运的唯一标准。

"英语教父"俞敏洪自称是经历过三次高考的"差等生"，但他依然可以凭借自己超强的英语教学能力创建国内顶尖教育品牌——新东方，成为业界的标杆。爱因斯坦小时候学习成绩很差，对他来说，连背诵一篇简短的课文也是一件难事，为此竟被人认为是个"傻子"。可谁又能想到，就是这个被人称为"傻子"的孩子，多年

后竟成为改变世界的科学家。

足见,成绩或许是改变人生的理想跳板,却不能成为判断孩子优秀与否的唯一标准。除了成绩之外,父母要有一双智慧的眼睛,引导孩子正确看待自己,凭借除成绩之外的其他闪光点,也可以拥有幸福的人生。作为新时代的父母,更不能自困于传统教育思想中,深陷"唯分数论"的思维误区!

因为,当你坚持与成绩"博弈"时,孩子或许正在默默咽下苦果。

我看过一则新闻:杭州一个孩子在10多岁的时候竟出现了斑秃症状,主要原因是平时学习压力大,期末考试精神紧张,经常熬夜休息不足。类似的事情比比皆是,比如,某个孩子因为父母对自己成绩要求过高,心理压力越来越大,最后出现厌学、抑郁等不良的心理情绪,甚至产生轻生的想法,父母无奈之下也只能把目标降低为"孩子只要健康就好"。

传统教育中,父母习惯了在孩子耳边唠叨:"你要好好学习,只有好好学习了,将来才能过上比我们更好的生活,如果不好好学习,就只能像爸爸妈妈这样继续过苦日子。"我们反复强调,孩子的心灵远比我们想象的脆弱、敏感。当这种你追我赶的分数攀比成为常态,家长的一句简单的责骂,就会成为压垮孩子脆弱神经的利器,将孩子推入万丈深渊。

父母总是把自己所有的愿望寄托在一场场考试中,希望孩子实现自己未能实现的愿望。然而,父母在以"好成绩"作为评判孩子未来能否有出息、能否成功的唯一标准时,孩子的内心需求就成了牺牲品。

如若孩子失去了热情与活力,何谈美好的未来?父母是时候改变自己的观念了!

◎ 孩子,你可以与众不同

"天生我材必有用",孩子学习成绩不好,不代表他其他方面能力也欠缺。现实生活中,有很多高考成绩不理想的孩子也能找到一条属于自己的路。

每个父母都希望自己的孩子成为人中翘楚,一步一步照着他们成功道路上的脚印踩下去。我将这看成一种非素质教育的弊端,一次考试不能决定一切,根据国家宏观政策——"双减"的实行,当今社会教育背景下,素质教育显得格外重要。孩子不应成为"刷"题机器,更应具备生存能力、发展能力、思考能力、独立自主能力等。从另一个角度看,学习成绩不好的学生,只能说明他的学习能力、记忆能力和理解能力不够出色,但他也许拥有较强的管理能力、社交能力、创意能力。

每当我看到"某高校的学生不会叠被子""某高校的学生需要父母陪读"时,心里不禁感到一阵不安。成功的教育,是培养孩子全面发展,而不是认准一条捷径,就果断"一刀切",让孩子失去其他方面能力发展的机会。"双减"政策的意义在于,让家长将以往投注到孩子学习成绩上的精力,转向培养孩子更多的兴趣中来,让孩子的生活变得有滋有味。

在电影《狗十三》中,女主角李玩的各科成绩都很不错,特别是热爱学习物理学科,因此想要报名物理兴趣小组。可是父亲从老师那了解到,女儿如果报名英语兴趣小组,不但在英语演讲中有获奖的希望,还有可能得到被重点高中录取的机会。于是,他不顾李玩的想法,听从了老师的建议。未承想,不擅长英语演讲的李玩比赛时由于紧张过度,演讲起来条理不清,最终在现场同学们的哄笑声中退出了比赛。

李玩的表现令父亲感到很失望，父女的矛盾也愈演愈烈。直至几个月后，李玩拿回了她梦寐以求的全国中学生物理竞赛一等奖，并顺利升入重点高中，父亲才意识到，原来自始至终都是他错了。

有时，父母的一意孤行是耽误孩子全面发展的"元凶"，有多少父母如李玩爸爸一样，只是一味听从老师的建议，而漠视孩子的心声。教育家陶行知曾说，培养教育人就如同种花木一般，一定要先认识每个花木的特点，再根据不同的生长特点予以施肥、浇水和培养教育。作为父母，我们更应懂得因材施教的道理。

首先，父母要接受和允许孩子的与众不同，不给孩子贴负面的标签。

每个孩子都会有短板，父母要善于发现孩子的长处，不要轻易给孩子贴负面标签，比如"你怎么这么笨！""你英语成绩怎么还不如你的同桌！""你的学习成绩太差了！"……揠苗助长不利于孩子健康成长，唯有根据孩子的实际情况制订符合他成长规律的教育方案，才能培养出优秀的孩子。

其次，培养孩子全面发展，并给予正面评价。

孩子如果只知道读书、做题，长大后势必会成为一个彻头彻尾的"书呆子"。即便学有所成，也难免会缺乏立足于社会的生存能力。所以，父母要抽空培养孩子独立生活的能力、良好的社交能力、组织活动的能力等。比如，与孩子共同做家务，带孩子去旅行，带孩子参加亲子互动活动或社会公益活动。

美国哲学家、心理学家威廉·詹姆斯说："人类本质中最殷切的需求是渴望被肯定。"当孩子学会某项技能时，父母应适当地给予正面评价，如此，孩子也能看见自己的闪光点。

智慧的父母培养孩子，既不会唯分数论，也不会要求孩子复制、粘贴别人的人生，追着别人的影子奔跑。正所谓条条大路通罗马，教育从来都不应是所有孩子拼了命挤在一根独木桥上蹒跚前行，最后大多数人在中途掉了下去，摔得伤痕累累，而是让孩子在众多条道路中选择自己最想要铆足劲儿拼搏的那条，赏遍沿路风景，收获满满硕果，然后所有人在对面更加宽阔的顶峰相见！

培养孩子的学习力比拥有好基因更重要

有人说，人类解读万物，却总是误解自己。

从前，各种心理学分析是人们解读自己的最好密码，为人们破解一个又一个谜团；随着科学技术的发展，无数个颠覆性结论改变了人们原有的认知，让人们再次陷入迷茫和困惑中。

中国科学院神经科学研究专家仇子龙在《基因启示录》一书中提到，基因是我们生命大戏的剧本，是生命四维信息的集合，它不仅决定着我们的身高、长相、体形等三维结构，还左右着我们的行为认知能力。也就是说，基因编码决定了人的认知能力。比如，你为人和善还是冷酷，你喜欢外出还是宅在家，你是优柔寡断型人格还是干脆利落型人格。

既然基因决定了人类的认知能力，那么它能决定我们的智商水平吗？能决定我们的命运吗？答案是否定的。

◎ **基因决定不了孩子的所有，能力可以通过后天培养得来**

我常听一些家长批评孩子时说："你算数这么慢，真像你爸爸，你爸爸小时候学习就不好。"说这句话的时候，家长有想过这种"基因决定论"的理论依据吗？

基因，在生物学中也被称为"带有遗传信息的 DNA 片段"。

有"片段"二字就说明基因遗传的信息并不是人体的全部,而是一部分。人本身就是完整的生命体,不是只有基因。所以,基因决定不了我们的智商,决定智商的还包括生命体的气血流通、健康等,更重要的是后天环境的影响和父母的培养。

在基因研究飞速发展的今天,当代人很容易在对基因的理解上产生误区,认为基因决定一切。其实基因只是人们先天的内在因素,后天环境的影响不容忽视。正因为每个人后天生活环境是不同的,所以天才的子女未必就是天才。即便孩子有了爱因斯坦的基因,也成不了第二个爱因斯坦,因为他后天的成长环境是孩子无法复制的。

曾有研究表明,除了极少数天才外,人类的智力水平大体相当。而且人类的大脑拥有无限开发的潜能,通过后天的加强学习,大脑的思维能力、逻辑推理能力也将被一点点激活。相反,如果大脑永远闲置,就永远不能激发神经元的活力,从而也就无法进一步提升大脑的认知力和理解力。由此足以证明,人类的智力是一个可变量,教育、训练、外界环境的变化都能直接改变一个人的智商。

但在大多数父母心中,优秀的孩子或多或少与父母的遗传基因有些关系,他们就是人们口中"别人家的孩子",学习什么都更快、更省心。

美国经济学家史蒂芬·列维曾与团队就"影响孩子学习成绩的家庭因素"做了相关的调查研究,调查共收集了两万多名美国儿童的种族、性别、家长社会背景、父母受教育程度等数据样本。另外,为了加深了解,研究团队还对孩子们的家长和老师进行了特殊的访问。调查内容包括:父母平时有没有带孩子出去游玩过(及频率)、父母有没有打过孩子(及频率)、孩子每天看电视的时间是多久等。研究人员对样本数据进行了统计分析,共得到了16项家庭影响因素，其中影响孩子学习能力高低的家庭因素共有 8 项：

1. 父母受过良好教育；

2. 父母有很高的社会经济地位；

3. 父母在家说英语 (指父母在家说主流社会语言，在中国即指说普通话)；

4. 父母积极参加家长教师协会 (一种家长教育组织)；

5. 母亲在 30 岁 (或 30 岁后) 生第一个孩子；

6. 孩子出生时体重较轻；

7. 孩子是领养的；

8. 家里有很多藏书。

值得注意的是，"很好"教育、"很高"地位、"经常"等项，都有特定的具体规定。

从统计调查数据分析结果可以看出，前三项均代表了父母的文化程度、家境、家庭背景和社会地位很好；第四项和第八项代表了父母读书和学习的习惯，以上都对孩子学习有积极的影响；而其他几项则说明了父母孕育子女的时间、子女出生的情况以及出生的境遇，均对孩子的学习具有负面影响。史蒂芬·列维的统计分析研究表明：除了遗传因素外，父母的言传身教胜于一切。比起凡事都亲力亲为，父母不如以身作则对孩子的学习成绩更有影响力。换句话说，基因改变不了什么，真正改变孩子的是后天的学习和教养。

"我命由我不由天"这句当今教育界广为流传的口号，对每个孩子都适用。公元前 300 年前后，塞浦路斯岛人芝诺在雅典创立了斯多葛哲学学派，该学派的一句名言或许更能帮助我们坦然接受生命中的可能与不可能——"给我胸怀接受我不能改变的基因，给我勇气改变我能改变的命运。"

从容的人生从从容的早晨开启

"不能让孩子输在起跑线上",一句话道出了多少父母的心声和共鸣。在当今社会激烈竞争的背景下,多数父母把这句话当作教育子女奋发图强的至理名言。为了这么一句话,孩子每天奔波穿梭于各个补习班;为了这么一句话,中国教育开启"拼爹""拼妈"模式;为了这么一句话,多少孩子失去了原本快乐的生活,每天从一大早开始就变得焦虑,开启一天忙碌的课业。殊不知,从容的人生是从一个个远离焦虑、从容快乐的早晨开启的。

◎ 超前学习不一定能换来更从容的人生

生活中,父母们喊着"不能让孩子输在起跑线上"的时候,未必真正懂得怎样才算是赢在起跑线上。

孩子从小各科成绩名列前茅,就是赢在起跑线上了吗?

孩子拿到钢琴十级证书,就是赢在起跑线上了吗?

孩子的屋子里贴满了奖状,就是成功的人生吗?

现实告诉我们,原来,我们的起跑线都找错了。

"起跑线"的概念不是时间的起跑线,也不是成就的起跑线。在西方国家,大学毕业的人做了白领,职业学校毕业的人做了蓝领,他们并没觉得有什么,彼此之间依然以平等的相处方式交流,因为在他们心里,未来有成就的企业家、科学家不一定文凭很高,同理,当个蓝领也不一定不如白领生活得快乐。与之相反,在中国家长的观念里,考上大学就是成功,否则都是失败。所以,许多中国家长认为,想要孩子成才,就要一切趁早。于是,家长从孩子幼儿园时就开始着手发力,甚至让孩子过早地入园。

王先生是我的一位老朋友,他同我一样,也是一名教师,所以他与妻子都非常重视孩子的启蒙教育,在孩子刚满 3 岁的时候就将其送入精心挑选的市里有名的幼儿园。这所幼儿园的老师不仅能够给予孩子最好的照料，还可以给孩子做适当的数学启蒙，待孩子稍微长大些就会提前教给孩子小学数学知识，让孩子"提前起跑"。

孩子升入小学时，确实有过一段时间在数学学习方面提高很快，成绩也比其他孩子优秀。可是到了二年级，老师讲解的知识加深了难度，有很多是孩子此前从未学过的，孩子依然以为自己什么都会，所以上课根本不认真听讲。久而久之，孩子发觉有很多知识听不懂了，越听不懂越不想听，如此形成了恶性循环，成绩一落千丈。

每每提起这段育儿经历，王先生总是感慨："如果当初我们没有那么急切地要孩子早早接受小学数学教学，或许就不会出现今天这样糟糕的局面。"其实，王先生仅仅是众多焦虑的中国父母中的典型缩影，他们迫切地希望自己的孩子提前冲出起跑线，在人生的道路上始终做个领跑者，最终第一个撞线，成为人生赢家。

渐渐地，"不要输在起跑线上"演变成了"提早教育"，即孩子越早识字、越早学英语、越早学数学，越能领先于别人。事实是，揠苗助长起到的作用力往往是相反的。

神经教育学研究发现，儿童发展的关键期为0—3岁。这里的儿童发展主要指的是父母的悉心呵护与耐心陪伴，而不是幼儿园教育，更不是提早涉足小学教学。

孩子的人生才刚刚开始，那不是几年、十几年，而是几十年。孩子的起跑线，是家庭给的起跑线，输在起跑线上不代表一生都会失败，赢在起跑线上也不一定代表一生都会成功。因此，我们的孩子无须与别人家的孩子竞争，也无须一定要赢在起跑线上，只要顺其自然地按照成长规律长大，健康、快乐地过好一生，这才是我们做父母的最大期望。父母真正要做的是持之以恒地教育与引导，给孩子充分接受和吸收知识的时间，让他们在学习中收获喜悦和欢乐。

人生就像一场马拉松，它不必如百米短跑一般，站在起跑线上，所有人都一起出发，谁能从容地坚持到最后谁才是真正的赢家。白岩松曾经对儿子说过："儿子，你要是考第一，我就跟你断绝父子关系！人生不是竞技，不必把撞线当成最大的光荣。当了第一的人也许是脆弱的，众人之上的滋味尝尽，如再有下落，感受的可能就是悲凉，于是，就将永远向前。"

新时代家庭教育中养儿养女教育策略不一样

有一个家喻户晓的俗语："穷养儿，富养女。"

俗话说："从来富贵多淑女，自古纨绔少伟男。"自古以来，很多父母的思想观念就认为，儿子要穷养，女儿要富养。因为如果让儿子小时候吃得苦中苦，学会省吃俭用，长大后方能对家庭有担当，不随意挥霍浪费；养女儿是文化修养的投资，如果女孩子从小丰衣足食，拥有高贵的素养和品格，见的世面多了，长大后为人处世就会十分小心谨慎，不会被外面的花花世界诱惑。

我们不可否认，父母选择这两种教育方法的初衷和目的并没有错，但是如若方法用错了，就可能适得其反。那么，我们在用穷富法来养育孩子时，怎么做才正确呢？

◎ 什么是真正的"穷养儿，富养女"？

无论是男孩穷养还是女孩富养，都要避免过犹不及。

譬如，有些家庭对男孩过分穷养，给孩子从小灌输了一种唯利是图的思想，长大后便很害怕受穷，甚至为了获取利益可以不择手段。同样，有些父母对女儿过于宠爱纵容，使其从小养成了骄横跋扈、自私自利的性格，这种溺爱对孩子来说有害无利，长大后孩子很难融入社会。

家庭条件富也好、穷也罢，孩子终归有一天要自己独立走向社会，经营人生。为此，父母要懂得让孩子从小用合理的眼光看待金钱、情感以及价值，不可用金钱衡量教育的价值观，培养孩子正确的财富观和价值观尤为重要。

无论养儿养女，我们都无须过分纠结富养还是穷养。其实，很多父母认为，男孩和女孩的性格、成长变化有很多不同的地方，在教育上就该区别对待。可是教育不应以富养和穷养来划分，不能用"穷"专对男孩，用"富"专对女孩。我们常说男女平等，特别是进入二孩时代，公平对待男孩和女孩，更应是新时代每个父母需要学习的教育理念。

例如，在瑞典，人们不会因为一个女性的美貌而夸赞对方，因为他们把这种行为看作物化女性、消费女性。从这里我们可以思考的是，父母作为孩子家庭教育的"老师"，尤其是母亲要以自身为孩子做榜样，树立一个有耐心、有恒心、有能力，并兢兢业业为事业奋斗的形象，让孩子知道原来女人也可以撑起半边天。

◎ 养儿养女策略不一样，因材施教是关键

《中国青年报》社会调查中心做过一个社会调查，旨在调查人们对"穷养儿，富养女"教育观念的看法。在受访的2002人中，超过半数的人认为教育男孩和女孩应该是不同的。而关于男孩和女孩的不同，美国、加拿大、德国等多个发达国家也在近些年做了相关的科学研究，研究结果显示：男孩与女孩的大脑中有100多处存在差别。

从血统关系上来看，不同国家、不同种族、不同民族的教育方式有所不同。比如，西方国家认为男孩和女孩是平等的，他们更重视孩子的个体差异和自我发展，鼓励孩子探索，平时以朋友的方式与孩子相处；而亚洲国家的父母通常更关注孩子的学习成绩，用"穷养儿，富养女"的观念来教育孩子，父母与孩子的关系常常不对等，孩子是没有自由的、受约束的、不能独立的。

从血缘关系上来看，同一家族、同一家庭的兄弟姐妹接受的教育也可能千差万别。例如，上述调查中的大数据还显示，男孩更多地偏向调皮、爱动、贪玩、散漫；女孩更多地偏向懂事、文静、贴心、柔弱。男孩似顽铁一块，宝剑锋从磨砺出；女孩似水温柔，上善若水。所以，父母教育男孩时非常严格，以"棍棒教育"解决问题更是一种常态；而教育女孩时相对比较温柔，常用讲道理的方式引导孩子改正错误。

事实上，父母要懂得顺应其天性，发展他们个性中的优点。男儿当自强，男孩更多需要的是对其意志的磨炼，培养他的勇气、意志、担当、责任心以及面对挫折的能力；女孩更多需要的是丰富内心与意识品德，使其懂得真善美，使其学会辨别事物，使其懂得自我保护。

父母心中始终要有一把教育的尺子，不偏不倚，感觉不对就赶紧调整，尽力找到平衡点。家庭教育是培养个体的摇篮，既然有幸做父母，就必须好好修行，这才是父母应该为孩子提供的教育营养。我们只有给予孩子内心精神上的富足，才能让孩子足够幸福。

认清"鸡娃"和"内卷"带来的竞争形态

《陪你一起长大》《小舍得》等教育题材电视剧的热播，让"鸡娃""内卷"成为全民热议的话题。人们纷纷感慨，现在的孩子有这么累吗？

近几年，随着我国对教育的重视程度加大，在教育领域的投入成本也逐年攀升。据教育部发布的《2021年全国教育经费执行情况》统计，2021年全国教育经费总投入为53014亿元，比上年增长5.65%。其中，全国幼儿园、普通小学、普通初中、普通高中、中等职业学校的教育经费总投入均分别比上一年增长了9.14%、4.43%、3.94%、6.10%、6.51%。

尽管如此，优质的教育资源依然有限，加之社会竞争激烈，教育"内卷"也就成了必然的事。

◎"鸡娃""内卷"盛行，竞争加剧

2021年年初，"90后"的一篇《卧底鸡娃群》刷屏了朋友圈，里面的"鸡娃黑话宝典"被人们称为"神比喻"。比如，将艺术、体育类的素质教育叫作"素鸡"，将鸡血式地对娃进行语数外教育叫作"荤鸡"。

当"鸡娃"以一种常态化形式存在时，孩子"内卷"时代已然来临。

我们经常听到当今家长们的感叹声："养个孩子好难。"其中意思不仅是说养育孩子难，更是说在孩子教育方面所消耗的成本之高和精力之多。以前，孩子们的竞争主要看的是中考和高考阶段，现在，孩子们的竞争从幼儿园就开始了，有些教培机构的广告语竟是"你不来参加培训，我们就培训你孩子的竞争对手"。还有的正是看准了家长望子成龙的心理，所以要求孩子在幼儿园阶段就获得多项证书。以前，孩子拼的是自己的学业；如今，已是"拼爹""拼妈"的时代。有些小学录取孩子时要看父母的学历和其陪伴孩子的时间，父母是教师、公务员和拥有事业编制人士的孩子优先录取，如果父母低于本科学历，一概不予录取。当孩子们被推到了风口浪尖，"内卷"便开始了。

孩子之间的"内卷"，主要表现为同一圈子内部以及不同圈子之间的"内卷"。有些孩子可能处于同一圈子里，如语文圈子、英语圈子、音乐圈子、舞蹈圈子等。圈子内部也有互相交流和学习，但是因为成绩的落差，自然就会形成竞争，彼此形成某种身份的认可与排斥；而圈子之间也容易产生"内卷"，成绩优秀的孩子形成绩优圈子，成绩不好的孩子形成绩差圈子，两个圈子之间既有相互学习，又有相互竞争、心理排斥；另外，语文圈子和英语圈子也可能因为孩子们的口舌之争，形成对抗和竞争。也就是说，一旦某种既定的圈子形成，无论是内部的"内卷"还是外部的"内卷"，都会自然而然出现。

"内卷"无处不在，不正当"内卷"观念不断驱使，导致孩子们的竞争愈演愈烈。家长把孩子的一生看成了一盘棋，错一步都有可能满盘皆输。所以家长之间讨论最多的是，孩子只有上了好的小学，才能上好的初中，进而考上好的重点高中以及"985""211"重点大学，每一步都得小心翼翼，一步也错不起。那么面对日益激烈的"内卷"竞争困境，父母就无法破圈了吗？

◎"鸡娃""内卷"的背后，父母如何破圈？

拼命"鸡娃"的家长背后，是社会残忍竞争的事实。"70后""80后"的父母通过努力读书改变了命运，实现了阶层的跨越，他们想要把这种期望投射到孩子身上。因此，未来的不确定性使他们产生了无限的焦虑，父母尽最大所能为孩子提供优质的学习环境和条件，希望孩子可以站在自己的肩膀上飞得更高更远。

的确，疯狂"内卷"可能会改变孩子的命运，让其获得进入名校的机会，从此平步青云。可是"鸡娃"的方式如果用错了，就有可能是"坑娃"。其实，教育最大的阻力是父母受到焦虑和恐惧的无限支配。

有人说电视剧《小舍得》《陪你一起长大》等是在拿教育焦虑作为看点，向社会贩卖焦虑。我与部分网友的意见恰恰相反，我觉得这些是对现实的刻画与反思，是"反思焦虑"。

《小舍得》中生动形象地运用剧场效应对当今教育"内卷"做了很好的阐述。

一群观众在台下观看演出，当前排的观众站起来时，后面的观众也要跟着站起来，否则就无法看到前面的演出。家长就好比是这场演出的观众，每当有家长拼命想要孩子"赢在起跑线上"，其他家长便不得不跟着做，即使是那些"佛系"的家长也不例外，最终导致孩子距离起跑线越来越远，能够真正赢在起跑线上的孩子所剩无几。

我们可以看出，教育成本的增加并不一定能让家长达成所愿，反而可能带来更加激烈的"内卷"，从而形成恶性循环。

既然教育"内卷"无法避免，我们就要努力找到破圈的出路。而破圈的关键在于父母的观念转变。除了焦虑，父母更应多加思考："鸡娃"真的那么重要吗？教育的最高境界是言传身教，父母不该把自己的意愿强加在孩子身上，让孩子背负太多成长中不该承受的压力。我们要在精神上富养孩子，而不是用一个标准答案去限制孩子。每个孩子都如同一个含苞待放的花蕾，有着自己独特的闪光点，为此，父母要做的是耐心灌溉和滋养，确保孩子在健康成长的前提下量力而行！

"读书无用论"让孩子失去的是什么

小时候我常听到这么一句话:"养孩子为什么?放牛;放牛为什么?娶媳妇;娶媳妇为什么?生娃;生娃为什么?继续放牛。"这种"读书无用论"的观念到今天依然存在,持有这样观点的人认为,读书不能实现价值,亦不能创造财富,从而否定知识与学习的作用。

◎ 读书真的无用吗?

近些年,"某北大毕业生去卖猪肉""某低学历网红月入过万"等类似的新闻报道频频登上热搜,再次将人们的思想观念引入"读书无用"中,大家不免会认为,用功读书还不如缺乏知识和文凭的人收获经济利益多,导致越来越多的人对读书失去信心,甚至放弃学业。

北宋赵恒(宋真宗)在《劝学诗》中说到读书的好处,诗中说"书中自有千钟粟""书中自有黄金屋""书中自有颜如玉",意思就是说读书可以使人拥有丰厚的官禄,可以住好的房子,享受富贵荣华,可以找到佳偶。古时这些诗句常用来鼓励读书人,目的就是要他们未来可以出人头地。现在的孩子又何尝不是如此?读好书,就能影响自己一辈子。

有多少农村的孩子未等初中毕业就被父母强制退学,无奈之下只好去城里打工谋生;有多少学习成绩较差的孩子早早步入社会,连复读的机会都难以得到。人们未看到的是,出生在贫寒农村的"超级演说家"刘媛媛,同样可以依靠勤奋读书获得北大的录取通知书,实现人生的逆袭;京东创始人刘强东虽然出身于农村,但是通过读书,他实现了阶层的跨越,创建了京东集团;那个北大毕业卖猪肉的陆步轩,并不甘于固定摊位的售卖,他和合伙人共同建立了"屠夫学校",成立了上百家连锁店,身价直线上涨。如果没有多年在学校读书学习的积累,我想,他们也很难拥有今天的格局和成就。

以上种种例子都表明:读书不仅可以丰富一个人的学识和眼界,也可以跨越自身所在的圈层,改变命运。

英国BBC纪录片《人生七年》里介绍了来自不同阶层家庭的孩子50年中的人生轨迹。

7岁时,有的孩子生于精英家庭,从小便阅读《金融报》,抱有远大的理想和抱负;而生于贫民窟的孩子每天担心的只是温饱问题以及减少罚站和挨打的次数。

到了50年后,精英家庭的孩子经过努力读书找到了称心如意的工作;而底层家庭的孩子和他们的后代仍然常常因失业而苦恼烦忧。家庭和视野决定了孩子能否用知识改变命运。

所以你还能说读书无用吗?当然不能!

除了功利的目的,读书还能塑造孩子的人格,让孩子认识自我,认识他人,也认识世界。这个世界迟早会去惩罚不读书的人,高学历的人与低学历的人的竞争,永远不是体现在赚多少钱上,而是在于是否拥有广博的见识,对这个世界有怎样的认知!

在许多人眼里,不读书也照样能过上好日子,当今社会赚钱的道路多着呢。话虽如此,可读书仍是现代社会竞争的最佳道路。读书仅仅是为了考个名牌学校,谋求个好职业吗?其实不然,所谓"学到老,活到老"。读书教会我们做人的道理,让我们认识自我,认识他人,认识整个世界,学历高低的竞争不在于赚钱的多少,而是拥有眼界的高低,以及对这个世界的认知程度。

著名作家三毛的《送你一匹马》中有一句话道出了读书的意义:"读书多了,容颜自然改变,许多时候,自己可能以为许多看过的书籍都成了过眼云烟，不复记忆，其实它们仍是潜在的。在气质里，在谈吐上，在胸襟的无涯，当然也可能显露在生活和文字里。"

第一，书中的知识就是你笑对世界的底气。

很多孩子从小都有一个梦想，就是要全家人过上好的生活。虽说条条大路通罗马，但对于普通家庭来说，如若不读书，没有知识储备，想要真正改变命运实在是不容易，那些看似轻而易举月入百万的职业，实则背后一定是付出了常人难以想象的辛苦，更何况不是每个人都能坚持做下去。唯有知识才是改变命运的最佳捷径，当你有了知识，你才能更有底气朝着自己的梦想奋进。

第二，读了书，你将来的选择不再受局限。

读书可开阔眼界，使人看事物往往更通透、更长远，同时当文化程度达到一定境界，明白的事理和人生哲理都要超过普通人，因此也会增加更多选择。

综上，读书，才能让孩子有十足的底气，义无反顾地奔向梦想；读书，才能让孩子的选择多样化，而不是被逼谋生。或许，我们并不是希望孩子将来能成为一个多么成功的人，只是希望他们在面对自己的人生时，比我们有更多的选择，这就是我们让孩子认真读书的最好的理由。

读书既然有这么多好处，书中的世界也给孩子带来了完整的世界观，书上的方法也能让孩子学会一目十行，更高效地引导自己，那么，如何才能让孩子爱上读书？

很多家长说，孩子天生不爱读书。其实，孩子不爱阅读多半是因为环境因素导致的，而环境因素可以分为两种。

第一，家庭环境。

家庭环境是一个很重要的引导孩子读书的地方。在孩子小的时候，我希望他能养成阅读的习惯。可两三岁的他根本不识字，他对环境的感知仅仅是触觉和视觉。于是，当我在儿童房里放置和孩子体形相等的书柜的时候，我发现孩子开始自己去挑书了，他总是不由自主地在力所能及的范围内选书，当他被花花绿绿的插图吸引的时候，便会试图寻找我和爸爸为其讲解。

所以，我想告诉大家的是，让孩子爱上读书，首先要为他打造一个能读书的环境，书在家庭中出现的频率越高越好。其实，在国外和一些爱读书的家庭中，他们的书架总是不拘一格，有的人把书架打在门框上，有的人在厨房中也设置小型书架，因为书已经进入他的生活，因此是无处不在的，就连厨房也能看到书的存在。

在读书环境的打造上，我还要提醒大家一点，在孩子成长过程的不同阶段，我们要确保书架上购置的书和孩子们的年龄匹配，书的内容和孩子的知识结构匹配。

第二，人文环境。

父母就是孩子的人文环境。父母不爱读书，怎么去做孩子的榜样？父母常年不以读书来丰富自己的业余生活，又如何去要求孩子？

在我家，无论我和先生多么忙，在孩子上幼儿园阶段，我们都会确保在睡前和他们一起阅读故事。

当孩子进入小学阶段，我们不仅要采购跟他所学内容相关的书，同时还要安排一个特别的时间段进行阅读。例如，我们家的阅读时段就是晚上，孩子们作业完成之后，把书包收拾好，洗漱完毕，到楼上换好睡衣，就会和大人们一起，徜徉在各自丰富的书的世界里，这也不失为一件幸福的事情。

干完一件幸福指数很高的事再入睡，这一天才有一个圆满美好的结尾。

不要让读书成为一种累赘,要从读书中学会享受。

「培昕心语」

随着时代的更迭变迁,我们所处的内外生存环境也在不断发生变化,而人类为了能够更好地融入社会,就会本能地去适应新的生存法则。这个大环境犹如一双看不见的手,影响着我们的一言一行。

如今,时代不同了,父母的教育观念也应与时俱进。但很多父母的观念还停留在十几年前,殊不知,当我们将陈旧的观念灌输给孩子,用自以为是的规则去要求孩子的时候,其实不是孩子叛逆了、不懂事了,而是我们所信奉的旧时代的思想已经跟不上时代的发展了。

幸运的是,现在科技、资讯都很发达,无论是注重创新的以色列,还是发达的欧洲国家,在教育领域中都有很多值得我们借鉴和学习之处。父母也完全有机会通过各种形式接触和了解不同的教育理念与方式。所以,不要总是纠结于给孩子报哪个学区,放眼去看看那些世界级的顶尖学校,看看其他国家优秀的孩子都在做什么。如果我们作为父母都不能与时俱进,不了解这个全新的世界,又凭什么让孩子与世界接轨,要求他们在这个世界勇往直前呢?

第六章　与娃同频：给予孩子理解、陪伴、保护和引导

一路同频，才能一路同行

现在许多父母感觉与孩子沟通越来越难了，教育孩子或和孩子讨论某件事时，孩子理解的意思总是与自己的想法相悖，双方各执一词，甚至争论得面红耳赤，结果常常是不欢而散。父母把这种沟通上的障碍看作代沟太深的缘故，其实不然，这是因为父母没有做到和孩子同频共振，各自在不同频道上，自然也无法一路同行。

◎ 不在同一个频道上的沟通是无效沟通

生活中我们经常遇到这样一种情况：当你与一个人沟通时，你所表述的是这件事，对方说的却是另一件事，双方根本不在一个频道上，气急时你还有可能冒出一句"真是对牛弹琴"。这个世界上每个人都有着不同的思维，成人之间尚且如此，更何况是父母与孩子呢？孩子的思维不同于父母，自然与父母的关注点也有所不同，所以沟通起来往往十分困难，心理学上称这种现象为"同频共振"。

"同频共振"原本是物理学中的专业术语，指同样频率的事物在一定条件下产生共振、共鸣。后来，同频共振逐渐在心理学、教育学中得到了延伸，人们将其定义为思想、意识、言论、精神状态等方面的共鸣或协同。

儿童教育学专家强调，同频共振是父母与孩子保持长久、良好沟通的关键要素。如果父母和孩子的思维与语言没有进入同一频道，就很有可能出现以下两个故事中的情况。

朋友琳达跟我说起这样一件事。有一次她到学校接孩子回家，看见孩子炅炅早晨新换的校服上沾满了泥土，以为是孩子体育课上贪玩弄脏的。她感到非常生气，无法克制自己的情绪，大声在校门口责骂了孩子，炅炅怀着一肚子的委屈同琳达解释说，衣服不是贪玩弄脏的，可是琳达根本听不进去。直到晚上老师打来电话，琳达才知道，原来孩子白天在学校带领同学们大扫除非常卖力，不小心把拖布上的泥甩到了身上，顿时她觉得错怪了炅炅，没有理解孩子的想法就当众训斥孩子，伤害了孩子的自尊心，这让她感到非常自责。

我的一位读者朋友兰馨有一个正在读小学三年级的孩子，孩子看到妈妈夜以继日地工作，很辛苦，所以到网上偷偷学了炸鸡柳的做法。当兰馨下班回到家，孩子马上问道："妈妈，你想吃鸡柳吗？"兰馨心里想，孩子肯定又想用零花钱到小摊上买鸡柳，那多不卫生啊！于是，她对孩子说："妈妈不饿，不吃了。"孩子听了，露出失望的表情，喃喃自语道："哦，好吧，你不想吃我就不炸了。"

这下兰馨才知道孩子的用意是孝敬她的劳苦付出，她突然发觉自己之前说错了话，立即改口告诉孩子自己又想吃了，孩子瞬间开心不已，跑到厨房开始忙活起来。

沟通看似只是以对话的形式展开的一场交流，实则却是心与心的对话。父母需要耐心地倾听与换位思考，才能了解孩子的内心。

◎ **用恰当的方式展开对话才能直达人心**

曼德拉说过：当你能够理解对方的语言时，你就能与他人的大脑沟通，而当你在用他们的语言对话时，那么你将会直达人心。

孩子无论成长到哪个阶段，都渴望获得父母的理解和尊重。而身为父母的我们已经忘了自己也是从童年走过来，成长为现在的模样。儿时的我们又何尝不是希望父母理解我们对每件事物的看法以及做每项决定的想法？然而，时间流逝，我们忘记了如何做个小孩，如何理解一个小孩。

很多父母看到孩子犯错或做了自己不解的事，还未等想清楚谈话的内容和目的，以及要如何解决问题，就急急忙忙地找到孩子，这种沟通往往是无效沟通，谈话中双方一旦出现冲突，就可能导致亲子关系的疏离。

因此，父母在和孩子沟通前，一定要厘清头绪，知道自己想的是什么，想要表达的想法和解决的问题是什么。谈话时父母要尽量围绕核心内容教导，不能脱离中心话题，也不要说太多无关紧要的话。

另外，还有一些父母在进行教育时，即便孩子已经认了错，还是不依不饶地加以训斥，造成孩子的胆怯心理，以致不愿告诉父母自己内心深处的想法，这样非常不利于孩子健全人格的养成。

沟通，是既要有"沟"，还要有"通"。父母要谨防陷入自嗨式的沟通，把耳朵"关上"，自顾自地喋喋不休，完全不理会孩子想说什么。人与人之间的沟通在于眼神和语言的交流，可即便父母与孩子每天住在一个屋檐下，也不一定能够领会孩子真正的想法，所以父母与孩子之间需要产生积极的互动，良好的互动能够促进沟通的顺利进行。

更重要的是，父母在沟通时要学会共情，将心比心。或许孩子某些天真的想法和行为我们当下不能完全理解，甚至觉得有些滑稽可笑，但是那对孩子来说却弥足珍贵。我们要让孩子感受到被尊重、被理解，只有这样，孩子才愿意主动与父母说出自己真实的想法和感受，实现有效沟通。唯有懂得，才能包容；唯有同频，才能共振。

面对校园霸凌，教会孩子捍卫尊严和生命安全

打开新闻网页，我们随处可见"校园霸凌"这个词的身影，围殴打骂、恶意挑衅、狂甩污秽……种种触目惊心的景象让家长们不寒而栗。据调查显示，80%以上的人都遭受过其他同学不同程度的霸凌。由此可见，校园霸凌已然成为一种社会普遍现象，只是人们对这种社会现象知之甚少，未能引起广泛的重视。

从前，家长们常以为校园霸凌无非就是同学之间的小打小闹，无关紧要，更侥幸地认为霸凌不一定会发生在自己孩子的身上。然而，多年以后大家才逐渐意识到：当初那些没有及时制止的肢体攻击、嘲讽绰号、语言攻击其实就是一种暴力，这些"只是闹着玩"的霸凌行为已经给孩子的心灵留下了深深的烙印。

◎ 校园霸凌不一定来自同学，有时还来自教师

为了让人们更加清楚明白校园霸凌这一社会现象，与其相关的青春校园电影应运而生。《悲伤逆流成河》是中国第一部以校园霸凌为主题拍摄的青春片，根据同名小说改编，整片聚焦了由校园霸凌引发的一系列社会问题。

该影片讲述的是在本应美好的青春校园里，一对共同长大的年轻人齐铭、易遥因情感纠葛被卷入一次次的校园霸凌中，最终以悲剧结尾的故事。很多看过这部电影的人从电影院走出后都陷入了自我反思，反思自己年少无知时做过的鲁莽行为，并默默为此在心底说了声抱歉。同时，影片也为父母敲响警钟，是时候对校园霸凌提

起足够的重视了。

关于"校园霸凌",我国有些学者将其定义为:一名学生长时间并且重复地暴露于学生、教职员工或校外人员主导的达到一定伤害程度的侵害行为之下。校园霸凌通常不是单一的偶发事件,霸凌者可能是一个人,也有可能是一群人,他/他们拥有超过被霸凌者的力量,主要行为包括语言霸凌、肢体霸凌、性霸凌、反击性霸凌、网络霸凌以及关系霸凌六类。具体来说,发生在校园的霸凌形式有:以众欺寡式的讥笑嘲讽、威胁式的勒索钱物、同学间意气用事的打架斗殴、不堪长期受辱下以暴制暴等。

当我们还一度以为校园霸凌就是"小孩不懂事"的闹剧时,那一幕幕触目惊心的霸凌事件正在身边不断上演。不为人知的小摩擦背后,实则隐藏着对自尊心、人格的侮辱和侵害。对于心灵幼小、脆弱的孩子而言,飞扬的唾沫星子或许就是他/她内心世界里的狂风暴雨。

如何才能让孩子远离校园霸凌呢?

现如今,校园霸凌不仅发生在中学、高中、大学校园里,小学校园中的霸凌现象也不在少数。孩子在纯净的身心受到侵害时,缺乏应对此类问题的能力,如果父母再没有提早发现端倪,就很容易助长这种风气。长此以往,孩子在高压之下会做出本能反应,要么像电影中的唐小米一样选择反击报复他人,要么像易遥一样抑郁消沉直到崩溃轻生。

说到校园霸凌,我们更多的是从电视、杂志、短视频中来获取相关内容。但震撼我们内心的,不仅仅是霸凌缘起于校园。一个更残忍的现实是,现在霸凌不仅来自同学,还来自教师。

毫无疑问,多年来教师这个角色都被赋予了最强的公信力。

教师有更多的社会责任感来自制度以外的自我修养的加深，可现在很多教师因为面临升学压力、各种生活问题带来的各种情绪问题，其内心也发生了很多变化，如对于孩子的管教过于苛刻、流于形式等。

现在有很多公立学校，教育制度的改变导致教师对孩子的教育，在言辞和教学方法上都会有不同程度的霸凌现象。例如，对于调皮捣蛋的孩子，教师不寻找沟通的方法，一味地用严厉的辞令和呵斥的方式去降服孩子。更有甚者，如果孩子表现出对课堂纪律的忽视，还会采取体罚方式，甚至勒令孩子不许上课。这一系列事件不得不让我这个做家长的心惊胆战。

我的孩子就读于北京市朝阳区一所公立学校，这是一所是非常重视素质教育的学校，两个孩子所处的班级不一样，出现的问题也不一样。同样是公立学校，不同的教师有不同的素养，这也使孩子内心产生了微妙的变化。例如，说到转学，我两个孩子的反应完全不一样，一位淡然处之，另一位则盼着这一天早日到来。

其实，对于教师素养，作为家长我是有所观察的，而对于孩子受教育过程中受到的不公平待遇，我也是有自己的看法的。

可见，进行教师培训、提高教师的整体素养迫在眉睫，教师本身也需要提高和学生的沟通技巧，衷心希望在中国蓝天下的所有学校在这方面都有质的飞跃！

◎ 向孩子发出远离霸凌的预警

校园本是教书育人、美丽而神圣的地方，但校园霸凌时有发生。与其整日忧心忡忡，不如学会及早发现，教育孩子如何用正确的方式保护自己，远离校园霸凌。

首先，父母要让孩子知道校园霸凌的行为，除了肢体上的推操、故意使绊子，还有比较隐蔽的三种方式：语言霸凌、网络霸凌、社交霸凌。这些多为语言上的人身攻击，特别是第三种社交霸凌，常表现为孤立、排斥、嘲笑、说人坏话等。

要知道，无知和漠视并不会减轻它的杀伤力。被霸凌的恐惧和遭遇欺辱后的自卑有可能会伴随孩子一生，当孩子长期受到负面情绪的干扰，就会不停地问自己：为什么受欺负的总是我？

从影片的主角身上我们不难发现，常见的被霸凌因素既有性格上的冲突，也有家庭环境、社会环境的影响。比如单亲家庭无人关爱、父母工作不体面、家境不富裕、性格不合群、早恋引发的同学嫉妒等。除此之外，其貌不扬、成绩过好或过差、平时嚣张跋扈……也都有可能成为霸凌事件的导火线。所以，父母要善于观察孩子的一举一动。当发现孩子出现焦虑不安、偷偷哭泣、严重厌学、衣服常有破损、夜晚总是惊醒、情绪自卑低落、学习成绩大幅下滑时，家长就要注意了。我们可以给孩子一个拥抱，让他知道自己是被爱的，然后慢慢引导他说出最近在学校发生的事情，从而帮助孩子找到处理问题的恰当方法。

目前来看，我国关于处理校园霸凌的法律法规尚不健全，主要援引《治安管理处罚法》《民法典》《未成年人保护法》等法律法规。面对校园霸凌，我们可以这样告诉孩子：

1. 平时要学会与同学和睦相处，与人为善，多交益友，对同学的错误要宽容以待，不能随便惹事，但也绝对不要怕事。

2. 一旦遭遇校园暴力，第一时间就是冷静应对，采取迂回战术，尽量拖延时间。

3. 切记人身安全永远是第一位，不要激怒对方，顺从对方的话说，缓解气氛。如果在室外，要想办法向路人求救，采用异常动作引起周围人注意。

4. 提醒孩子以暴制暴不是解决问题的最佳方法，那样无异于施暴者。当然，如果别人打了你，出于自卫你可以还手，但那仅仅是为了自卫，而不是要伤害对方，所以要掌握反抗的力度。

5. 发生了被欺凌的事情时，要主动及时向家长、老师报告，一味地忍气吞声只会让对方变本加厉，助长其气焰。

6. 平时避免独自去无人的角落、走廊、操场，上下学尽量结伴而行，少走偏僻的小路，多走人来人往的大路。

尽管我们已经把应对校园霸凌的方法告诉了孩子，但霸凌现象依然无处不在。因此，父母要培养孩子从小树立正确的是非观，懂得什么事情可以做，什么事情不该做，远离是是非非，并让孩子知道，任何时候家庭都是孩子的避风港。

对于校园暴力，我们要教会孩子勇敢说"不"，从现在开始呼吁更多的人要勇敢面对，对校园暴力零容忍，学习应对校园暴力有关的知识，帮助更多的人免受校园暴力的伤害。

只有经历过的人才知道，校园霸凌不是"孩子间的玩笑"，而是一次次摧毁心灵的劫难。这不是危言耸听，莫要等到事情造成严重后果时，才意识到这是无法忽视的社会问题。而对于承受重压的孩子来说，一切已经为时晚矣。

建立孩子的底线思维和危机管理意识

可怜天下父母心，无论是校园霸凌事件，还是任何涉及孩子安全的问题，总是令父母心惊胆战。其实，同频不只是我们去迎合孩子的世界，同时也要用大人的视野，将我们看到的问题有意识地灌输给孩子，把成年人之间可能会发生的不愉快甚至不幸，以孩子能够接受和理解的方式提前告知；一方面，可以让孩子及早觉察到问题；另一方面，可以尽早建立孩子的底线思维和危机管理意识，避免校园霸凌等悲剧的发生。

◎ 给孩子最好的保护就是让孩子尽早学会自我保护

孩子是祖国和家庭的希望，从孩子呱呱坠地那刻起，父母的目光就投注在孩子身上，尤其是孩子的安全问题更是牵动着许多家庭父母的心。当"4岁女童被性侵""5岁儿童玩耍不慎悬空挂在17层楼外""3岁儿童误吞消毒剂被送急诊科"等事件频频登上热搜，如何保证孩子的安全也成为全社会关注的焦点。事实上，不只是校园霸凌，危险一直在身边。

我相信大部分的父母都不可能24小时关注孩子的动向，必然会有疏忽大意的时候，此时孩子发生危险可能就是一瞬间的事。

世界卫生组织、联合国儿童基金会发布的《世界预防儿童伤害报告》显示：全世界每天因非故意伤害或意外事故失去孩子的家庭大概有2000个；而在另一份街头的随机调查报告中，高达70%的学生缺少自我保护意识，仅有10%的学生能够意识到潜在的危险，拥有自我保护的能力。足见，我国青少年普遍安全意识淡薄，而伤害孩子的不是别的，正是安全教育的缺失。

要想保护好孩子，最重要的是教会孩子自我保护。

我闲暇时看了一档名为《我们的滚烫人生》的综艺节目。在那期节目中，嘉宾与节目组来到了一所偏远山区的乡村小学，并抽出一天时间带孩子们去了游乐园。为了测试孩子的安全意识，节目组特意安排两名嘉宾假扮摔倒在路边的老人，另外两名嘉宾扮演带着特殊"奖品"任务的人员。当两组孩子分别遭遇陌生人的"求助"和诱惑时，他们丝毫没有防备，虽有迟疑，但最后还是随着嘉宾登上了在游乐园外面等候已久的汽车。

如果这样的场景就发生在生活中，我们的孩子轻易跟随骗子上了私家汽车，后果真的不堪设想。自我保护意识是孩子作为一个独立个体在社会中生存下去的基本保障，身为父母我们有责任和义务将安全常识、逃生知识传授给孩子，以避免潜在的危险给孩子造成伤害。

对于校园霸凌我们谈论了很多，主要是来自同年级的同学、高年级的同学。但实际上，我还要强调一点，霸凌不止一种。

我和好朋友在一起聊天时，朋友曾和我讲述了一个真实事件。

朋友的女儿在北京朝阳区一所小学读书，在读一年级的时候，有一天晚上放学，朋友的女儿被老师以"捣乱"为由留在了办公室，没有和别的同学一起回家。

朋友大概耗费了40分钟的时间急匆匆地赶到学校，发现办公室里除了孩子的班主任，还有两三个科的任课老师也在。孩子看到妈妈后，用非常无辜且惊恐的眼神看着妈妈，跑上前去抱着妈妈不停地哭着说："妈妈我错了！"

不明就里的朋友四处打量，向几个老师询问原因，老师不紧不慢地告诉朋友："你的女儿太没有教养了，今天欺负了别的孩子！"作为家长，朋友非常伤心，但同时更希望知道事情的真相。结果所谓"别的孩子"原来就是学校一个教师的子女。那个教师认为她的女儿得到了不公平的待遇，所以把朋友的女儿留下来，并且跟其他几个老师一起，用世界上最严厉的词语，对孩子展开长达40分钟的语言攻击。

孩子那天还没有反应过来发生了什么，看到妈妈后便情不自禁地奔向妈妈的怀抱，哭得停不下来。

这件事情虽然已经过去4年了，但是每当她谈到这件事情的时候依然非常愤慨，然而当时的情况下出于对女儿的保护也只能说："我不想追究她到底伤害了别人没有，我只知道她已经被伤害了40多分钟，而且是被她的老师伤害。"

听到这样一件事情之后，我心里面不禁打了个寒战。老师在学生心里是多么神圣的存在。老师代表着权威，代表着关爱，代表着安全感。可是几个老师竟然能对一个不到7岁的孩子群起而攻之长达40分钟。不管犯的是什么错误，我想朋友的女儿恐怕会对教师这个职业产生深深的质疑。而后来，孩子在班上的行为，都被这3个老师夸张地传播，被贴上了不听话、淘气、学习不好的标签。

幸运的是，时至今日，这个孩子依然很阳光，大大咧咧的个性早已让她忘掉了4年前受到的不公平待遇，不仅学习成绩提高了，还有一技之长。当朋友向我娓娓道来，同时宣泄愤愤不平的情绪时，我极为理解，但是心里也深深地恐惧，恐惧自己的孩子会经历这一切。

当我们把孩子交给学校的时候，除了想让他们学到知识，能够健康成长，更重要的是想让他们受到庇佑，受到教育引导，而在这样的嘱托下，依然有教师可以置自己的素养于不顾，这才让我不得不深深地吸一口气，于是决定把他们的故事写进书里。

衷心希望，教师这份职业的社会责任感能够高于家长的其他诉求，能够担起所有职业当中最有公信力的一项职业的称号。更希望小学教师能够多一些爱心，在管理班级的时候，多用情感去包容，多用方法去沟通，遇到犯错的孩子，多用爱去呵护。

孩子在成长过程中受内外环境的双重影响，作为父母，我们不仅要留心观察孩子情绪和心理上的变化，还要告诉孩子校园内也可能发生的危险和意外，培养孩子趋利避害的意识，使其掌握遇到危险时灵活的应变方法。比如，遭遇危险要赶快远离危险源，必要时要采取正当防卫、对外求助等方式，同时父母可以利用图书、视频等教给孩子正确的求救方法。此外，在教育孩子的过程中，父母应重视孩子的实践体验，减少枯燥的说教模式。

父母是家庭教育的主角，也是给予孩子沟通、交流的心灵良药。良好的亲子关系能够帮助父母及时了解孩子的动态，让孩子远离危险。同时，适当的鼓励与尊重也能让孩子感受到父母的认可，促使孩子树立强大的自信心，遇到危险时不再恐慌和退缩。

总之，父母要引导孩子形成对生命的敬畏之心：生命不仅属于自己，更属于父母、家庭和社会，保护自己就是珍视生命。

物质给予不能代替父母陪伴

父母对子女的爱本该是无条件的。但现实中有一种交易叫作"我没时间陪你，你想要一个什么礼物"。

这种问题在现在城市家庭比较普遍，也比较不易被察觉。社会经济压力增大，迫使越来越多的年轻父母双方都要出去工作来维持家庭生计，几乎没有时间陪伴孩子，即便有时间与孩子待在一起，也是被工作电话干扰或累得没有精力与孩子互动，有时甚至直接把孩子丢给长辈，当起"甩手掌柜"。

于是，忙碌的父母因为感到愧疚不安，便会想方设法满足孩子的要求，要么给孩子买礼物，要么满足孩子的心愿，尽力给孩子更多、更好的物质补偿。殊不知，再好的物质补偿也无法代替情感上的关爱与陪伴。

◎ **对孩子而言，再优厚的物质都代替不了父母的陪伴**

相信看过《奇葩说》第五季的人对陈铭的印象都非常深刻，喜欢他的人更是封他为"爱神"。我依稀记得,他谈及"父母陪伴孩子的教育理念"那期节目让我潸然泪下,觉得颇为感动。

在节目中,他提到了当下比较火的词——"丧偶式教育",这是许多家庭存在的共同现象,也叫作"父亲的缺席"或"母亲的缺席"。虽说听起来有些严重了,但城市中"隐形的留守儿童"确实越来越多。毫不夸张地说,很多父母连孩子上下学,每天在学校发生了什么都一无所知。

尽管父母也都不想错过孩子成长的每个瞬间,可残酷的现实是,多数父母根本腾不出时间和精力陪伴孩子,就连一些重要的节日也常常缺席,比如孩子的生日。这种情况下,父母只能选择用物质弥补未能时刻陪伴孩子的缺憾。可是,大家都忽视了一点,纯真的孩子需要的并不只是物质条件的富足,有些东西物质永远代替不了。

有时,你以为的最好的补偿方式往往适得其反,有时孩子的反常表现更令人抓狂。例如,爸爸辛苦一夜做的表格,被孩子乱画一气,心血白费;妈妈从商场精心挑选的化妆品,被孩子随意鼓捣一通,等妈妈回过神来,已经是满地狼藉……

孩子行为背后的心理动机向父母揭示出另一种真相——孩子无法理解爸爸为什么总是盯着电脑,理都不理自己,为了要爸爸陪伴自己,他决定帮爸爸快点结束;妈妈原本答应周末陪她去游乐园,下班了竟转身去了商场买化妆品,为了要妈妈赶快兑现诺言,孩子想出了拆包装的小主意……父母总是把所有的错都怪罪于孩子的不懂事,却从不知走进孩子的内心去了解。

原来,并不是孩子的行为不可理喻,而是父母不懂得孩子那颗需要我们陪伴的心。于孩子而言,再好的物质都抵不过父母站在同龄人的角度感知自己,感受自己的焦虑,感受自己的渴望。

太多的父母即使与孩子同在一个屋檐下，还是形同两条没有交集的平行线，父母不理解孩子的行为，孩子也不懂父母的做法用意。事实上，很多时候，孩子的"出格"行为不过是想要引起父母的注意，渴望快些获得父母的陪伴罢了。

但在现实中，我曾不止一次听见这样的声音：现在的孩子过得可比以前老一辈的人幸福多了，锦衣玉食，应有尽有。然而，这种想法错了，物质生活的丰裕根本无法填充孩子内心的孤独。

在综艺节目《童言有计》中，有一期的讨论话题为"孩子孤独"。那期节目中的小主人公名叫黄天琪，每次提起爸爸，总是流露出令人心疼的表情。他说，爸爸常年工作很忙，上一次见爸爸还是去年的事，如果想爸爸只能去重庆看他，而和爸爸待在一起的时间也相当短暂，不过几个星期而已。

孩子一边诉说，一边擦着眼泪。更令现场观众难过的场景是，当其他小朋友表示不喜欢主持人撒贝宁扮演的只知低头玩手机的爸爸时，黄天琪竟感到很满足，他认为至少这样的爸爸是陪伴自己的。

此情此景，让我想起苹果创始人乔布斯被问"他一生感到最后悔的事是什么"时，他的回答是"最后悔的不是错过了什么商业机会，而是没有好好陪孩子成长"。

孩子的成长时光不能倒流，如果再不多点陪伴，眨眼间他们就真的长大了！

◎ **陪伴不等于只是陪着，孩子需要的是高质量陪伴**

我很欣赏董卿曾在《朗读者》中说过的一句话："陪伴也是一种力量，在这个世界上，没有一个人是孤岛，失去了陪伴，也失去了生存的意义。"而陪伴的意义不仅在于陪着，深度陪伴才是解决孩子教育问题的根本。

朋友燕子在儿子很小的时候与先生忙于经商，很少能抽出时间陪伴孩子，并且两口子日常争吵不断，最后在孩子临近中考的时候离了婚，法院把孩子判给了男方。

为了弥补自己无法陪伴孩子的缺失，多年来她一直定期给孩子转生活费。然而她没有想到的是，那个曾经学习优异的孩子在父母离婚后中考失利了，爸爸虽有时回家陪孩子，但对孩子的事情漠不关心、不闻不问。之后，孩子一度萎靡不振，常和朋友去网吧、夜店，养成了抽烟、喝酒等不良的生活习惯。燕子每次同孩子打电话，孩子总是说："你除了给我买东西、打钱，还会什么？"

终于有一天，孩子的电话怎么也打不通了，正在燕子焦急万分时，孩子的爸爸打来了电话大哭说，他下班回家发现孩子自己封闭了门窗，因为煤气中毒抢救无效去世了。

我听到这件事时感到非常震惊，心痛的同时也在反复思考这样一个问题，在孩子心里，父母陪伴的重要性真的是我们难以想象的，注意文中说的是"深度陪伴"，而不仅仅是陪着。孩子身心出现问题，多数情况下父母总是会通过寻求外力来解决，却不知以心换心的陪伴才是助力孩子成长的真正能量。

其实，孩子并不奢望父母一天24小时伴其左右，他希望的只是能够成为短暂亲子相处时光里父母世界里的唯一，听他说说话，陪他哭，陪他笑，便会开开心心地长出自己的新芽。孩子内心感受到父母全心全意的爱，才能获得十足的安全感和成长的动力。

当然陪伴也不等于完全掌控，父母也要给孩子足够自由成长和呼吸的空间，不要为爱附加任何条件，否则那样只会让爱贬值。父母对孩子的爱应是无条件的，我们要学会耐心等候孩子的成长蜕变，让深度陪伴成为孩子面对世界的胆量和底气的力量之源。

杨绛先生在《我们仨》中写道："我们这个家，很朴素；我们三个人，很单纯。我们与世无求，与人无争，只求相聚在一起，相守在一起，各自做力所能及的事。碰到困难，我们一同承担，困难就不复困难；我们相伴相助，不论什么苦涩艰辛的事，都能变得甜润。我们稍有一点快乐，也会变得非常快乐。"

亲子陪伴的最高境界莫过于，愿我能走进你的内心，用陪伴的时光，将爱化作能够照亮你未来更多可能性的那道光。

你没有去过孩子的未来，凭什么让他都听你的

与娃同频的最高境界不是强行同路，而是引路。

陪伴不是为了掌控孩子的人生，父母得体地退出则是给孩子最大的爱，这也是另一种心灵上的守护。快乐也好，忧愁也罢，那都是孩子成长到每个阶段必将要经历的事，随着孩子一步步地成长，父母要学会一点点放手，并在此过程中适当地为孩子提供支持和帮助，把欢乐留给孩子。

我很喜欢的一首纪伯伦的小诗《你的孩子，其实并不是你的孩子》，或许便是父母与孩子关系的最好注解。

> 你的孩子，其实并不是你的孩子，
> 他是生命对自身的渴望而生的子女。
> 他借你而来，却非因你而来。
> 他与你在一起，却不属于你。
> 你可以给他以爱，
> 却不能给他以思想，
> 因为他有自己的思想。

你可以庇护他的身体，

却不能庇护他的灵魂，

因为他的灵魂属于明天，

属于你的梦境也无法到达的明天。

从孩子来到父母世界的那一天，孩子就成了父母的全部。当父母还在大包大揽帮孩子打理一切大小事务时，孩子已经从稚嫩的幼芽慢慢长大，不再喜欢完全依赖父母，开始有了自己独立的思考，逐渐需要独自接触家庭以外的人和事，此时，父母才意识到是时候退出了，可放手和退出又怎会那么容易？

孩子不是父母的附属品，他们和父母之间是有界限的。伟大的父母通常都有这样一个觉悟：在适当的时间选择放手和退出，还给孩子足够的自由空间，这是对孩子的一种信任和成全。

◎ **不要完全凭借经验去对孩子指手画脚**

父母强烈的控制欲是对孩子"以爱之名"的绑架，而不是一种陪伴和保护。

伦敦大学一项研究表明：父母的控制欲行为能够对孩子未来的心理健康产生严重的影响，控制欲过强的父母可使孩子的幸福感明显降低，其危害程度不亚于失去亲人造成的负面影响。

一位友人早年丧夫，为了把女儿培养成优秀的人，她将自己的全部注意力都集中到了女儿的身上。从走路、坐姿，到学习辅导、兴趣培训，她都要亲自把关，并严格纠正。在她看来，自己含辛茹苦地把孩子养大，孩子就要万事听从于她，不容有半点反驳和抵抗，只要照自己说的做就可以了。

这样的亲子关系仿佛进入了一条死胡同，看不见出口。

中国式父母喜欢把孩子当作自己精心打造的"作品",他们非常在意"权威"二字,想要让孩子按照自己设计的轨道奔跑,不许偏离半分,他们希望不管何时何地都可以骄傲地说:"看,这是我设计的成果。"其实,父母还是没有厘清自己和孩子的关系。孩子是独立的个体,他们并不归属于谁,他们经由你而得到生命,但是他们不来自你。你可以给他们提供吃住,但是请不要禁锢他们的灵魂。正如伊能静分享的观点:"我常常觉得我的孩子不是我的孩子,他只是经由我的爱来体验这个世界的。"

当你想要凭借自己的经验或者以爱之名对孩子指手画脚时,请仔细想一想:

我们对孩子提出的无数个要求,是真的为孩子好,还是为了解决自己的焦虑和担忧?

我们不允许孩子反驳自己,不听从孩子的建议,是孩子的想法真的错了,还是我们只一味想要满足自己的控制欲?

我们对孩子的未来所做的规划,是不是束缚?

我们是不是经常把这样的话挂在嘴边:"我吃过的盐比你吃过的饭都多!""我这是为你好,不听我的你一定会后悔!""为什么你就不能理解我们的良苦用心?"……

有些父母永远不懂,那些所谓"都是为了你好",其实是捆绑孩子手脚的枷锁,甚至会成为斩断孩子梦想的利器。

冯梦龙在《古今谭概》一书中写了一则"翠鸟移巢"的寓言。翠鸟为了躲避灾难常常把巢穴筑得很高,而有了小鸟后,翠鸟由于十分爱护幼鸟,生怕它们摔疼或摔伤,便把鸟巢的高度一次次降低。到了最后,人类轻易就能触到鸟巢,活捉小翠鸟。

父母一而再、再而三的保护,到头来落得个自食其果的悲惨结局。这是一个多么残忍的警示！父母的想法未必能代表孩子的想法，教育不只是"你要怎么做"，而是"你想做什么"或"你想怎么做"。

《少年说》节目中，有个女孩很喜欢跳舞，但是由于她的学习成绩不断下滑，妈妈便不许她再去上舞蹈班。女孩一再向妈妈解释，成绩下滑不是学习舞蹈导致的，希望妈妈再给自己一次机会。然而，她的妈妈丝毫不为所动，声色俱厉地告诉她，只有考入全校前100名，才肯答应她的请求。女孩听后痛哭流涕，因为对于她来说，自己就读的重点中学里高手如云，想要进入全校前100名简直比登天还难。

父母常常以为孩子遵从自己指引的道路走就是天经地义，而有一点违背就是大逆不道。可是，你可曾想过换位思考？假如孩子向你提出"妈妈，你一定要成为第二个董明珠"时，估计你第一反应多半是："开什么玩笑？"所以，不要把自己的要求和愿望强加给孩子，"己所不欲，勿施于人"说的就是这个道理。

我们不得不接受一个现实——我们终将会离开孩子。令人欣慰的是，他们不必承受我们的失败，也无须沿袭我们的成功，孩子与父母，各有各的人生之路，谁也不必为谁画地为牢。孩子不是我们的复刻，他们的未来，我们无法选择，甚至无法想象，那将是一个美丽新世界。

「培昕心语」

美国心理学博士琳赛·吉布森在《不成熟的父母》一书中说，情感联系是每个人毕生学习的课题，我们都渴望被关注、被接纳，渴望表达自己。其实，孩子也一样，他们从出生起，就对父母有特殊的情感依赖，父母的理解、认同与接纳构建了孩子内心最底层的安全感的基础。如果孩子的这种情感需求长期被父母忽视或孤立，随着孩子渐渐长大，这种内心的孤独感让他们难以与父母真诚交流。而父母若没有同理心，自然不能与孩子同频、共情，无形中在自己和孩子之间筑起了一道高墙，既体会不到孩子的真实感受，也无法将心底的爱传递给孩子。

其实，在养育中，最好的沟通方式就是和孩子处于同一个频道，当你理解孩子的时候，孩子也能感受到温暖。反过来，孩子也会更理解我们，这样的方式不仅能增进亲子感情，更能促进孩子健康快乐成长！

第七章　善于沟通：好父母都会"好好说话"

善用非语言方式与倔孩子沟通

语言学家研究表明，人与人能够通过语言方式进行沟通的只有7%，大多数情况下，人们都是采用非语言方式进行沟通的，其百分比可高达90%以上。在非语言沟通中，手势姿态、面部表情等肢体语言表达占非语言沟通形式的半数之多。

从上述研究可以看出，父母可将多种非语言沟通行为当作与孩子有效沟通的工具，积极利用非语言因素与孩子交流、联结，表达对孩子的爱和鼓励，并以此拉近亲子关系。

◎ **语言是把双刃剑**

语言是一把双刃剑，一句话使人笑，一句话使人恼。大人之间的相处如此，父母与孩子的沟通亦是如此。有时，父母不经意的一句批评或讽刺，可能会对孩子的心灵造成巨大的伤害，甚至会让他们丧失自信，自暴自弃，放弃坚持自己的梦想。

换句话说，父母会不会说话对孩子终身的性格养成起着决定性作用。

我曾在一档亲子教育节目《超级育儿师》中看到，有个母亲在对待无理取闹的几岁孩子时，只会用谩骂、吼叫来处理问题。

当母子一起去菜市场时，孩子可能出于童真的好奇心问东问西，而妈妈总是表现出不耐烦的态度说着："不许再问我了！"当母子买菜回来时，孩子哭喊着说自己累了，想要妈妈抱着，妈妈再次对孩子怒吼道："我拎着东西怎么抱你？"

这位妈妈从未意识到自己的言行举止已经在无形中伤害了孩子。为了让这位妈妈能够体验孩子每日所处的环境，节目组安排这位妈妈到了声音体验场所。当那些歇斯底里的吼叫声、谩骂声不停地朝自己席卷而来时，这位妈妈瞬间崩溃了，她第一次体会到原来孩子是在自己这些具有强大杀伤力的言语中成长起来的，在自责与愧疚下，她浑身颤抖着，蹲下痛哭起来。

很多父母习惯把一切过错归咎于孩子，为孩子贴上"任性"的标签，可是你有没有想过，有些时候是父母用错了教育方法，我们应承担一半的责任。如果只是一味地将所有过错推给孩子，那么长久下去，就会导致孩子性格的缺陷，让孩子产生更逆反的心理。

比语言沟通更关键的是父母的态度。父母要学会接纳孩子的不完美，纵使他们有些无理取闹，还有一些改不掉的坏习惯，可那些都不能成为父母宣泄情绪的说辞。《儿童发育杂志》上有篇文章中的一项研究显示，父母对孩子大吼大叫所产生的后果无异于体罚，不仅会对孩子造成焦虑、忧郁等心理影响，还会让孩子的行为问题逐渐增加。

正如奥地利心理学家阿尔弗雷德·阿德勒所说："孩子的心理产生自卑感，变得以自我为中心，可能是由于身体缺陷带来的影响，也可能是成长环境造成的。假如家长对孩子采取了错误的教育方式，孩子会认为，生活充满了苦难，自此他将对周围的环境产生一种敌对的情绪。"

不知你是否看过波兰的一个关于"孤儿院姐弟选择养父母"的

公益广告，广告中孩子可以透过玻璃房看到四对家庭的日常相处模式。其中，前三个房间里的场景都是父母对孩子宠爱有加，孩子也懂事听话，家庭氛围十分和谐、融洽。只有第四个房间里的男人常常酗酒，女人与其大吵大闹，孩子的眼里透露出绝望和惊恐，呆滞在那里。结果是，姐弟俩只能无奈地跟着最后一对夫妻回家了，他们持续的争吵使这对姐弟感受不到一丝温暖，孩子们的眼里、表情里，全部是无助和悲凉。

奥地利心理学家、精神分析学派创始人弗洛伊德说，人的精神疾病与性格缺陷往往是童年时期造成的。

父母凌厉的言语就如同在孩子的心灵上深深地戳一个洞，即使伤口愈合了，那留下的伤疤也会时不时地提醒孩子，当初被刺伤时有多痛。

然而又有很多家长反映：自己的孩子脾气特别倔强，既然语言上不能过于苛责，那么究竟怎样教育孩子才算恰到好处呢？所谓"知己知彼，百战不殆"，对待孩子也一样。我们教育孩子前有必要先摸清倔强孩子的性格特征，然后再尝试用非语言方式与孩子进行有效的沟通。

◎ **了解倔强孩子的特征，善用非语言方式与孩子沟通**

中国式父母习惯把自己与孩子归位为从属关系，殊不知，孩子不是我们的归属品，一般情况下，3岁左右的孩子就已经开始有独立的意志，并萌生自我意识。虽然他们年龄小，但是也不愿事事听从父母的摆布，一旦父母无法满足自己的要求时，他们就会通过哭闹表达自己心中强烈的不满。随着年龄的增长，这种倔强、逆反的心理会逐渐增强。

再者，孩子刚刚掌握基础的生活技能，缺乏独立、自主的能力，有些事自己想做却做不好，此时他们就会由于达不成心愿而乱发脾气。其中也不乏有些孩子语言表达能力不足，父母又不能理解他们的想法，只是要求他们做自己不愿意做的事，在这种情况下，他们也会用发脾气的方式来宣泄自己不满的情绪。

甚至，现在有些孩子已经摸透了父母的性格特征，只要略耍些小聪明，撒撒娇，再发脾气大闹一番，基本就能达成所愿。达到目的之后，他们也可能为自己发脾气的极端行为而懊悔不已；如果达不到目的，他们就会体验到无可奈何、无能为力的滋味，进而感到无比自卑和难过。

因此，对待脾气倔强的孩子，父母要记住坚持两大原则：一是千万不可体罚或过分斥责孩子；二是不要激怒孩子，防止孩子发泄毁物。

相信每个孩子都不可能无缘无故地发脾气，父母要善于观察和劝导，待孩子情绪稳定后，学会以共情的方式与孩子进行沟通，采用动之以情、晓之以理的方法使孩子慢慢认识到发脾气的危害性。对于孩子的合理性要求，父母要尽量满足；如果是不合理的要求，则坚决不能同意，让孩子明白凡事都讲究个"理"字。

对于秉性固执倔强的孩子，建议父母在和他们沟通的时候要多采取非语言方式。沟通不仅有语言方式，语言启动的是听觉，更有非语言方式，简单来说就是，视觉是一种沟通，听觉是一种沟通，嗅觉是一种沟通，味觉是一种沟通，触觉也是一种沟通，这5种沟通构成了语言方式和非语言方式。

一说到沟通，所有人认为，沟通就是说话，就是喋喋不休，就是叮嘱。但其实对于不同成长阶段的孩子，这些语言类的沟通是不是真的有效，孩子能否接受都有待解答。

其实，人在一天当中不同时段的情感诉求是不一样的。比如说，每天清晨，我就非常倡导非语言方式，如用播放音乐、打开窗帘等方式去唤醒沉睡的孩子，甚至用精油推拿去唤醒，这些都属于非语言方式。

但如果你用语言方式唤醒孩子，例如"该起床啦！""现在××点啦，校车来了，你该穿衣服吃饭了。"这个时候字里行间充满负能量，孩子会由此产生抵触情绪，加上早上的身体机能没有启动，此时孩子不跟你顶撞是不太可能的。

所以我们说，尤其对于个性比较倔强的孩子而言，我们要多用非语言方式去沟通。例如，可以用犀利的眼神（视觉）去表达对他们的震慑。也可以通过拥抱（触觉）安慰沮丧的、委屈的孩子，还可以伸出手去拥抱他，片刻之后再用眼神去询问他到底发生了什么，引导孩子告诉你真相。还可以给孩子一个美食引诱（嗅觉），例如父母亲自下厨做孩子最喜欢吃的东西，然后用这种方式去表示"我很在意你，我希望和你搞好关系"。也可以用我们的耳朵听（听觉），例如去听音乐，舒缓的音乐代表我们彼此想要抒发的情感，这也是一个很好的沟通联结。

我个人认为，家长应该多启动上述非语言方式。据我所知，很多家庭中一天到晚都没有音乐的声音，更不要说进行艺术的熏陶。每天家里除了喋喋不休的叮嘱之外，完全没有其他元素。还有的父母会说自己太忙，于是经常给孩子吃垃圾食品、外卖食品。我比较提倡的是，在孩子上课外班或外出的时候，给孩子做便当，让孩子吃到家里的饭，也是一种非常好的沟通方式，让孩子感受到家庭的温暖无处不在。

总之，不到万不得已，尤其是当孩子处于青春期时，我们尽量少用语言方式去沟通，而多用非语言方式去沟通，多用行动去关爱他们，等他们平静下来，等一个沟通的最佳的时机来到，就可以开启语言方式了。

如果你不能保证自己说出来的都是美言，那么不说为佳！

危机沟通艺术用在孩子犯错时

俗话说："人非圣贤，孰能无过。"人生在世，就连古代的圣人也会犯错误，更何况是处在成长期的孩子。

世界上没有完美的人，可是大多数父母都在不停地要求孩子成为完美的人，殊不知，就连我们自己也不可能成为十全十美之人。既然犯错是不可避免的，那么如何与犯错的孩子沟通就成了父母需要领悟的语言艺术必修课。恰如苏联著名教育学家马卡连柯所言："批评不仅仅是一种手段，更应该是一种艺术、一种智慧。"

◎ **好好跟犯错的孩子说话**

在热播剧《三十而已》中，童瑶饰演的顾佳是一位全职太太，她4岁的小儿子许子言，在幼儿园面试时能够轻松、正确地将6个水果糖平均分成3份。正当她为孩子的出色感到自豪时，老师又对孩子提出了一个问题："中国的首都在哪里？"此时的许子言却无法辨别老师说的是"首都"还是"手都"，便含糊其词地回答"在胳膊上"，老师认为他出错后，又重复提及这个问题。

可是，许子言的几次回答都与之前相同，他为自己接连犯错感到特别羞愧，接着情绪爆发，狠狠地往老师手上咬了一口，也因此失去了入学资格。

问题回答错了没关系，但孩子因接受不了自己犯错而咬了老师实属不该。

遇此情况，很多家长可能因为孩子丢了自己的颜面，过后痛斥孩子一顿。而顾佳没有这样做，尽管她心里明白这是她费尽心思为孩子争取的机会，但她还是选择立即蹲下来安抚孩子，并向老师道歉。

回家后，顾佳先是表扬了孩子一番，又语重心长地指出了孩子的错误，她说："你没有错，今天表现得很棒，妈妈没有教你的那些都答出来了。但咬人是不对的，要去和老师道个歉。"

顾佳的做法令我陷入了沉思，当孩子年龄尚小时，对社会和家庭的各个方面的生活规律还不够熟悉，如果我们要求他们按成年人标准去做好一件事，基本是实现不了的。要孩子学会做人法则和生活要领，需要长久的时间和过程，需要不停地磨炼，也就是所谓的言传身教。

美国学者托德·帕尔在《犯错没关系》一文中提到，小孩对待错误的方式都是从父母身上模仿而来的。孩子犯错时，父母的态度往往决定了他们认识错误和改正错误的程度。回想我们小时候，有谁不是从犯错中成长起来的？又有谁不是在父母一次又一次谆谆教诲后幡然醒悟？我们的孩子也是如此，如果连父母都不能接受孩子的不完美，那孩子自己就更不愿面对犯错的自己。因此，有些孩子犯了错便会感到自卑和羞辱，甚至像许子言一样做出过激的行为；也有些孩子宁愿做个"讨好者"，去做迎合、取悦父母的事。其实，只要孩子不多次重复犯错，父母便不必过分批评孩子，我们要善于引导他们从错误中汲取经验，并不断取得进步。

当父母将犯错当成学习的机会，孩子也会模仿父母，换种态度对待错误。就像《正面管教》中所讲："错误是学习的好机会。当孩子犯了错误时，我们可以引导孩子关注于解决办法，而不是让孩子为此付出代价。我们没有必要为了打翻的牛奶而哭泣，教育孩子也一样，我们需要向前看，而不是揪着孩子已经犯的错误让他付出代价。"

◎ **大人身份不是压制孩子的利器**

看到孩子犯错，很多父母的第一反应就是立即用大人的身份压制孩子、责骂孩子，他们以为这样是管教孩子的最好方式，然而，事实并非如此。如果父母不分对错，一味地指责孩子，孩子不仅会想要退缩并隐藏自己的错误，还有可能慢慢养成讨好型性格，在成年后用委屈自己来迎合别人。

钟南山院士曾在《大家》节目中说到父亲在他小时候对他的一次管教经历，影响了他的一生。

原来，小时候的钟南山很调皮。有一天，他偷偷地用午餐费买了零食，本以为可以瞒天过海，最后还是被父母发现了。当时他很害怕，害怕被父母训斥。令他意想不到的是，身为医学专家的父亲并没有摆出家长的气势，而是平心静气地问他："南山，你好好想想，这个事你做得对不对？"他突然意识到，无论任何时候，人都要说实话、做实事。自此，他一生做事都践行这个道理。

可见，最好的教育是接纳孩子犯错和用正确、合理的方式帮助孩子修正错误。孩子犯了错，既要批评，又要让孩子从心里信服，对于大多数父母来说，这个度确实很难掌握。

首先，父母要与孩子站在平等的高度谈话，不能以大人的姿态去教育孩子。在教育孩子时，你要尽量用孩子能够听懂的道理和事例去与他们沟通，如果是书中那些高深莫测的理论或语句，不仅很难让孩子理解，也达不到教育的根本目的。

其次，不管发生任何事，不管孩子犯了多么严重的错误，父母都要始终保持冷静、理智的头脑思维，千万不可过于情绪化，还未了解清楚原因就随意批评孩子。如同美国教育家老卡尔·威特所说："父母批评教育子女，靠强制压服是行不通的，只有给孩子充分的说话机会，他们才能剖析自己的行为，触及灵魂的最深处，才可能使其心服口服。"

需要注意的是，批评孩子与惩罚孩子是两个不同的概念。父母万不可将所有的怒火都朝向孩子，我们要一直谨记，父母的一言一行，可能对孩子造成永久的影响。我们可以试着对他说："宝贝，你今天犯了一个错误，没关系，大胆地说出来它是什么，我们从中学到了什么。"教会孩子用正确的态度面对错误，主动认错和改错，远比父母强制孩子改错效果要好得多。

除此以外，父母也要清楚，孩子虽然年纪小，但是也是有强烈的自尊心的。我们不能总是当众批评孩子，那样反而会让孩子产生抵触心理。当孩子在外面犯错误的时候，父母可以先帮助孩子解决问题，一切等到回家之后再单独教育。

既然父母对待错误的态度影响着孩子，那么我们作为父母是不是也可以试着先对孩子说"抱歉"？当我们愿意放下父母的身份，和孩子说"对不起"时，你会惊喜地听到孩子回答："没关系，妈妈（爸爸）。"这一句"抱歉"就有可能让孩子打消原本的逆反心理，今后也愿意正视自己的错误，学会犯错后第一时间与父母或其他人道歉，因为他们知道那样并不是可耻的，而是自我变好的一个过程。

在女儿还小的时候，有一次我看见她把整个客厅搞得乱七八糟，瞬间怒火冲天，没有压制住心里的气愤，便朝着女儿大喊道："你看看你把屋子弄的，真是太不懂事了。"女儿听后气哄哄地回到了自己的房间，关上门哭了起来。

过了一会儿，我意识到自己刚刚的脾气有些暴躁，对于小小年纪的她，脆弱的心灵根本承受不住我这么大的怒火。于是我马上推开她的房门，抱起女儿对她说："对不起，宝贝，妈妈不该对你发脾气，你可以原谅妈妈吗？"可爱的女儿怯怯地回答："妈妈，我知道错了，以后一定管好自己的物品。"听后，我流下了眼泪，一边拥抱一边亲吻她。

最好的成长，便是让孩子大胆地试错。

美国进化心理学家哈瑟尔顿曾说，人类是以不断犯错的方式来适应世界的，不允许孩子试错，意味着在谋杀孩子的生命力。从这个意义上来说，对孩子最好的教育方式，便是允许他勇敢地试错！

与孩子各科目老师高效率沟通

沟通是人类的一项基本技能，也是人与人之间互相了解的桥梁。

有研究表明，随着父母与教师的沟通加深，双方对彼此的态度也会更加宽容和理解，孩子与老师也会相处得越来越融洽，正所谓"亲其师，信其道"也。

然而，对于很多缺乏育儿经验的父母来说，如何与老师高效地沟通是件非常难的事，可想要及时了解孩子在学校的信息，就要学会和老师沟通。

我经常听到身边朋友向我抱怨说，不知该如何与孩子的老师沟通，不沟通显得不够重视孩子的教育，沟通频繁又怕老师烦。除此之外，还有很多家长不愿或是放弃了与老师沟通。有的家长说："我的时间比较紧张，不可能有时间守着孩子。"还有的家长表示："我们平时工作忙，老师的工作也很忙，我们不愿意打扰老师的工作，有事的话老师自然会联系我们的……"归根结底，还是和老师在沟通上存在困难。

当前这个竞争社会里，知识层次越高，不仅意味着将来在社会上的竞争力越强，而且意味着将来的选择机会也会更多。如果能和老师一起配合着教育孩子，那再好不过了，那么学校的老师那么多，我们该怎样与各类老师高效沟通呢？

◎ 与老师建立合理的心理边界

教师是家庭教育的导入者，家长是学校教育的配合者，只有家校联系达成一致，使各种教育方式实现整合，我们的孩子才能获得快速成长。

从孩子上幼儿园起，作为父母的我们就多了一项任务，那便是随时随地与老师沟通，了解孩子在园、在校的情况，结合老师给出的建议来调整我们自己的教育理念。可并不是每个父母都能做到这一点，很多父母常常缺乏主动性，只有在孩子成绩下滑了、孩子在学校犯错了、孩子与伙伴发生矛盾了等特定的时候，才不得不主动联系老师。

要知道，学校和家庭对于孩子来说是两个不同的空间，孩子在学校和家庭中一定有着许多不同的表现。因此，父母主动与教师保持良好的沟通是非常有必要的，把孩子在家的一面反馈给老师，能让老师恰到好处地掌握正确教育孩子的方法，同时我们也能从老师那里了解到孩子在校不同于在家的一面，这样双方才能达成共识，有针对性地促进孩子成长。

无论孩子处于哪个阶段，我都建议家长养成主动和老师沟通的好习惯，因为沟通的法则是双向、对称和平衡。老师在学校看到的孩子是一个角度，家长在家里看到的孩子也是一个角度，都不能代

表一个完整的孩子。所以，在老师和家长都不要主动给孩子贴标签的时代，我们要主动和对方交流。

现在，公立学校的教师压力非常大，一般很难想到主动地去和家长沟通，只在孩子出现问题的时候主动寻找家长沟通。这个时候家长应该让老师全方位地了解孩子，了解这个孩子在做什么，他有什么样的家庭教育引导观，他的原生家庭的教育原则是什么……

对此，我建议大家主动出击。

首先，在不同阶段定期向老师做一个孩子家庭形象的汇报，这个小简报可以用手机笔记来做，图文并茂。例如，这个阶段，孩子在家里都做些什么，学习是怎么安排的，参加了什么有意义的活动，你们家庭的互动感受是什么……当你每个季度都把这样一份笔记抄送给孩子的班主任及各科老师时，老师首先会得到一个信息：原来你们原生家庭对教育是有方向、有标准、有原则、有立场的。

其次，你还可以去请示老师，在一个阶段后询问孩子在班里的情况。比如，数学老师、语文老师都建了各自的沟通群，那么你就可以把爸爸也拉进来，以家庭为单位有一个主沟通、一个副沟通，那么老师就会告诉你孩子在班级里的实际情况。

切记，给孩子做家庭学习辅导不要闭门造车，不仅要咨询老师孩子在学校出现的实际问题，还要尽可能地探听一下孩子在班级的区间位置。虽然"双减"之后不提倡排名次，但是竞争必定是要在一个特定的范围内有限地录取，那么我们必须知道孩子的学习成绩在班级里大概的状况。这也是为孩子的升学寻找一个更好的突破口。

此外，我倡导孩子在小学阶段要取长补短，做一些基础素质培养；到了初中，我们就要对孩子的优势科目进行取长补长，因为到了高中阶段就是为升学服务，为升学做最后的起跑和冲刺。我们有必要对优势科目进行拔高,当然普通科目也不能落后。在这样的情况下,中西方的教育在竞争环节都没有太大差异,只是时间节点的问题。

接下来,跟老师的高效沟通,我们还要从校内做到校外,因为校外有艺术课、运动课、绘画提高班等。那么,如何阶段性地和老师高效沟通呢?

我的建议是,家长不要把孩子送到课外班就撤退,一定要旁听,这种旁听你能够了解孩子的进度和老师的专业程度、才华水平以及责任感。在此基础上,过一个阶段对孩子做个总结,对老师的上课的质量做一个总结。

很多家长说自己并不懂这些专业所以无法做判断,可是家长的阅历和经历能够判断出一个教师是否具备最起码的素养,教学是不是有章法,是不是有专业才华,这些都是不需要专业就能够做判断的。

总之,在家校沟通方面,我们不仅要全方位了解孩子,更要全方位整合教育资源和方法,最后得出一个对孩子有针对性的因材施教的方法。

值得注意的是,家长向老师反映孩子的性格特点和生活习惯时,不是为了让老师多担待孩子的各种小缺点,主要目的是表明"家校配合互助"的态度。

第一,父母在向老师交代"孩子最棘手的问题"时要简明扼要,抓取重点内容介绍清楚就可以,说得过多,恐怕老师也记不住。再有其他问题可以留着今后再沟通,要明白轻重缓急。

第二,家长要明确说明在教育孩子方面不管有任何需要,自己都会完全配合老师,麻烦老师多费心,多指教。另外,在与老师沟通时,还要多询问孩子在校的表现、平日和哪些人来往、学习上有没有很积极等,这些家长都要做到心中有数。

沟通的方式可以是打电话、视频语音交谈,也可以是同老师面对面交流。关于交流上的分歧,家长要学着包容以待,毕竟人无完人,由于老师的教育水平存在差异,所以出现不足或失误也情有可原。作为家长,我们要时刻维护老师在孩子心中的威信,不能在孩子面前经常提起对老师的不满。唯有家庭和学校齐心协力,才能提升教育孩子的效果。

生活中我也观察到一种常见的现象,就是有些家长改变了"家校联结"原本的意义,为了让老师特殊关照自家孩子而选择送礼表达心意,然而这种方式非常不可取。其实更多时候老师在意的是,家长为其提供的孩子的信息能否帮助他们解决孩子教育的问题,能否在孩子身上看到教育的效果。假如我们采取了上面的方式,不仅改变了纯粹的家校关系,还可能影响孩子往后办事的行为方式,贻害无穷。

当然,我们不能认为与老师沟通后就可以不管不顾,全权交给老师管教了。沟通后,父母还要定期、及时与老师反馈孩子近期的行为表现变化,让老师知道父母也在积极努力和思考,并表明自己今后想要怎么做,希望老师如何配合。及时的反馈能够让老师感觉自己的付出获得了尊重,一切努力都是值得的,从而也更愿意用积极的态度去配合家长解决孩子教育中的问题。

孩子良好的成长教育需要家庭、学校双方竭尽全力地合作与互动,无论缺少哪一方,孩子的教育都很难实现全面发展,家长要担负起教育孩子的职责和任务,与教师相互配合形成合力,从习惯养成、品德教育、性格养成等各个方面培养孩子成为全方面发展人才。

孩子受委屈时先当个好听众

喜怒哀乐是人们表达情绪的最直观体现，不要以为这些只是成年人的专属，其实孩子同样也会因为心情的变化而表达不同的情绪。委屈就是其中的一种。

人们常常以为孩子的世界是简单的，发脾气也好，受到委屈也好，都只是暂时的，没什么大不了。事实上，孩子远比我们想象中要脆弱和敏感得多，有时，他们可能因为在一件小事上遇到了挫折，或是身边父母、伙伴以及老师一句短短的评价而感到莫大的委屈，以致痛哭流涕。

父母要清楚孩子需要的不仅仅是物质上的满足，更多的还需要心理上的关心和关注。他们看似毫不在意的外表下，偶尔也会产生委屈的情绪。如果父母能够理解孩子心中的委屈，孩子就会感觉父母离自己很近，所以，父母应该懂得聆听孩子的委屈。

◎ 聆听是沟通成功的关键

我的一个朋友的孩子上小学一年级时，有天放学回家诉说自己白天在学校遭遇一件不开心的事：上体育课时，由于拍皮球的小朋友很多，老师让她下次再玩，告诉她暂时站在边上观看。不一会儿，边上有个孩子推了另一个孩子，不小心将她撞倒在地，她的手臂受了轻微的擦伤。

朋友耐心地倾听孩子诉说着自己的委屈，看着眼眶红红的孩子，朋友用关切的口吻告诉孩子自己理解她的难过，一边说着一边拥抱了孩子，让她在妈妈的怀抱中把所有委屈的情绪都发泄出来。

等到孩子情绪慢慢稳定后，朋友开始仔细与孩子分析整个事情的始末对错："因为小朋友多，老师要求你下次再玩做错了吗？小伙伴打闹不小心撞到你是有意还是无意的呢？如果小伙伴是无意的，你还感到委屈吗？"

经过朋友的分析和开导，孩子便逐渐释怀了，没过多久就出去与小伙伴玩耍了。听了朋友的讲述，我从心里由衷地钦佩她妥当处理孩子情绪的做法，也赞赏孩子宽阔的胸怀与内心的纯真。

还有一次，一位家长朋友询问我对于"孩子美术课写作业被老师罚站"的看法，她说："现在孩子的课业越来越紧张，尤其距离中考很近了，孩子就想利用一切可以利用的时间做作业和写课外题。前几天，班主任让美术课上写作业的同学站起来，站起来10多名孩子，大多都是学习成绩比较优异的孩子。班主任说明了课上不允许做作业的原因，然后询问这10多名孩子是否赞同老师的说法，赞同的就可以坐下。最后只有我家孩子和他的同桌依然坚持认为自己没做错，孩子们觉得很委屈，美术课上大部分同学都没认真听讲，说话吵闹的都有，为什么老师只批评安静写作业的学生？"

我了解详情后，从客观上表达了我的看法：美术课上大部分同学不喜欢听讲，说明美术课老师讲课缺乏吸引力，提不起学生听讲的兴趣。但是，班主任的批评也没有错，不管孩子对美术课是否感兴趣，在美术课上写作业都是一种不正确、不尊重老师的行为。

"如果是我，老师找我反映孩子这个情况的话，我要向老师诚恳地道歉，并表示理解老师的出发点，感谢老师对孩子的教育，回家后会和孩子沟通，请老师放心。孩子有错在先，我们家长第一时间就是要出面承担，表现出诚恳的态度，千万不要随意与老师辩论，那样会影响老师与孩子的关系。"

对老师是这样，对孩子的委屈我们也应表示理解。纵然孩子犯了错，父母回家后也不能只知训斥，重要的是通过询问孩子事情的经过了解实际情况，用冷静、恰当、实事求是的态度帮助孩子解决问题才是关键。

◎ **聆听过后的处理方式：坚持适度原则**

听孩子诉说后，父母可以先在孩子面前表达理解孩子坚持主见、不轻易妥协的个性，可是并不是所有的主见都有必要坚持。

我们要让孩子知道，有主见不等于非要坚持主见。从尊重老师的角度来看，孩子在课上写作业自然是不对的；而从选择性学习方面来看，孩子在未影响课堂纪律和其他同学听讲的情况下，自由安排自己的学习任务和要点也可以理解。

可是有没有必要非要坚持自己的主见，与老师辩出个所以然来呢？

俗话说，君子顺势而为，有所为有所不为。坚持主见要看值不值得，原则性问题不能妥协，但一些非原则性问题就可以得过且过。显然，这件事就是非原则性问题，在美术课上写作业总归是孩子自己的错，无论老师授课能力好坏与否，孩子都不该强词夺理与老师争辩。与其固执地坚守主见，倒不如认错坐下，让老师尽快结束这件事，进入下一个学习环节。

不是所有的委屈都需要讨个说法。很多事情低头放下才是最好的选择。孩子受了委屈，心中自然是不满的、是抑郁的，此时父母不要急切地追问孩子，那样会让孩子心里产生压力，进而爆发强烈抵抗的情绪。要等孩子的情绪宣泄后，父母再来弄清事情的原委。当孩子诉说时，父母一定要耐心地听孩子诉说事情的全过程，全神贯注地注视着孩子，不轻易打断，且时不时地点点头或给他一个拥抱，让他感受到你的共情，今后他会更愿意向你敞开心扉，说出自己的想法。

孩子的情绪有所平复后，家长便可以向孩子提出几个问题，通过这些问题引导孩子站在他人的角度思考问题。恰如我在前面叙述的那样，当孩子理解了老师、同学没有针对自己的想法，孩子的委屈情绪就会减弱，直至消失。

事情总是具有两面性的，有棘手的一面，就会有积极的一面，只要我们善于去寻找，总能找到解决的方法。在孩子受"委屈"的事情上，我们更可以体会到沟通的重要性。希望所有父母都可以教会孩子懂得遇事换位思考，学会从他人的角度看待问题。如果处理得当，相信经历一次"委屈"会让孩子收获更多！

如何与恋爱中的孩子促膝谈心

所谓早恋，就是过早地谈恋爱，通常是说未成年的青少年之间建立的恋爱关系或彼此产生好感、爱意的行为表现。

孩子进入青春期后，多数父母最担心、忧虑的就是孩子早恋的问题。有些孩子因此导致学习成绩跌落谷底，有些孩子与父母积怨成仇，甚至离家出走。青春期的孩子内心炙热、躁动，早恋是这段时期孩子的一种正常表现，父母应以一颗平常心看待这个问题，想想我们又何尝不是从青春期过来的呢？无论孩子拥有怎样的个性和家庭背景，父母都要学会尊重孩子。在我看来，应对孩子早恋的最有效方式便是与恋爱中的孩子促膝长谈。

◎ 应对孩子早恋，沟通是关键

处于青春期的懵懂少年们，可能会在某一瞬间被异性的独特个性所吸引，这种微妙的情感称不上是爱情，更多的是欣赏与亲近。如果父母能够用恰当的方法与孩子沟通，加以合理的引导，这段情感将成为孩子成长中最美好的回忆；可如果处理不好，则可能引起孩子的逆反心理，甚至导致悲剧发生。

我曾看过一则新闻：2021年3月，在广东佛山的街上有一名手拿菜刀的中年男人，狠狠地将一名少年按倒在地上，旁边的女孩哭喊着请求原谅和向周围人求助。究其原因，原来是父亲阻止女儿早恋而做出的过激行为，而在这条新闻的下面有很多网友表示赞同父亲的做法。

可见，像这位父亲一样用强制的方式处理孩子早恋的家长不在少数，他仅仅是众多家长中的一个典型。那么这样做真的有用吗？父母粗暴地干涉孩子早恋就能起到制止的作用吗？

提到自家孩子早恋这件事，多数家长的反应是，心脏病都要被气出来了。家长们的态度基本是一致的，就是坚决要遏制，不允许孩子与异性来往，包括聊天、活动、聚餐等。家长的这种"重拳出击"表面上可能是减少了早恋现象，实则很多孩子还是会在暗地里进行。

大家熟知的罗密欧与朱丽叶是莎士比亚笔下的两个主人公，他们深厚的感情因两个家族是世仇而受到了极大的阻挠。然而，家族的阻碍并没有让他们真正分开，反而促使他们更加相爱，最终他们选择了双双为爱殉情。

我们将这种现象称为"罗密欧与朱丽叶效应"，就是说两个恋爱的人在遭受外在的阻碍时，情感反而更加浓烈和牢固。

青春期的孩子正处于情感需求的旺盛期，有些家长时常持有极端怀疑的态度，将孩子与异性朋友的一切友谊都看成了不正常的交往，往往把孩子们的正常往来当成了早恋；也有些家长一旦发现孩子有早恋的倾向，便立即采取行动制止他们来往，这样做不仅达不到效果，反而使两个人的关系更加牢固。

因此，我建议家长处理此类问题时，一定不能用强硬的态度，我们可以把它看成是人类情感的自然流露，而不是洪水猛兽，要给孩子充足的时间去处理。

所谓早恋就是早期恋爱，孩子之所以会出现对异性的情感需求，那是因为他们的雌性激素以及睾丸素在增长，其实这对成长发育来说，是一件非常正常的事情。但是由于学校的制度和大众的观念不允许青少年男女之间有恋爱倾向，做不被制度允许的事情，就成了一件被抵制的错事。

学校固然可以大而化之去定性，但是我们作为家长要明白，孩子首先是一个人，你要教会他正确地认识自己，告诉他们这就是生长发育过程中的必经阶段。

家长可以在孩子生理逐渐成熟的阶段，提前和他们聊一聊如何看待异性，如何成为自己在青春期中被异性关注的那样一个人，同时要区分情感的类型。

家长可以提前做工作，告诉孩子，对异性有好感并不是一件不健康的事，让孩子能够被你豁达的心胸感染，并早早了解父母并不介意沟通这些事情。这也就能方便父母第一时间了解孩子的心理变化。

我记得我的女儿在读小学三年级的时候，突然有一天问我："妈妈，我在看到四年级的一对双胞胎男生时为什么会脸红呢？"我就告诉她说："因为他们很优秀，优秀的男孩子妈妈也喜欢。"同时告诉她："为什么同卵双胞胎的孩子长得那么像，而且学习还都那么好，从医学上来说，这是很难的。可见他们的父母在教育引导方面做得真的很棒！"

后来，每当她说出一个自己比较感兴趣的异性时，我都觉得我跟她是一样的——我成功地把自己转化成和她一个战壕的战友。

就这样，女儿从小学三年级开始，就对高年级的男生有了关注，到了四年级、五年级的时候我发现有变化了，女儿开始对影视作品中的某一位男明星有这样的关注，再后来又发生变化了。在不断的变化中，我非常开心，因为我把她的个人情愫成功地转化成了群体行为。我告诉她："每个女孩子在成长中都会有这个过程，因为我们对优秀的定义在不断刷新。"

因此，为了避免孩子早恋，家长应该接受他们对情感认知的信息。不管他们说什么，都要牢牢记住，如果想要高效沟通，就要双向、对称和平衡。所以，家长要与孩子站在同一视角看问题。不仅如此，我还跟女儿分享了我小时候被男同学追捧，初中的时候被男同学爱慕，在高中的时候被大家认为是校花时的心理负担。当然，我不仅跟女儿分享了我的优越感和正面的东西，也向她表达了负面影响。例如，告诉女儿："这种优越感产生后，我就有点独来独往，发现自己不那么'接地气'，所以影响了我评选班委，影响了日后同学聚会的热情，妈妈觉得你不只受一个人欢迎，同时还能受大家的欢迎，和大家谈到一起、学到一起、玩到一起，妈妈真的佩服你！"

就在这样一个被接纳甚至及时分享的过程中，我准确地抓住了孩子的心理动向，直到今天她已经是一个少女了，但是我和她之间是没有秘密的，她有什么想法都会和我交流。一旦她想和我交流的时候，我都是洗耳恭听，给她出谋划策，就像一起战斗过的战友那样，让她有勇气去面对自己人生中最美好的一段少女时期！

其实，一旦孩子明白了其中道理，再告诉他们此时最应该做的事情，并让他们明白真正好的爱情是两个人的吸引，提升自己吸引对方，才是爱情该有的样子，比如"春天应做春天的事，因为等待，所以美丽"。这样孩子自然而然就会好好学习，随着时间的流逝，感情慢慢淡化后，早恋的问题也就不复存在了。

此外，家长在处理孩子早恋问题时要遵循三个原则：一是要将孩子对异性产生好感看作青春期的自然生理现象，不要把它当作"道德败坏"；二是要积极帮助孩子解决青春期的困惑和烦恼，做孩子坚强的后盾；三是不可用极端的方式打骂孩子，毕竟自己也曾有过青春期懵懂的岁月经历。

让孩子的青春萌动成为最美好的涟漪，伴随匆匆岁月逐渐随风飘散；让我们多给孩子一些关爱，学会倾听孩子的心声，陪伴孩子度过迷茫、困惑的青春期。

「培昕心语」

在有些家庭中，父母并不是不疼爱自己的子女，许多亲子关系中的代沟，往往是由于父母不会"好好说话"造成的。比如，电视剧《人世间》中的周志刚与儿子周秉昆，二人的关系一度有点拧巴。周志刚作为父亲，并不知道如何与儿子相处，他说出口的话常常像利剑一样刺进儿子的心脏，有时是脱口而出的嘲讽，有时是不经意间的打击。但实际上，这对父子之间的感情非常深厚，他们只是欠缺有效的沟通。这一点也值得我们反思，为什么越是亲近的人之间越难以"好好说话"？

与其用语言暴力伤害孩子，不如站在孩子的角度，尽可能理解他们的焦虑和不安，并用孩子听得懂的语言方式"好好说话"。这不仅是家长在教育路上的必修课，也是维系融洽家庭关系的根本。

第八章　正视教育：好父母也注重应试教育

孩子不仅要学得好，还要玩得好

玩是孩子的天性，每个孩子从童真到长大成人都少不了一颗玩心。可是伴随课业的繁重，各种补习班的接踵而来，多数孩子的课余玩耍时间已经慢慢被剥夺。当我们再次问他们"你觉得每天是幸福、快乐的吗"，他们总是无可奈何地摇摇头，然后回答"没有"。

有多少父母从早到晚只把目光盯在孩子的学习上，将学习和考试看成是头等大事，只知关心、询问孩子学习怎么样，却忘了孩子也会累，也会有心理情绪，他们更需要的是劳逸结合。

曾经有朋友向我发问："未来最担心孩子什么？"我说，最担心的就是孩子不会玩。

这种玩不是表面上感官刺激的金钱消费，它是健康地玩，是乐在其中地玩，是兴趣众多、广交朋友，前者是懒惰地纵容，后者是快乐地体验。

或许有家长会说："玩能玩出什么名堂？"但是他们不知道，有些文化知识、社会经验需要孩子亲身体验，这些是无法从书本里获得的。未来是多元化的时代，社会各行各业强烈需要全面发展的精英人才。

现在是一个创新的时代，孩子不仅要学得好，还要玩得好。创新，往往意味着在课本之外需要思考的时间，孩子们需要发呆，需要推翻陈规陋习。

现在的孩子学业非常繁重，每天题量众多，导致他们没有时间发呆，没有时间玩。

如果你在公立学校，所在班级也主打题海战术，那么，如何高效学习很关键，"高效"也是我整本书提倡的两个字。

具体来说，孩子在中高年级的时候应该学习统筹法，也就是能够立体地安排时间，把每天必须做的事情排列出来，再按照最重要、次重要、不重要、最不重要四个象限进行划分，再提取哪个象限是可以同时进行的、哪个象限是可以后执行的。这样一来孩子的时间就非常具体了，20分钟可以变成30分钟，10分钟可以做需耗费半个小时的事。

其实，孩子要想变得优秀，需要做的事情只会越来越多，因此就出现这样一种现象，父母给孩子报了非常多的课外班，从一年级开始坚持得很好，当这一切进行到高年级的时候孩子就开始要放弃，父母给出的理由是学业越来越繁重，课外班当然就要为成绩让路。但是请问大家，孩子从大学毕业到退休的时候大概要历经三四十年，那么三四十年中，且不说这个时代会有几次变化，一样的专业是不是能够平稳落地都是一个问题。所以，孩子的专业和职业的定向只是你作为大人在当下时间段的衡量，放到这个时代来说，你其实也无法做出决定性的判断，因为这个时代的变化实在是太快了，我们能做的就是因时而变、顺势而为。那么，如何整合孩子的时间和专业所学。

我的建议是，从一年级就开始的课外学习到了高年级也不能轻言放弃，但是可以根据学业进行阶段性调整。例如，我的孩子在升学过程中，钢琴课就调至两周一次，应对完升学考试以后再恢复过来，这样至少保证了孩子每周都能上钢琴课。又如，我的女儿擅长唱歌跳舞，即便是学习压力很大，她都能乐此不疲，这就是我们要上课外班，要进行艺术体育的学习和再深造的原因。因为情智的发展随着年龄的增加，需求也逐渐增加。调查发现，只会学习不会玩的孩子，他的创新能力往往跟不上。我们还发现，艺术的学习不是为了学而学，而是为了放松神经。我告诉孩子，除了必须学习的知识外，你要和其他同学保持一致，其他的课外课程可以随时进行调整，但是不能放弃。一旦选择学习，我们就应该坚持，因为日积月累才能够学有所成。也因为这样的安排和道理，孩子们都能接受，每到期中和期末考试时，经常需要一个星期的集中复习，这时就可以让艺术、体育类的课程暂停，考完试再恢复如初。

另外，越到高年级，所有的课外班就越要开始攻坚了，如果放弃，所付出的时间成本就太大了。如果坚持下来，说不定就能成为孩子一生的一项技能。如果再能够帮助孩子发展，说不定就能成为孩子未来的一项专业技能和生存能力。所以，不仅要学得好，更要玩得好。其实，拿"刷"题来说，公立学校也好，国际学校也好，当孩子走到高年级，要想得到一个好的学业成果，不同程度上都会需要"刷"题。但是"刷"题也有两种：一种是用笔坐下来写；一种是用眼睛来刷，尤其是英文类、单词类的填空题，而数学题则可以刷一个做题的思路。所以孩子每天"刷"题不一定是坐在书桌前，而是通过大脑的调整，把它变成不同的形式，来迎合生活中的不同时间节点。在整合了单位时间后，孩子就能做到不仅能学得好，也能玩得好。

在欧洲，许多国家奉行的是全社会共同参与教育。比如，英国、法国的大部分博物馆、科学馆对中小学生免费开放，孩子们可以利用节假日与父母去那里学习自然科学知识，学习过程十分轻松；除此以外，欧洲的学生会经常外出旅行，感受自然风光，开阔视野，还会去工厂、牧场进行实地学习与考察，帮助自己理解和学习书本上的知识。

放眼国内素质教育，尽管"双减"政策的实行为孩子减轻了不少压力，可是孩子们玩的时间依旧少之又少。我曾听过一个刚刚与父母共同度过整个愉快周末的孩子的悲伤感言："不知道下次外出是什么时候了！"父母不许孩子玩，无外乎就是害怕耽误他们的学习。而现在国内越来越多会玩的自由职业者已经开始崭露头角，像是婚姻策划师、自媒体人以及年会运营师都在通过网络直播带着大家一起玩。

可见，今天我们不能再一味地搞题海战术，而是让孩子在会学习的同时更会玩。

◎ **顶尖名校的衡量标准——除了成绩，软实力更重要**

中国是美国国际学生最主要的来源国，但近几年中国在美留学生比例呈逐年下降趋势。据美国国际教育协会（IIE）在 2021 年发布的《美国门户开放报告》的数据显示，在 2020—2021 学年，中国留学生占美国国际学生总数的 34.7%，相比上一年下降了 14.8%。

一名邻居家的孩子陆晨上高三，在 2021 年年底他拿到美国两所大学的录取通知书，"我最想去的一所大学没有录取我，反而和我一起申请的其他同学拿到了 offer。"陆晨表示，当得知自己被拒时，她心里有些纳闷，"为什么录取他不录取我？"目前很多考生的状态就是"刷"GPA、托福、GRE，从大一"刷"到大四，但最后这些硬件成绩跟其他申请者差不了太多。

事实上，每年不少学习成绩优秀的中国学生被国外大学拒录，到底国外大学更看重学生的哪些特质呢？

国外一流大学录取到底看什么？也许从各大招生说明中便可见一斑。比如，康奈尔大学在招生简章中提出"对参与了很多课外活动的学生很感兴趣"，美国普林斯顿大学表示"要寻找课外活动成就突出的学生"，密歇根州立大学曾在招生标准中表示"在寻找那些拥有领导力才能和丰富多样经历的学生"。这就意味着，国外顶尖名校在录取时更重视具有领导能力、特殊才能、社会责任、学术研究、工作实习等多项软实力的学生。

从近几年的录取情况来看，拥有一技之长的学生也更加受到美国名校的青睐，例如，麻省理工学院面试官曾明确提道："麻省需要的人才有三个标准：第一，要热爱理工、喜欢科技；第二，要有一定的基础；第三，还要具有个人特质。"

不只是美国，英国"天才生培养计划"领头人、英国校长联盟主席马丁·史蒂芬也曾公开表示，英国顶尖名校录取学生是以"拥有独立思考和研究能力、领袖精神等"为标准，除了学得好，还要玩得好。他说，在英国顶尖名校中，如牛津、剑桥，几个人要竞争一个学位，他们提供的优秀成绩单只是顶尖名校录取的一个基本条件，并不代表全部。

◎ **学得好是基础，玩得好是创新**

纵观近几年我国的高考状元，光环之外更多的是惊喜。这些状元早已不是过去人们眼中的书呆子，他们虽生长在应试环境中，却依靠建立在学习之上的兴趣和好奇心，一步步攀爬到顶峰，成为最强王者。

比如，甘肃省理科状元肖智文同学，从小学就喜欢钻研，特别是对航模非常感兴趣。起初他做的只是纸飞机，到了初中，他开始学着设计、制作飞机模型，后来竟制成了无人机。在他看来，学习重在理解，进而在理解的基础上进行拓展和延伸，如果只知道"刷"题，便会成为一台"机器"。因此，他从不会重复做同一种类型的题，相对而言他更喜欢挑战竞赛题，或者抽时间阅读航空杂志。

兴趣缓解了学习的枯燥后，学习就会变成一件有趣的事。

事实上，如果一个孩子从小被称为"孩子王"，那并不是什么坏事，说明孩子有足够的领导能力、组织能力、策划能力、沟通能力，如此他才能带领一群孩子玩得开心，其他孩子才愿意听从他的指令和安排。相反，如果孩子只知道沉浸在书本里，死读书，读死书，对外面的世界一无所知，时间久了，他势必会成为彻头彻尾的书呆子，除了会学习，一无所长。

中国父母鲜少有人关注孩子会不会玩、怎样培养孩子会玩。其实，要想培养孩子玩的能力，做父母的也要慢慢地学会玩。

前面我们多次提到，父母要多观察孩子的兴趣爱好。比如，孩子喜欢看古装剧，你就可以带他多去一些悠久的历史名胜古迹，带领孩子放松玩耍的同时也能让孩子了解历史文化知识，感受人文情怀的熏陶；对于喜欢滑雪、游泳等运动的孩子，父母要支持他们多去户外锻炼，适当的运动不仅能够让孩子强身健体，培养融洽的亲子关系，没准长大后他还能成为一个运动健将。

平时下班后，你也可以与孩子共同做些寓教于乐的游戏，一秒转换成家庭"开心果"模式，吃饭要吃得开心，洗碗要洗得有乐趣，看电视要看得沉浸其中，孩子喜欢做什么手工，就陪他共同完成。

从现在开始，锻炼孩子会学又会玩的能力还不晚，因为几十年后，社会中的核心人才将是那些会设计、会随手利用任何道具和资源、会跨界的产品经理、导演、旅游设计师、策划师以及游戏组织者。

未来，考个好成绩已不再是什么新鲜事，会玩才是残酷竞争里的终极胜利者。玩得好，玩出创意，玩出特色，当孩子能带领一个团队走向全国、走向世界，相信到那时人生之路会越走越宽阔。

孩子的学习力才是最终的竞争力

联合国教科文组织著名教育专家埃德加·富尔在《学会生存——教育界的今天和明天》一书中指出："21世纪的文盲不再是目不识丁的人，而是不会学习的人。"

我国著名数学家华罗庚则说："在寻求真理的长征中，唯有学习，不断地学习，勤奋地学习，有创造性地学习，才能越重山，跨峻岭。"

人类来到这个世界，世界上的一切事物对他来说都是完全陌生的。只有通过不断学习，人们才能认知和适应社会，才能认识和改造自然，从而改变整个世界。慢慢地，学习就成了人类生存于社会的一项基础本能。所谓"活到老，学到老"。学习永无止境，想要让孩子在现在或未来具有强有力的竞争力，就要教育孩子无论任何时候都不能放弃学习，唯有学习能让孩子在逐渐完善自我中成就更加优秀的自己。

◎ 学习力是孩子一生的核心竞争力

关于学习力，有人这样比喻："教育就是当一个人把在学校所学全部忘光之后剩下的东西。"这个"剩下的东西"就是学习力。

所谓学习力就是把知识资源转化为知识资本的能力,是指能主动学习,美国佛罗里达州立大学心理学教授安德斯·艾利克森在《刻意练习》一书中说:"每个领域最杰出的人,往往是练习时间最久的那个人。"

就像哈佛大学荣誉校长劳伦斯·萨默斯说:"我曾经建议哈佛的学生们最好每天都问自己一个相同的问题:我为什么要学习?这个问题看似简单,实际上非常重要。如果一个人没有良好的学习动机,不明白做事的目的,就很难产生强大的内驱力。所以,对这些学生来说,不解决为什么学习的问题,看不到学习的必要性,就永远也不会有学习的动力。"没错,真正的学习源于孩子自己,如果只是告诉孩子"要学什么""要做什么",在父母牵着往前走的情况下,孩子的学习力很难有质的提升,往往是事倍功半。

今天我们学习的获得渠道已经不同往日,过去,一个人80%的知识是从学校的学习中获得的,剩下20%的知识来源于后来的工作阶段;而到了现在,人们从学校学习的知识已经不足以支撑自己立足社会,那80%的知识需要你一点一滴从人生的学习和社会实践中慢慢领悟。

尤其在这个不确定性的时代里,未来的世界是不可知的,世界无时无刻不在变化着。时间倒回20年前,我们的父母还能给自己的学习和就业提供建议。但是现在新兴的学科越来越多,很多专业我们甚至都没听过,那未来的我们还能凭借自己的经验给孩子指导未来吗?可以说很难。唯有孩子的终身学习的能力才是其面向未来的核心竞争力。这一点得到了哈佛商学院柯比教授的证实。他曾说,大部分学校教学生游泳的方式是在岸上传授,或是跳到水里和学生一起游,而哈佛则是直接把学生扔到水里,让他自己学游泳。

曾有人质疑，那些顶尖学霸真的都每天学到凌晨4点吗？不是没有，但是很少，因为他们认为，自主的学习力要比勤奋更重要。近些年，有业界人士专门对学生在客观条件相同的情况下产生的学习力差异进行了多年的研究。研究表明，一个人学习成功与否，80%取决于他的学习态度。也就是说，态度决定了行为，行为决定了结果。你的学习力与你的积极乐观、持之以恒、勤奋刻苦、集中专注等学习态度都有直接关联。

因此，培养孩子恒久的学习力远比给孩子布置学习任务重要得多。从"要我学"到"我要学"，从"学习是一种负担"到"我觉得学习是一种乐趣"，当孩子习惯了学习，他们长大后便不再惧怕任何困难，因为他们已经在不停地学习中磨炼了自己，并且始终还在学习的路上，从未停下脚步。

上文我们提到，未来绝大部分工作都将被人工智能所替代，未来世界真正的竞争力，不再是单纯地拥有海量的知识，而是要去主动学习、掌握知识。因此，除了学得好、玩得好，父母还要让学习不再是孩子心里需要翻过的大山，或者艰苦抗战的敌人，而是陪伴孩子迈向未来社会的朋友，应对未知世界的武器！

进入高年级孩子应掌握的学习统筹法

有人问过这样一个问题：假如给你一包茶叶和一个杯子，但是没有热水，此时你是先烧水还是先洗茶杯呢？

有两种答案：第一种是先烧水，然后在烧水的过程中洗茶杯；第二种是先洗茶杯，再去烧水。哪个是正确答案呢？当然是第一种，这种方法能够将烧水的时间充分利用起来，而后者把这部分时间白白浪费掉了，最后只是傻傻地等待水开。可见，学会科学合理地利用时间是何等重要！

众所周知的田忌赛马的故事中，获胜方采取的就是统筹的策略，马匹不变，只是改变了马的出场顺序，结果就是天差地别，转败为胜。这个故事无形中告诉了我们，一个人若是拥有统筹的能力，能够合理地规划和安排所做的事情，关键时候就可以扭转局面。

对于成年人来说，如果不进行统筹规划，生活往往就会变得一塌糊涂。同样，统筹能力也是高年级学生必备的素质之一，拥有统筹能力的孩子能够把学习、生活安排得井然有序，决不允许出现杂乱无章的状况，同时也更容易在学习中厘清思绪，对重点知识心中有数，目标清晰、明确，会合理安排学习和休息的时间，学习效率相比一般孩子要高。

◎ **高效的统筹规划能让每一分钟都变得更有价值**

统筹规划，简单理解就是通盘筹划、统筹全局。从整体来说，也就是运用统筹兼顾的基本思想，对错综复杂、种类繁多的事情进行统一筹划、合理安排的一种科学方法。

在我国，统筹方法是由我国著名的数学家华罗庚先生创立的，其适用范围极其广泛。他曾说："凡是在事业上有所成就的人，无一不是利用时间的能手。"事业如此，学习亦是如此。孩子到了高年级，各门学科的课业变得更加繁多、复杂，如果此时孩子没有统筹规划的能力，就很容易出现做事没有轻重缓急、没有时间观念的问题，这会导致其作业总是完不成，考试偏科常态化。

父母不妨尝试教会孩子运用简单的统筹方法，帮助他们在学习、生活上合理安排时间。高效的学习要从统筹规划开始，学会了统筹规划，孩子的做事效率和学习效率都会得到提升，而且他也能有计划、有安排地分配自己的时间和精力，成为时间的掌控者。

法国思想家布律耶尔曾说过："最拙于运用时间的人，总是为时间的快如闪电而大发牢骚。"当一个人不知道如何合理地规划人生，那么他的一生都将是庸庸碌碌、无所作为。

就比如有的孩子一放假就忘乎所以地疯狂玩耍，直到开学后才意识到自己已经把上学期的知识忘得差不多了；而有的孩子却提早安排好了假期的学习和玩耍的时间，学习的时候集中注意力去学，玩耍的时候全心投入去玩，玩得尽兴，学得开心。

孔子说："工欲善其事，必先利其器。"若是前期的规划没有安排好，在计划实施的过程中就可能出现各种问题，拖延节奏，扰乱整个规划的进程。细数那些历年的高考状元，哪个不是运筹帷幄的高手。例如，浙江省的一名高考理科状元小A，其心得就是养成有计划的学习习惯。她从不会熬夜，而是每天早早睡觉储备充足的精力去学习第二天的知识，并且设立一个目标，然后每一阶段都制订具体的学习计划。拿语文这一学科为例，"一模"到"二模"期间，小A主要是抓文言文和现代文阅读；"二模"到"三模"之间，小A的重点就是抓作文。而在考前一星期，小A主要做的是调整心态。这样一步一步有计划地学，最终目标才得以实现。

又如，宁夏的高考文科状元小悦，他在高中时的学习秘诀同样是制订一个学习计划。不同的是，他每天、每周、每月都要有详细的学习内容。据说，他在高三最后一个学期，英语还是弱科，那时他果断调整了计划，将英语提到了一个重要的位置。每天中午坚持做一篇完形填空，每天睡前做一篇阅读理解，就这样一直坚持到高考前三天。高考成绩下来后，他的英语成绩并没有扯后腿！

除了上述两位状元的分享，学习的统筹规划方法还有许多。即使是一件很简单的事，也需要合理的程序设计，因为同样的事情有不同的做法，结果也是大不一样的。父母可以参考《哈佛家训》中提到的统筹时间的三种方法，引导孩子逐渐形成科学的思维习惯，这三种方法分别是：

方法一，明确目标，制订计划；

方法二，轻重缓急，主次分明；

方法三，分配时间，提高效率。

无论运用什么方法，统筹规划都是孩子必学的一门课程。父母要经常为孩子灌输重视时间的观念，让孩子养成做事有章程可依、有规律可循，让孩子自己成为时间的主宰者。

做时间的主人，才能更科学合理地分配时间，才能做任何事情都更有效率、更游刃有余。"现代管理学之父"彼得·德鲁克说过："时间是最为宝贵的资源，如果我们不能管理时间，便什么都不能管理。"我们不要求孩子到处去挤时间，但至少要懂得惜时如金。为此，培养孩子学会统筹时间的良好习惯，通过实践和总结，找到最适合孩子自己学习生活的时间管理方案，是每个父母需要思考和学习的事。

优秀必伴随压力，教孩子如何减压

"你是荷叶，我是红莲，心中的雨点来了，除了你，谁是我在无遮拦天空下的荫蔽？"这是现代作家冰心在散文《荷叶·母亲》中写过的一句话，父母正如那荷叶般，为孩子抵挡人生路上的坎坷与磨难，任凭风雨摇曳也从不畏惧。

每个优秀孩子的背后皆离不开明智父母的谆谆教诲，正如每艘轮船的背后都有一座照亮前方航线的灯塔。然而，作为家长，当孩子的学习压力越来越大时，我们不仅要做好后勤工作，更要力所能及地帮助孩子适度减压。

◎ **给孩子积极的心理暗示：欲戴王冠必承其重，但可适度减压**

有一次，朋友和女儿聊天时说："你们这代人比我们这代人幸福，每天都能学到比我们那时多一倍的知识，真的好厉害！"孩子却说："我们这代人才更羡慕你们，你们多幸福哇！"

朋友迷惑地问为什么，孩子回答道："我们的痛苦是你们无法体会到的，每天早早起来去学校，直到下午5点半才放学，晚上写作业还要写到半夜，甚至周六日和假期也被课外兴趣班占据。这不是一天，而是12年。"

平心而论，孩子说得确实很有道理。

还记得我女儿从小学三年级开始便逐渐开始有压力，时不时就会跟我说："妈妈，我好累。"

我是这样回答女儿的："你的累一部分是学校带来的，因为班级要提高整体成绩；还有一半可能是家庭带来的，因为爸爸妈妈非常努力，可能带给你这样紧张的氛围；还有一部分可能是这个城市带来的，整个中国，一线城市压力最大，北京排在首位；全世界十大城市压力最大，北京也排在前三。所以，孩子，人不能脱离环境谈个体，你生活在这样一个压力很大的环境中，你的压力是摆脱不掉的。那我们要想优秀、获得从容的人生，前半生当然要努力，但伴随着压力，我们更要学会如何减压，一个优秀的人最重要的是要平衡自己。"

于是，我让孩子拿一张纸去写下那些让她们觉得特别减压的事情。例如：

第一，玩彩泥；

第二，泡澡，看电视；

第三，吃心仪的零食；

第四，在园子里无忧无虑地玩；

第五，旅游；

第六，跟闺密一起拍摄短视频；

第七，跟闺密一起出去买好吃的……

我对女儿说："当你感到压力袭来的时候，上述几点你都可以根据时间和条件用上。"女儿又问："妈妈，那你是怎么减压的？"女儿在减压的同时还能想到我，再次令我感到欣慰，我回答她："养你和弟弟，爸爸妈妈的压力是很大的。我每次送完你上学，回家后都特别享受，有时候和爸爸一起喝一杯咖啡，有时候我还喜欢喝茶，泡茶的过程中心是很宁静的。还有一个方法，禅坐也很减压，或者跟你一样，泡澡、逛街、买东西等。"女儿听得入了神。我继续告诉她："所以你看，当压力来的时候，我们不要直接用情绪去反应，因为会伤害到旁边的人，我们可以选择适合自己的减压方式。"

这么说以后，每当孩子觉得有压力的时候，他们自己都会寻找方法应对，开着电视、泡澡，优哉游哉，还挺不错。在这样的环境下，我认为有必要让孩子认识到，压力不会因为你害怕就减少，只会因为你会承压而变得不那么有压力了！

在我们这代人看来，现在人们的生活水平提高了，孩子们过上了富裕的生活，不再需要为吃喝发愁，他们比我们更幸福！可是在孩子们眼中，每天有做不完的作业、学不完的功课、实现不了的高标准学习要求，他们所承受的压力是我们这代人前所未有的，他们这代人是被"累垮"的一代。就我自己来说，女儿升入小学高年级，原本就不充裕的时间变得更加紧张。虽然我也在尽量帮助她减轻压力，但她依然感到很累。

很多家长认为，有压力才有动力。但是抗压力也是有限度的，当一个人的压力增大到极限时，他可能会因为承受不住而被彻底压垮，产生精神崩溃的消极情绪。孩子表面看起来风平浪静，内心实则早已波涛汹涌。

知乎上，一位上海的妈妈是这样说的："现在的孩子身体和内心都很累，他们面临的竞争压力远比我们想象的大。"尽管这位妈妈口头上不赞成"鸡娃"，但孩子上小学后，她还是随大溜让孩子进入了刻苦磨炼、寒窗苦读的模式。

我们来看看她为孩子规划的一张日常任务表：

1. 视频打卡：练习阅读语文课文10分钟，英语句子朗读5分钟；
2. 数学口算：5分钟做100道题；
3. 语文：背诵课文，完成2—3页课外习题；
4. 剩余时间：画画、种植物、学习科学常识等。

看似各项时间的设置不多，但现实是，10分钟的课文朗读视频录制，需要半个小时的练习再加上半个小时的录制。另外，语文、数学等各门学科都要完成作业，以及提前预习，累加起来也是不小的工程量。据这位妈妈回忆，有时孩子坐着写作业，写到最后直接累得趴在桌子上睡着了，而且孩子的情绪一直不稳定，时好时坏，说哭就哭，说笑就笑，真的难以理解。

或许有人会说，北上广的孩子处于竞争非常激烈的环境下，自然要比其他孩子的压力大。事实上，不只是北上广，全国各地的孩子都普遍存在课业负担过重的现象，不仅学习内容多，而且难度也比从前增加了不少，想要消化这些知识，需要花费的时间和精力当然也就增加了几倍。

根据中国教育三十人论坛发布的《2018年中国小学生减负调查报告》（此为目前最新报告）显示：我国小学生每周校外学习的时间长达17个小时，在全球排名第一。

《环球时报》也发表过一篇文章，大意为，中国的孩子从小就有颗要强的心，所以他们也是最累的。

孩子有积极进取心是件好事，但有时这种进取心并不是孩子发自内心的，而是无形的压力催化的结果。

我听过这样一个真实的事件：在上海卢浦大桥，一位妈妈半路停车，下车后怒气冲冲走到后座与车内人员说了几句话，然后回到车上。车子还没启动，突然，一名男孩从后座跑出来，直接跑到桥边纵身跳下，妈妈追上去却晚了一步。她跪在地上号啕大哭，后悔不已。事后调查，那位妈妈因为孩子与同学在学校打架的事，训斥了孩子一路，孩子因为无法忍受妈妈的长时间指责，冲动跳江。

一个个悲剧都在告诫我们：孩子的压力应该被重视。发脾气、打架、玩游戏，这些都是孩子释放压力的一种方式，只是他们年龄小，不知道什么样的减压方式才是正确的，也没有人告诉他们累时该如何减压。

每一个孩子都有自己独特的性格特点，父母可以根据孩子的喜好和特点来安排不同的减压方式，并根据孩子的状态随时改变方法。我们也可以通过释放紧张的压力来让自己和孩子都喘一口气。

第一，给孩子一点时间。孩子想做什么就支持他去做，多给孩子安排睡眠和休息的时间，让孩子沉浸在自己快乐的世界中，压力也就抛到九霄云外了。

第二，给自己一点时间。不要给孩子制定过高的目标和要求，适当地学会放手，留出时间提升自己，并用言传身教的方式打动孩子，父母优秀了，孩子自然会更优秀。

第三，给亲子关系一点时间。对待孩子，父母要学会理解，学会倾听，做孩子的知心朋友，每天留出时间与孩子谈心，了解孩子最近在学校发生的事、与同学之间的事，让孩子畅所欲言，诉说心里的委屈，这也不失为一种良好的解压方式。

这个世界上，谁都不容易，父母子女一场，便是莫大的缘分。有爱，有理解，有体谅，我们才能相互支撑继续走下去。别忘了，孩子是有生命的个体，而不是只知学习的机器，更不是我们实现理想的替代品。爱孩子，请先从帮助他们减压开始。

衷心希望所有的父母，是支撑孩子勇敢前行的力量，而不是击垮孩子的最后一根稻草。

当好引路人，做孩子成长的阶梯

就在创作本书期间，有一天，闺密阿贞以一种失望的口吻对我说："年龄越大，越发觉自己的孩子其实只是个普通人。"原来，阿贞的丈夫被邀请参加某个论坛的会议，接待他的是一群出类拔萃的国际高校学生。这群孩子的平均年龄只有 16 岁，却已经具备了专业级的英语水平，而且大多开始备战留学申请，他们的目标是考取全球顶尖名校。

阿贞感慨："当我们的孩子还在为高考奋力一搏时，这群孩子已经拿到了各个国家顶尖名校的 offer，飞往世界各地开始毕业旅游了。"她深刻地意识到，圈子和成长环境不同，孩子接受的教育也有所不同，这也是我们的孩子与这群孩子存在差别的根源。每每想到这些，阿贞总是觉得很扎心。

似乎这一切太令人无能为力。可现实中的我们多数都是普通人，还能怎么办呢？

◎ **好父母把自己的成长经历作为孩子成长的阶梯**

父母所有经历过的事物都不可避免地成为孩子的教育背景，我们的存在就是要让孩子站在自己的肩膀上更好地成长。比起无用的焦虑，父母不如收拾好情绪，思考一下如何鼓舞孩子改变自己的命运。许多家境普通的孩子，正是依靠自己持之以恒的毅力和努力，才实现逆风翻盘。

股神巴菲特在其好友为他写的自传《滚雪球》一书中，还原了他作为一个普通人的故事。

令我感触颇深的是，他在书中讲述了父亲霍华德·巴菲特对他的影响。霍华德的工作职务是股票经济人，同时还是华盛顿的国会议员。但是，霍华德为人正直的性格导致自己处处树敌，始终得不到上层领导的重用。可以说，巴菲特在起步阶段家境并不富裕，更称不上是什么"富二代"。

但是巴菲特的父亲给他留下的"内部积分卡"却是一件无价之宝。为什么说这是一件无价之宝呢？因为人们多数情况下都是"外部积分卡"的人，在意别人的评价，在意别人眼中的自己，从小父母告诉我们要听老师的话，要和小朋友好好相处；长大了，我们想尽办法让上司欣赏自己，选择做一个讨好型人格的人，只为让别人喜欢自己。

而"内部积分卡"与之恰恰相反，一个人行事时只根据自己内在的标准和价值观去做，只听从自己内心的声音，不再关注外界评价的好与坏。正因如此，巴菲特才成为一个拥有独立思考、主见的人，即使投资生涯中坎坷不断，但依然能凭借"内部积分卡"坚信自己的决定，确保效益的增收，这些成就与父亲的影响是分不开的。

尽管巴菲特的父母没有给他留下任何财产，但是，他却把自己传奇的一生归结为从健康家庭环境中获得的良好教育。他认为，父母才是他一生最大的财富。

其实，作为父母，我们虽然无法改变一些事实，但是可以改变自己的行为来影响孩子。应试能力固然重要，但孩子从书中看到的只是知识，而他们从父母身上看到的影子，则会在无形中内化为孩子今后的见地和判断事物的一些标准。

央视曾报道了一个举着吊瓶的父亲，带着正在输液的高烧39℃的女儿去衡水中学参观，因为这所中学一年只开放一次。那位父亲表示，自己没有文化，却想要女儿成为一个有文化的人，希望孩子能感受重点中学的学习氛围，激励她树立自己的理想。很多网友看了感到十分不解，甚至嘲讽这种行为。但换个角度想，这位处于文化底层的父亲，无非是用一种不怎么聪明的方式，让孩子明白努力读书改变人生命运的道理。

而这也带给我一些启发：一个人的命运哪怕再难改变，但顽强拼搏永远都有意义。

父母的生活态度是积极乐观的，孩子就能获得更多的勇气和力量；父母对待工作认真而负责，孩子就会养成专注和认真的性格；父母的眼光长远，孩子就能形成更大的格局。

父母与子女本就应该是一个共同体，彼此肩并肩成长，相互给予对方鼓励和力量。我们在教育孩子的同时，也是在提升自己。父母要不断反省自己的一言一行，要知道，父母的存在就是为了让孩子更好地成长！

「培昕心语」

一直以来，对素质教育和应试教育哪个更重要的争论就没有停止过。其实，二者是两种完全不同的教育理念，目标不同的父母对待二者也会持有不同的观点和态度。根据我们当前的教育环境和现状，并不适合将二者完全割裂开来看待，而是要一分为二，即便是在某些方面存在对立的矛盾体，也有其存在的意义与价值。

面对现在的教育大环境，自然是应试教育更加实用，毕竟当代社会的人才选拔还是以学历为主。但从孩子一生的发展来看，素质教育和应试教育并不冲突。因为教育本身就是一个细水长流的过程，我们并不是要印证哪个更重要，而是要平衡好素质教育和应试教育的关系，如果能做到融合发展，也未必不是一件两全其美的事。比如，在素质教育中，如果孩子的综合能力获得全面发展，那么孩子在应对考试的时候，往往也能"兵来将挡，水来土掩"。所以，无论大环境如何改变，我们能做的始终是因时而变、顺势而为。

PART 3
好父母行动:
好父母是学出来的

好父母不靠天分，靠勤奋。大多数人第一次做父母，都是从模仿开始。模仿自己的父母，模仿书中的育儿经验，模仿身边亲朋的做法……可模仿不可复制，我们更要利用自己的情商和智商，勇敢、律己、坚毅、乐观地去感染孩子，当个从实而为的好父母。

第九章　家庭环境：打造好氛围，成长有温度

打造好的家庭人文环境有秘诀

孩子的心理成长与家庭人文环境具有交互作用，其中，家庭人文环境对孩子的心理健康、性格养成、生活习惯等各个方面都有着直接、频繁的影响。研究表明，生长在积极家庭环境中的孩子，无论是身心健康、与人相处，还是学习态度、参与活动往往都更积极。为此，父母的首要任务就是给孩子提供优越的生活和学习环境，让孩子在温馨和睦、快乐自由、充满爱和包容、洋溢着书香氛围的家庭环境中成长，获取来自家庭的能量源泉，拥有自我构建、自我优化的能力，以形成完美、健全的人格。

家庭人文环境的打造中最重要的两个问题：一是夫妻关系问题，二是隔代育儿问题。我们先来讨论第一个问题。

◎ **正确看待夫妻关系，让家庭成员关系迅速升温**

夫妻关系在家庭关系中占有核心位置，夫妻关系和谐了，亲子关系才能和谐，家庭中才会更有温度。

在家庭里，孩子看似是一个独立的个体，实则与父母有着千丝万缕的关联。同在一个屋檐下，夫妻关系相处如何对孩子的成长和性格具有深远的影响。人到中年，我看过太多家庭中夫妻关系存在矛盾的现象，有些夫妻感情淡薄，有些夫妻经常吵架，有些夫妻

习惯互相指责，有些夫妻一方气势压过另一方，不管是哪一种，最后都势必会造成孩子失去安全感，产生抑郁、暴躁、胆怯等不良情绪，从而不利于孩子良好性格的养成。

就像教育学者张文质在书中写的那样："不是太多的爱影响到孩子的成长，而是错误的爱会影响到孩子的成长。"

影视圈里受原生家庭影响的明星不在少数，据我所知，孙俪就是其中一个。因为父母性格上存在很大的差异，所以经常为了某些事情争吵不休，特别是在孙俪学习舞蹈以及出国演出上出现了严重的分歧，家庭的纷争让孙俪整日惶恐不安，父亲反对的态度给孙俪心灵上造成了极大的创伤，最后父母选择了离婚。孙俪与母亲二人相依为命，生活十分艰辛坎坷，她恨透了抛弃母亲和自己的父亲，甚至发誓长大后也不会结婚。直到多年以后，她遇到了爱她、懂她的邓超，才愿意放下过去与父亲和解。

并不是每个人都能如孙俪这般幸运遇到能够治愈她的挚爱，原生家庭父母的不睦有可能会成为孩子心上那块永远治不好的疤痕。可世上几乎没有不吵架的夫妻，两个人生活久了，在相处中必然会产生许多摩擦，吵架自然是普遍得不能再普遍的事。事实上，理想的家庭是不存在的。每个家庭都有各式各样、或大或小的状况。那么问题是父母到底能不能在孩子面前吵架？

答案是可以，但是要学会"聪明"的吵架方式。

在人们的固有思想中，育儿和家务是妈妈的工作，而如果将所有的家庭琐事都强行推给一个女人，那么她定会感到力不从心、身心俱疲。虽然在育儿方面少了纷争，但长久下来，孩子的妈妈也不免会与爸爸发牢骚，矛盾也会随之激化。更何况育儿已成为当今时代的热点话题，越来越多的爸爸开始积极参与到育儿中。这就好比一家公司里同时有两个合伙人共同经营，非常容易发生意见不统一的情形。比如，孩子要不要上兴趣班，要不要给孩子零花钱，孩子想要吃零食能不能惯着，等等。当夫妻双方的容忍度降到极点时，就很容易处于一触即发的状态。

这种情况下，父母一旦争吵起来，孩子就会认为都是自己的错，并陷入深深的自责中。同时，孩子由于安全感受到了冲击，再加上经常看到父母吵架，从而变得非常暴躁，一不顺心就对父母大喊大叫。当然，也有很多父母生活得小心翼翼，谨记那句"忍一时风平浪静，退一步海阔天空"。

我常听身边的朋友说起，为了避免影响孩子，夫妻双方约定从不在孩子面前吵架，要吵到外面去吵。但实际上，在一个真正和谐的人文环境中，夫妻不能只做画上的好夫妻，举案齐眉固然温馨，但偶尔吵闹也未必有想象中那么糟糕，关键在于两个人吵完之后，是否能仪式感满满地承认错误。在这个过程中，我们反而能够让孩子见证成人世界不完美的一面，同时用更大的格局、更加包容的一颗心去原谅生活的不如意。更重要的是，当夫妻二人齐心协力修复关系、纠正自己后，孩子会通过父母的言行懂得，原来还有一种美好叫"妈妈原谅了爸爸"，反之亦然。

因此，不要否定愤怒、抓狂、悲伤等情绪，孩子总有一天要独自出去闯荡，如果他生活在只有喜乐的家庭，当他展翅飞翔时，反而无法坚强地面对外面世界的酸甜苦辣。父母可以在孩子面前吵架，但是要把握分寸。这绝不是鼓励爸爸妈妈在孩子面前多吵架，而是要令其认清一个真相：孩子小的时候或许什么都不懂，但随着他们渐渐长大，懂的事情越来越多，冷暴力的杀伤力远比争吵更大。父母如果吵得有理有据，能让孩子看到父母即使吵了架，也可以用和平的方式解决问题，第二天仍然能够像平常一样恩爱，孩子便能从中懂得当与他人发生不同见解时要如何处理，以及明白与人相处的多种方式。

打造好的家庭氛围是有方法的。

在我们家，一个月会开一次家庭例会，这就像过去我们所说的茶话会：准备一些吃的喝的，一家人围坐在一起。如果有家政阿姨也应该参与，每个人分别表达每个月自己做得好的地方和不好的地方，同时指出对其他成员的做法有什么意见和建议，同时把自己在下一个月如何做、有什么计划都说出来。

例会能营造一个良好的沟通氛围，家庭成员情绪稳定，家庭结构也会相对稳定一些。没有争执而有了商量，便会用平稳的语气表达不同的意见，这一切都需要环境去引导。

许多父母把情绪用在和孩子的交流上，其实是得不偿失的。我们知道，工作有压力，生活也有压力，现代人在思考压力时，应该把用平静的语气表达不同意见作为一项重要的训练，所以例会能够有效解决争端，同时在面对建议、面对改变自己等问题时能够拿出一个立竿见影的行动计划。

我曾经在夫人学院群中与许多妈妈交流过这件事，大家一致认为，父母应该积极地面对自己的问题，如果父母能够发现自己的问题并且愿意去承担责任和改正错误，孩子以后承担自己的错误也就不难。

我们从小锻炼孩子真诚的人格、真实的个体，其实比语数外"刷"题来得更重要。

所以我强烈建议，在每周末挑出一天来，把某一天早晨的早餐当成例会的一部分，丰盛的早餐，悠扬的音乐，悠闲的心情，没有压力的生活提供给我们平静交流的环境。接下来,每个月进行一次自我修正,对对方多一份关爱和关注,有助于形成良好的家庭环境。

但请记住:无论发生天大的事,都不要在孩子面前轻易说出"离婚"二字。

夫妻关系一旦破裂,便如那破碎的镜子般难以修复,也很容易给孩子心里留下阴影。

作为父母,若能亲身为孩子示范——即使有痛苦、悲伤,风雨过后人生仍是美好的——那么,孩子也能更加健康地成长。这种意识对孩子来说,是足以让他们面对这不完美世界的至高无上的宝贵财富!

小日子大格局:如何降低隔代育儿风险

古人云,有格局者,成大事也。过日子也是一样,心怀大格局,才能过好小日子。在现代人的小日子中,最令年轻的父母头疼的一大问题莫过于隔代育儿。

据调查显示,我国超过半数家庭的孩子是由长辈帮忙照顾的,特别是年龄偏小的年轻父母,多数情况下会把孩子交由祖辈全权负责。很多年轻人也想亲力亲为,可是迫于家庭经济压力以及社会职场的竞争压力,无奈之下只好把孩子送到爷爷奶奶或外公外婆家。

但是,长辈跟自己在教育方式上存在很大的差异。在教育的过程中,长辈对孩子的过于溺爱、教育观念上的差别、先天的身体劣势等,促使隔代教育问题频频暴露。当看到孩子身上的坏习惯越来越多,有些父母开始后悔和埋怨不该让老人照看孩子时,家庭矛盾也就一触即发。

不可否认，隔代教育的确存在很多风险，年轻父母明知会在教育上与长辈出现无数的分歧，又不得不选择这么做，那么关于隔代育儿问题，到底该怎么避免？如何才能降低这种风险？

◎ **隔代育儿问题：教育子女到底要不要让老人插手？**

随着社会竞争压力的增大，如今的"80后""90后"从上学到就业，一直保持着奋斗的状态，因为他们深知稍不留神就有可能被这个社会淘汰。尤其是有了下一代之后，考虑到家庭开销、房贷车贷等经济、生活压力的增加，有些城市中的全职妈妈准备重返职场，有些农村里的父母想要到外地打工养家糊口，孩子因此就要交给家中老人带，祖辈成了带娃的主力军。这种现象无论是在经济发达的城市，还是比较偏远的山区，都十分普遍。调查数据显示，我国老年人帮助子女照顾看孩子的比例达到66%，2岁半以前的儿童中，主要由祖辈照顾的比例高达70%，3岁以上占40%。然而，两代人在教育孩子的方式上明显不同，因此家庭中的种种矛盾也被激化。

电视剧《安家》中就有一个片段，演绎的是妈妈与奶奶在教育孩子上产生的矛盾。海清在剧中扮演的是一位职场妈妈，一天她下班回家后看到孩子的奶奶在给孩子喂饭，瞬间就不开心了，并向奶奶解释了这种做法对孩子生活习性养成的危害。孩子看到妈妈横加阻拦，立即变脸不吃了。家庭成员之间冲突升级，就连孩子的爸爸也表示妻子不该怪罪老人，如果不是她插手的话，家里也不会这么乱。

海清扮演的妈妈的教育观念是正确的，她害怕的是孩子在宠溺下失去了自理能力。可这件事真的全应归为老人的错吗？

同事小李就曾和我说起过她家里隔代育儿的困惑。小李说，她从事的是教育工作，孩子的爸爸在铁路部门工作，二人每天忙得不可开交，只好把孩子送到爷爷奶奶那里让他们帮忙照看。老两口爱极了这个讨人喜欢的大孙子，孩子要什么买什么，家里的玩具堆成了山，造成其平日里既贪玩又任性。小李只要说几句，老人立刻不乐意地说："孩子小，贪玩一点怎么了？"到现在，孩子已经上小学一年级了，虽然也知道学习的重要性，但还是很贪玩，甚至在课堂上听讲、回家写作业时经常做些小动作。老师找小李谈过很多次话，小李感到非常纠结：一方面，她想要好好教育孩子，又怕老人不高兴引起家里的纷争；另一方面，如果孩子成绩差，家长也会焦急万分。焦头烂额的小李找到我询问究竟该不该让老人插手孩子的教育。

我给出的建议是：可以从不同角度去看待这个问题。

首先，隔代育儿问题是社会上长久留存下来的普遍性的家庭教育问题，不是某个家庭单独存在的，所以不必为此过于烦恼和焦虑。其次，时代的进步导致父母与我们在教育上产生了代沟，老一辈人教育我们的方式没有错，只是有很多矛盾问题还未显现。我们这一代生长在新时代，逐渐接触了新式教育，且这些新式教育也都是通过实践得到的真理，而老一辈人的思想观念还停留在过去。从这个角度来看，两代人的教育方式都没有错，唯一不同的是，长辈与我们教育理念不同，才造成了今天的矛盾结果。

其实，老人带孩子有弊也有利。弊端是：大多数老人都经历过贫苦的艰辛岁月，他们看到隔辈人会格外地亲切，想要为孙辈提供最好的物质生活，亲自喂饭穿衣服，进而造成过度的纵容和溺爱。即使孩子摔碎东西、弄得屋子乱七八糟，老人依然不会发脾气，给孩子养成了嚣张跋扈、自私任性的性格特征。另外，老人的思想观念比较守旧，影响了孩子的早期教育和智力开发，缺乏引导孩子创新思维的能力，一旦父母与老人产生了教育理念上的差异，老人的护短行为会让孩子觉得有人为自己撑腰，使孩子对父母产生抵触心理，亲子关系渐渐疏离。

我身边有许多朋友在年轻时就生了孩子，面对我这样一个大龄妈妈，他们常说："我很羡慕你，你是在明白事理后才要的孩子，所以你能放弃你的工作，在生活主次的安排上也多了很多主观的能动性。"

他们说的不无道理，当我们还年轻，还不清楚自己想要什么的时候，孩子呱呱坠地，这个时候自我的成长和孩子的成长孰轻孰重？对此很多人都是矛盾的：既想创业又想陪孩子，哪一个放在最前面，两个似乎都很重要。

而且在我上一本书《好好过日子》中就提到过，我发现很多婚姻关系的破裂，就是在生活压力和工作压力剧增之下，由于隔代教养孩子，共处一个狭小的空间造成的，这样的事情其实每天都在发生。

在写这本书之前，我就厘清了自己的思路：如果我们实在做不到创业和养孩子同步进行，那么可以两利相权取其重。我们在教养孩子的过程中，不可以缺席太多次，重要的环节、重要的时刻一定要出现。隔代育儿暴露的许多问题，其实也是社会性问题。

现代社会，老龄化程度不断加深。过去，老年人的晚年生活比较单调，退休后都希望能够看着孙辈茁壮成长。如今，随着经济的发展，老年人也有了更多的业余生活，他们参与社会化的劳动越来越少，但是参与社会化的艺术活动越来越多。

那么，在这样的过程中，老人要牺牲已经不多的时日去照看你的孩子，所付出的巨大成本也是我们作为子女不愿意去面对的。剥夺老人外出旅游的机会，剥夺老人和朋友相处的机会，这应该称不上是孝顺。那么，老人付出这么多的成本，带出的孩子是否就符合我们的期待呢？

据我观察，很多老一辈的文化水平非常高，甚至是大学教授，但是在看管孩子的问题上，和年轻的父母也是有差异的。

我的一位朋友，将孩子从小托付给自己的父母，孩子进入青春期后没有办法再次托付给父母便将其接回自己身边，但是孩子和自己交流困难。这个问题是谁造成的？找不到一个责任人。这就是隔代教育的一个困惑。

那么老人究竟能帮助我们什么？

我个人认为，老人就是我们的119、灭火器。在情况紧急、急需人手的时候，老人可以从天而降。当我们能够料理自己生活的时候，一定要放手让老人去安度晚年，一定要支持他们追求的多彩生活，这不仅关系家庭的人文氛围，也关系自己的幸福指数，因为子女看着老人一天天衰老，也会后悔、自责自己占用了父母太多可以享受生活的时间和机会。

隔代教育确实是中国特有的一个现象。在西方，大家都很清楚，我们这一代应负我们这一代的责任，下一代就不再是我们的责任。帮衬到了子女，子女应该道一声感谢；子女过得幸福，老人也可以放心去寻求自己的欢乐，中西方家庭教育在文化上有着显著的区别。不过随着中国 Z 世代的到来，经济的发展丰富了人们的物质生活和精神生活，我相信未来中国的隔代教育问题，会退出社会问题的洪流。让我们一起期待那一天早点到来，因为父母和孩子不仅需要共同的生活和成长，老人也需要我们多去关注他们退休后的生活。

隔代育儿暴露的问题其实是父母在育儿中亲力亲为的重要性体现。人类也是从最原始的动物进化而来。在动物世界，小动物最初就是通过吮吸妈妈的乳汁这一动作认识自己的母亲。同样，在养育孩子的最初喂奶阶段，无论是谁帮忙，我都建议妈妈一定要亲自来完成喂奶这一动作，孩子便是通过这一简单的动作与妈妈产生微妙的情感联结。

教育孩子是父母的天职，再忙也要尽可能亲力亲为，虽然有些时候因为种种客观原因忙得照顾不到孩子，可再忙也要抽出时间陪伴孩子，不能完全把孩子交于老人。如果一定需要老人帮忙的话，首先，为彼此划一条界线，在何事应该请教老人、何事要坚持自己的原则等事上，父母们心里要有一杆秤。其次，要提前与老人沟通说明孩子的哪些事归老人管，哪些事归父母管，双方在教育孩子的时候要互相配合、共同努力，不能互相干涉，唯有这样才能让家庭分工更合理、更和谐，使教育成果发挥最大的作用。

要提前与老人沟通，老人含辛茹苦帮忙照料孩子本就不易，若因为一些教养问题发生家庭矛盾无疑会伤了老人的心。所以年轻父母要站在老人的立场上思考问题，有些责任要学会主动承担，不能孩子一犯错误就将所有的错误怪罪在老人头上。如果出现分歧，要学会平心静气地采取多种渠道、多种方式与老人进行沟通交流，找到合理的解决方法，避免产生正面的冲突。

隔代教育问题说大不大，说小也不小。只要我们多一些包容，少一些埋怨，耐心与长辈沟通交流育儿中遇到的常见问题，积极寻找平衡的办法，相信长辈也会慢慢理解我们的用意，以此证明隔代教育同样能让孩子在健康的环境中成长。

二孩家庭新难题：管理和教育的统筹规划

随着国家计划生育政策的调整，三孩时代来临。但似乎许多父母连二孩的教育问题都尚未解决。孩子们经常因为争抢玩具或者争夺父母的宠爱而互不相让甚至争吵、打架，而很多父母面对自己的两个宝贝，只能愁眉苦脸，一筹莫展。不仅如此，许多父母在两个孩子的教育统筹规划和未来发展上同样感到茫然。

◎ 养二孩不是一场多方博弈的囚徒困境

囚徒困境（Prisoner's Dilemma），指的是两个被捕的囚徒之间的一种特殊博弈，说明为什么在合作对双方都有利时，保持合作也是困难的。囚徒困境可以说是博弈中最具代表性的例子，其中博弈的双方通常是个人而非团体。养娃也是一样，一旦形成了多方博弈的囚徒困境，最终每个孩子都会受到不同程度的伤害。

我在一个媒体论坛上看过一个热门话题：家有二孩的妈妈，你对两个孩子的爱一样吗？一个"高赞"回答说：在自己无意识下，可能有所不同。

的确，我们都知道对待两个孩子要一碗水端平，可真正去做时又常常本末倒置。你以为的公平与老大心中所认为的公平可能并不一样。比如，你以为给两个孩子买同样的衣服是公平的，可在老大看来，妈妈曾经给我买的衣服是独一无二的，现在却要与弟弟或妹妹分享；你以为将蛋糕一分为二是公平的，可原本能吃到一整块蛋糕的老大，就会感到不公平。

我突然想到邻居家的一个小女孩，她的妈妈经常问她同样一个问题："如果我生下一个小弟弟或者小妹妹，你会怎么对待他/她呢？"天真的孩子总是毫不犹豫地回答："我不知道。"是啊，多么真实的回答，老大害怕有人分享父母的爱，所以无所适从。弟弟妹妹对他们来说意味着竞争，而不是惊喜。更何况在这场竞争中，他们本不具有优势。

台湾作家龙应台在《孩子你慢慢来》一书中也描述过令人心酸的场景。客人抱起香香软软的娃娃，来回踱步，嘴里开始哼起摇篮曲，眼睛眯起来，流露出万分沉醉的柔情蜜意。老大在远处的台阶上坐下来，手支着下巴，看着这边。直到走，客人都没注意到客厅里还有另外一个孩子，一个他本来认识的孩子。

提到家庭中的老大，人们第一时间想到的词就是"负责任""有担当""做榜样"。大人们习惯了夸奖老二，"看啊，这个妹妹真懂事，竟然懂得与哥哥分享"，却总是忽视了老大的优秀，这会给老大造成很大的心理压力，感觉到不公平，因为他们认为"我也还是个孩子，我也需要被爱、被看见，我也还在成长"。同时，老二在获得父母恩宠、偏爱的情况下很容易出现骄纵心理，只要他们没得到别人的照顾或自己的要求没有得到满足，就会认为生活不公平。

从另一个角度来看，这也反映了二孩家庭中普遍存在的困境和矛盾，尽管出生在同一个家庭里，但出生顺序的不同，性别、年龄的不同，必然会导致两个孩子在思维、性格上的差异化。

我很赞同一个说法："你把所有的爱都给大宝，让大宝觉得自己受到重视，这份爱自然会传递到二宝那里。"这点刚好契合了心理学家弗洛伊德提出的一个概念——退行行为。人们在出现焦虑或受挫的情况下，会在心里产生一种防御机制，选择早期生活中的某种行为来代替自己熟悉的应对方法和适合技巧。这些退行行为的潜台词是：如果我也像弟弟妹妹那般乖巧可爱，爸爸妈妈是不是就会像从前一样爱我？

我清晰地记得，当我怀上了二胎，我就在想如何把这样一个不期而遇的孩子介绍给老大。这件事我和先生着实策划了很久，最后我们决定，把老二当成一个礼物送给老大。这样一个行为源自我们一致认为这两个个体虽然是独立的，但是在我们这个家庭中还是有先后顺序的。当老二在我的肚子里逐渐孕育成长，老大慢慢发现，因为她表现得好，父母送给她一个会说话会动会陪自己玩的礼物，她觉得特别开心。当弟弟呱呱坠地，老大在旁边欢欣鼓舞地守候着。在我整个坐月子期间，老大都是兴奋的、积极的。待我出了月子回归正常生活时，我们观察到，老大很多时候都是把自己当成一个长于老二、责任当先的团队小组长。当然，这个过程中，我和先生也采取了一些行动。

首先，我们不断地用语言突出她的特殊地位——长女。我们变换成孩子这个年龄能听懂的语言不断跟她强调，长女应该有怎样的责任担当、长女应该做什么。

其次，在行为上，只要老大老二同框，我们都是陪老大。这也引发了照看老二的阿姨对我们有意见。其实，我们也是想让老大在现实世界里先吃个定心丸，让她明白，我们给她生弟弟并不是不爱她，并不是她已经不重要了。

时至今日，我家老大已经 11 岁了，她从来没有觉得爸爸妈妈不爱她，也从来不需要用争宠来彰显自己的重要性。反而是老二总是问我们："爸爸妈妈你爱我吗？姐姐你爱我吗？"

每当这时，姐姐都会说："姐姐当然爱你哦，姐姐只有你一个弟弟！"

很多人来到我们家都会问我："两个孩子性别不一样，按照中国的传统，你们是不是更疼爱老二，毕竟百姓疼幺儿嘛！"

其实，两个孩子不管性别是不是一样的，都代表着我们精血的延续，在内心深处都承载着我们的希望。作为父母，理应把我们的内心和初心平等地摆在孩子的面前。当表达爱的时候，我们也应当公平公正，这也正是父母的格局所在。父母不趋炎附势、客观公正，对于家庭氛围的打造也是至关重要的。

◎ **统筹发展的重点：老二存在的意义不是去复制老大的人生**

既然孩子会产生心理落差是一件防不胜防的事，那么作为父母，不如正面面对。尤其是当孩子们渐渐长大，老大、老二的性格开始显露以后，父母就要有目的地统筹规划两个孩子的发展。

自从有了弟弟之后，我深刻体会到两个孩子个性上的明显差异，既然他们各自拥有独特的性格特征，那么教育方式也必然会截然不同。

美国婚姻家庭顾问米歇尔·欧沃曼对亲子关系处理问题有颇深的研究，她提出，父母要了解每个孩子的天赋优势，并支持他们朝着自己优势的方向发展，尽量不要拿一个孩子与另一个孩子做比较，不要把对一个孩子的期望值转移给下一个孩子，不要给孩子贴标签，让他复制别人。要让兄弟姐妹之间相亲相爱、彼此鼓励，而不是相互嫉妒和竞争。

坦白地说，假设两个孩子的年龄相仿，他们在心里就已经把兄弟姐妹当成了竞争对手，不自觉地会与之做比较，并会认定，如果对方的某一方面很强，自己要么就在另一方面做得更加出色，要么超越他，努力做得更好，如果两者皆达不到就会由此产生怨恨或报复心理。父母要是再常将孩子们做比较，无疑是火上浇油，让他们之间产生更深的鸿沟。

所以，不要拿孩子做比较，给予他们公平的关注和待遇才是每个父母需要明白的真理。

对待老大，父母要学着时常用赞扬的语气与他交流。比如："你表现得真棒！""你的学习又进步了，真为你感到高兴！"当他的某方面不如老二时，可以这样鼓励他："你的功课要更努力些哦！"千万不要说出"你看看弟弟多努力""你得向弟弟学习"之类的话。

为了不给老大增加心理负担，家长需要将家里人员的责任划分清楚，妈妈负责哪方面，爸爸负责哪方面，而给老大分配的任务可以是"监督弟弟/妹妹的行为"或者"教弟弟/妹妹制作手工"等简单易做的事，扮演一个照顾者和决定者的角色，这样老大不但不会觉得不公平，也能更有归属感和责任心，从而更爱弟弟/妹妹。

对待老二，你需要充分了解其性格特点和天赋优势，他拥有形成独特人格的权利，哥哥/姐姐喜欢游泳，他不喜欢就不要强迫他去做，无须复制老大的人生。如果强行按照养育老大的模式养育老二，带给孩子将是痛苦的成长经历，也耽误了老二的个性化发展。所以，因人而异也适用于家庭教育中，父母应顺应孩子自身的优势进行教育。

有些人家的兄弟姐妹虽然性别不一样，但在性格上还是比较相似的，但我们家的两个孩子完全不一样。

我们早就发现，姐姐比较专注，弟弟比较出众，弟弟很热情很温暖，姐姐很理性很浪漫。其实，这两个孩子的个性也非常突出。而孩子的缺点在父母看来也是因为评价事物的角度不同带来的。

起初老二没到来的时候，我们对两个孩子今后如何发展规划了一番，如什么时候读什么样的学校，去什么地方上兴趣班。但是当他们真正长大的时候，我们发现，计划没有变化快！

我们的孩子是独一无二的，我们要掌握的能力就是学会观察他们，洞察他们的优势，平衡他们的缺陷。

如今在教育战略上，其实老大和老二的发展，已经远远不是我们在孕育他们时所勾勒的那些条条框框，而是与时俱进，不断进行调整和总结。道理很简单，孩子虽然是我们生的，但是他们的思想却是无边无际的，他们的缘分、他们的际遇以及对于未来的认知都是我们不能掌控的。

我的好朋友陈女士的两个儿子正值青年时期，出类拔萃。陈女士经常跟我分享道："小的时候我以为他们只能做一些无关紧要的事情，可当他们长大以后，完全朝着另外一个方向表现出超乎一般的优势。而我作为妈妈只能够顺应他们的兴趣点、着眼处，去帮助他们成长，这就是我们作为父母唯一能做的。"

如果你告诉我说，父母连在家观察孩子的时间都没有，那么再好的主观教育又有什么价值和意义呢？

孩子有孩子的命运，而父母不知道他的命运是什么，有事就主观地干涉，这是一场又一场人生悲剧重演的源头。所以，我们在教育上一定要保持洞察力，评判他们的优缺点，也要放之四海，寻求一个好的标准来定夺，不给孩子随意贴标签，也不被孩子偶然出现的问题所打倒。

作为父母像灯塔一样去照亮孩子，同时去温暖他们就好了。对于我的朋友陈女士的一番感慨，我非常赞同，同时也用这样的方式，在自己的孩子身上去捕捉、去验证，我发现不无道理。

所以，每个孩子来到这个世界上都有自身的天赋，我们就帮他们助力，推动他们发展，让他们带我们进入一个全然不同的世界。

当然，教养的尺度不是一成不变的，万一无法达成共识，父母也要兼顾孩子的想法和变化，然后及时做出适当的调整，如此，也就不会那么为难和辛苦了。更重要的是要常和孩子沟通,只要你与孩子建立心与心的桥梁,久而久之,就能形成自己的教养蓝图,并获得全体家庭成员的支持。

家庭会议:用企业式管理代替鸡飞狗跳的日常

提到家庭会议,你会想到什么?是一家人坐在一起讨论事情,还是某个孩子的批判会?其实,家庭会议更像是家庭大小事务的一次总结和未来一周或一个月的策划大会,它类似于班级会议、公司会议等。

家庭会议的宗旨是加强家人之间的合作感和亲密度,能够消除教育上的很多问题。同时也可以通过家庭成员的轮流主持,来培养每个人的责任感和担当感,时间久了,这种责任感就会上升为公共责任感。可见,家庭会议并非家长们认为的"批判大会",而是一个能让孩子们感到轻松、愉快,甚至有些期待的日常活动。

◎ 和孩子在和谐的家庭会议氛围中,共同见证、助力彼此成长

美国有一个流行词叫作"Positive Discipline",翻译过来是"正面管教"的意思,相信中国的父母对于这个概念并不陌生。这一概念由美国心理学家、教育学博士,同时也是加利福尼亚婚姻和家庭执业心理治疗师,"正面管教协会"创始人简·尼尔森提出。当然,正面管教包含教育的方方面面。其中,尼尔森重点提及了"家庭会议",他认为,定期举行家庭会议可以有效地解决鸡飞狗跳的家庭分配、家庭矛盾以及家庭活动,强化家庭的价值观和家庭传统。更重要的是,家庭会议为孩子们提供了学习和练习解决问题的机会。

简而言之,家庭会议是联结孩子与父母有效沟通的好方法。一

家人围在一起，以平等的身份参与讨论，使全家人能有机会在每周一次的家庭会议中找出解决问题的办法，并从中选择出对所有家庭成员都适用的方法。我的建议是，尽量让大家围着一张桌子坐下，这样可以提高孩子们的注意力，使其全身心投入会议之中。

首先，我们要确定一个固定的家庭会议时间，比如每周末晚上7点钟；一旦确定就要严格执行，不能随意变动，即使工作忙或有其他事情也不能取消任何一场家庭会议。这更能让孩子认识到家庭会议的重要性，当此项活动形成惯例，孩子们便会对每周的家庭会议有所期盼。

其次，选择家庭会议的主持人和会议内容记录员，主持人要在会议前了解会议流程，包括召集大家开会、发表感言等；会议内容记录员主要负责记录家庭会议讨论的内容和解决方案。

最后，制定家庭会议内容，涵盖要解决的家庭矛盾和下周的活动讨论。通常情况下包括以下几项内容。

1. 赞美和感谢：每个人可以赞美近段时间表现好、对自己有帮助、对家庭做出贡献、在某方面取得进步的家庭成员；同时表达自己的感谢，可以是要感谢的人，也可以是要感谢的事，这会无形中让家人之间的感情快速升温；如果孩子羞于表达，父母需要为孩子们做出示范。

2. 总结和反思以前的解决方法。

3. 议程：提出、分享、讨论要解决的问题；在解决问题时，家庭成员要专注于解决问题的方案，采取"多票制"表决的方法，要注重探讨的过程，而不是纠结于结果。

4. 日程安排：家庭活动计划、家务劳动的分配。

5. 会后趣味活动和甜点。

接下来,我们一起来看下落落宝贝家第一次家庭会议记录报告表。

表 9-1　落落宝贝家第一次家庭会议报告示例

会议时间	2020年3月3日
参会人员	爸爸、妈妈、我和弟弟
会议主持人	爸爸
会议记录人	妈妈
会议内容	致谢、"关于落落宝贝大喊大叫的问题"
会议纪要	**致谢环节:** 爸爸:我要感谢落落宝贝在平时帮着我和妈妈照看弟弟,宝贝你真懂事。 妈妈:感谢爸爸辛苦工作赚钱养家,感谢宝贝看妈妈辛苦,给妈妈按摩。 落落:感谢爸爸妈妈照顾我和弟弟。 **讨论、解决问题环节:** 爸爸:宝贝,爸爸要表扬你在家自主学习能力确实提高了很多,已经不需要爸爸妈妈的陪伴了,但最近几天为什么总是大喊大叫? 落落:爸爸,其实我也不是专门的,我是为了吸引你们的注意力。 妈妈:宝贝,你现在是姐姐了,而且也在慢慢长大了,要学着稳重些,我和爸爸一直都在关注你呀。 爸爸:宝贝,你虽然又多了一个小弟弟,但爸爸妈妈对你们的爱是同等的。弟弟还小,需要我们的关爱会多一些,但爸爸妈妈对你的爱从未减少过,爸爸以后也会更多地关注宝贝,好吗? 落落:好的,爸爸妈妈,我知道自己错了,下次不这样了。

续表

讨论结果	最终达成一致。姐姐和弟弟和平共处，和爸爸妈妈保证不大喊大叫。时间为期一周，如按期按规定完成任务，奖励旺旺大礼包一个。 周末活动安排：共同出行野餐一次。

表 9-1 是落落宝贝家第一次家庭会议报告。如今家有俩娃的父母也都会遇到与此类似的情况，随着孩子慢慢长大，他们的想法和主意也一天天增多，有时甚至表现出"叛逆"和"不可理喻"。我们常常会因为生活中的一些琐事与孩子发生冲突和不快。

比如说，两个小家伙因为喜爱的动画片而忘记了曾经约定好关闭电视的时间，如果不顺着他们，两人便会一起哭闹、耍赖；还有就是两个孩子因为某个喜欢的玩具或某件事争吵不停，父母如若参与其中，便会陷入多边矛盾成为一个裁判者的身份，无论如何劝说、调解，都有可能将矛盾再次激化，造成无法收拾的局面。

鉴于此，朋友敏敏和娃爸大熊准备召开一次家庭会议。

彼时，哥哥 6 岁、妹妹 3 岁多，说实话从俩娃的年龄层来说并不是参加家庭会议的最佳时机。一方面，两个孩子年龄小，自控力和专注力都有限，想让他们老老实实、规规矩矩地坐一会儿着实有些困难；另一方面，他们对家庭会议也抱有怀疑的态度，家庭会议可行吗？两个孩子如果中途哭闹或者离开座位怎么办？自己要怎么做才能让两个孩子更积极踊跃地参与到会议中？

就这样，敏敏和大熊满怀期待和忐忑带着俩娃迎着各种疑问、跨越重重阻碍召开了第一次家庭会议。为了调动孩子的积极性，他们在会议开始前准备了甜点，在会议结束后又设置了有趣的游戏环节。随着第一次会议的顺利进行，他们增加了信心，渐渐地，家庭会议就像一场例会，变成了孩子们的一种习惯。而且他们发现，孩子们的社会交往能力和生活技能都有了很大的提升，家庭的氛围也变得和谐、温馨了不少。

当然，家庭会议的内容没有固定的模板，父母无须刻意复制，要根据自家的情况和孩子的实际反馈设定内容，并定期进行适当的调整。需要注意的是，每次会议都应尽量围绕一个主题展开，时间控制在 20 分钟之内，在会议召开前向孩子预告当天会议的主要内容，让他们提前有个心理准备。

高效的家庭会议不仅仅是帮助家庭解决问题的一次大会，更能让所有家庭成员共同经历和见证无数个令人感动与难忘的瞬间。会议里有欢笑、有眼泪、有对抗、有温暖、有争论、有误会、有感谢、有原谅、有和解、有升华，但这些都将成为父母与孩子坦诚相待、拉近彼此距离的最好纽带。可以说，会议桌是增进家庭成员间亲密关系的修炼场，假如您的家庭也时而鸡飞狗跳，那么不妨从现在起，也试着计划召开一场家庭会议，也许会有不一样的惊喜等待你！

给孩子多一些正面反馈的成长环境

在中国老一辈人的教育理念下，孩子做错了事只有批评和打骂才是最好的教育方式，并且太多的父母奉行"谦虚使人进步，骄傲使人落后""不打不成才"的打压式教育，即使孩子的成绩多么优秀，都常常表现出视而不见，故作冷漠，还不忘时不时把孩子的缺点拿出来谈论一番。

有"中国橙王"之称的褚时健，其独子褚一斌在接受媒体采访时谈到父亲对自己的教育，无奈地说父亲这一辈子就夸过自己一次。

对比当今年轻父母推崇的溺爱教育、佛性教育，批评式教育也是父母对孩子的一种关心与爱护。中国式父母，更准确地说，应该是我们这一代人的父母，多数情况下对待孩子都是指责与敲打，或许你也很少获得父母的鼓励，甚至取得成绩时也不免受到父母的警告，叫你不要太得意忘形。

可是从古至今，中国古代圣贤里没有一位赞扬这种批评式教育，他们提倡更多的做法是"上善若水"，是心平气和、语重心长的引导式、激励式教育。尤其是"90后""00后""10后"这三代人，当他们遭到批评和指责时常常会感到非常委屈与苦恼，相反，他们对表扬和激励等鼓励式教育的接受程度更高。

面对两种教育理念的冲突，你在选择孩子的教育方式时更倾向于哪一种？

◎"道之以政"和"道之以德"，犹如一体两面，不可偏废

自古以来，君主治国有"霸道"和"王道"两种不同的策略。

"霸道"强调用严刑峻法管理百姓，认为只有这样百姓才能循规蹈矩；而"王道"实行的是以道德礼教来服众。儒家思想代表孔子在《论语》里说："道之以政，齐之以刑，民免而无耻；道之以德，齐之以礼，有耻且格。"显而易见，他倡导的是王道治国，意为如果用严厉的法律和刑法去管理百姓，百姓会抱有侥幸的心理，变得没有廉耻之心；如果用道德和礼法去引导百姓，那么百姓就会知道羞耻，不会做出违规之事。

孔子的这段话既道出了"王霸之道"治国策略的利弊端，又是对当代年轻父母的教育启迪。教育孩子就如同治国一样，如果父母过于偏爱批评式教育，只知道严格管教、施加压力，孩子不管怎么努力都不满足，这就容易给孩子的心理带来负面的影响，无形中打击了孩子的积极性；而如果父母总是给予鼓励和称赞，也容易让孩

子在将来面对现实生活中的困难和打击时缺少独自应对的能力。

因此,"道之以政"和"道之以德",犹如一体两面,失去哪一面都是不行的。就家庭人文环境的打造来说,现代子女需要的是正反馈的环境、行为与鼓励。

意大利幼教专家蒙特梭利曾说:"对人的惩罚莫过于剥夺他的两样东西,一个是内心的力量,一个是人格的尊严。"

我曾听过一个四年级男孩子的心声:"我小时候很调皮捣蛋,有一次自己把自己反锁在门外,爸爸回家后没有追问原因,也没有关心我没有穿外套会不会冻感冒,只是大骂了我一通。我知道自己犯了错,接下来的几天出去都会记着带钥匙,可是爸爸却从没有看到我的改变,依然重复着'长点记性'这句话,我多么希望他能看到我的进步。"

据2021年的一项调查结果显示,在2000名18—35周岁青年受访者中,高达90%的人表示父母对自己的教育是批评式教育,其中只有11.1%的人认为这种方式行之有效。批评式教育在人们的接纳意识里可见一斑,孩子要教育,但要讲究分寸,即使在路上摔跤,也要鼓励他重新爬起来,并在旁辅以批评教育,然后帮助他们找到避免犯错的方法。

看过电视剧《小欢喜》的朋友都对乔英子这个角色的印象很深,她在年级排名中始终都是处于前列的,可即便是这样,她的妈妈还是觉得孩子没有达到自己的期望,最终导致孩子陷入崩溃,想要逃离自己的妈妈。而获得极高点赞量的《奶奶花式安慰考51分孙女》视频中,即使孙女的分数不如人意,奶奶仍用夸赞式的语气说:"你得的分数已经超过了一半还多1分呢。""才差49分就100分了!"……

以上两个案例形成了鲜明的对比，同样是教育孩子，教育方式却有如此大的不同。正应了美国儿童心理学家鲁道夫·德雷克斯那句话："孩子需要鼓励，就像植物需要水一样。"

美国心理学家罗森塔尔和吉布森等在1968年做了一个非常著名的实验，他们从一所小学里随机选择一些孩子做了智力测试，然后告诉他们："你们以后肯定是天才。"没想到的是，几个月后孩子们再次接受智力测试时，明显比之前的成绩高出了很多，他们也因此获得了教师较高的品行评语。

鼓励是对孩子的一种肯定和认可，父母有必要让孩子了解自己还有改进的余地，比如，我们可以问孩子："你认为自己哪些方面做得还不够好？""哪些方面需要完善？"在孩子回答自己需要改进的地方后，我们可以继续发问："你想要怎么改进？""你想要通过什么方法来实现这个目标？"当孩子实现目标后，要给予他小小的奖励："你做得很棒，我们周末一起去游乐园玩吧！"这种做法不仅可以让孩子树立目标，也能够帮助孩子做出自我评价。

教育家蔡元培曾在《中国人的修养》一书中说道："决定孩子一生的不是学习成绩，而是健全的人格修养。想要培养孩子健全的人格，家长首先要做的就是改变说话的语气和方式。"

当然，我们也一直在强调，教育从来都不是单一的形式，如果孩子犯了错，而且是原则性的错误，父母要进行合理的批评和指导。首先要鼓励孩子，告诉他你是个好孩子，避免孩子产生被孤立、被侮辱的心理，然后指出其所犯错误的严重性，并通过严厉的眼神或言语批评表达自己不赞同孩子的做法，帮助其纠正行为习惯，可以适当地加一些小惩罚，比如几天之内不许看喜爱的动画片。值得注意的是，惩罚是要"唤醒孩子心中沉睡的巨人"，让孩子对自己的过失负责，而不是真正的体罚。

总之，鼓励式教育和相对批评的结合是教育的最有效方式。父母要善于在孩子取得进步和成绩时表示鼓励，你的每一句赞扬都会是孩子的精神阳光，让孩子获得更多的满足感和自信心；同时也要懂得在孩子犯错时及时指出和引导，让孩子明白我们不批评你，是要你意识到错误所在。唯有抓住孩子每一个成长的契机，才能培养出拥有健全人格的孩子。

「培昕心语」

人生就像纽扣，如果衣服上的第一粒扣子扣对了，那么后面的纽扣就会快速且正确地扣好。

20世纪最有影响力的哲学家伯特兰·罗素说过："如果想让孩子长成一个快乐、大度、无畏的人，那这孩子就需要从他周围的环境中得到温暖，而这种温暖只能来自父母的爱情。"可见，家庭环境对孩子成长的影响是巨大的。如果父母喜爱阅读，那么孩子多半也会喜欢上阅读。父母希望孩子成为什么样的人，首先自己就要努力成为那样的人，而不是用说教去驯服孩子。

此外，家庭环境的好坏还会影响孩子的身心健康发展。在这方面，父母要积极打造良好的家庭环境，尤其是重视家庭心理环境的建设，给孩子一个有温度的成长氛围，帮孩子扣好人生的"第一粒纽扣"。

第十章 教育策略：孩子个体发展＆家庭发展

幼儿园启蒙期：蒙以养正，要抓住关键期

幼童的启蒙教育期是孩子成长阶段的关键期，也是性格养成、语言学习等各方面的敏感期。处于这个时期的孩子就如同一棵等待灌溉和培育的小树苗，只有根基打得好、扎得稳，孩子在未来才能长成参天大树。所以，父母需要对孩子进行扎根教育，也就是蒙以养正的根基教育。

那么，在幼儿园这个启蒙关键期，教育的重点是什么呢？

我国著名教育家叶圣陶说过：教育是什么，往简单方面说，只需一句话，就是要养成良好的习惯。美国教育家赫尔也说过：习惯不形成，学习等于零。3—6岁正是良好习惯养成的黄金时期，孩子习惯的养成在于老师，更在于父母，因此，幼儿园期间培养孩子养成的良好行为习惯很重要，作为父母不容忽视。

◎ 少成若天性，习惯如自然——让孩子的好习惯内化于心、外化于行

美国的特尔曼教授曾经对上千名智力超常儿童（平均智商151）进行了多年的跟踪调查，他发现这些儿童虽然起点差不多，发展却不尽相同，有些人成绩优秀，有些人成绩平平，还有些人沦

为乞丐靠乞讨为生。为了探究儿童的人生轨迹发生如此大差异的原因，特尔曼教授对其进行了深入的对比研究，最终得出的结果是：一个人的人生发展主要取决于习惯的养成，包括良好的学习习惯，积极的进取精神以及顽强的毅力。

在行为心理学中有一个名字叫作"蝴蝶拍"的小测验，这是个简单的肢体动作，双手交叉在胸前，轻轻拍打自己的肩膀或胳膊上臂。做此动作可以起到缓解负面情绪、舒缓压力的作用。我们会惊奇地发现一个现象：有的人左臂在上，有的人右臂在上，并且无论重复多少次，动作都是一样的。

由此我们可以看出，习惯一旦养成便不容易改变。因为人们做这个动作时通常是一种下意识的行为，不需要在大脑中做过多的思考，不会注意自己哪只胳膊在上面，这也同样说明，习惯对人的影响并不受意志力的控制。

培养孩子也是一样的，孔子有云："少成若天性，习惯如自然。"

2021年，我国教育部公布了第八次全国学生体质与健康调研情况，结果显示，各年龄组的学生体质健康指标持续向好，包括身高、体重、胸围等形态发育指标。但仍有大部分青少年存在近视率偏高、肥胖率上升以及营养不良等问题，而且逐渐趋于低龄化。好的习惯就如同一个人生账户，如果你没有良好的习惯，那么就只能从你的人生账户中无限地支取价值；而当好习惯增多时，你的人生账户价值也会逐渐攀升。

可见，万丈高楼平地起，健康人生孩时养。健康的生活习惯要从孩子在幼儿园时期开始培养。健康的生活习惯，就是指符合健康要求的日常生活行为，其中包括了衣、食、住、行等方方面面。对这一时期的孩子而言，最重要的就是健康第一，父母要从最基本的吃喝拉撒开始，教会孩子如何吃饭、穿衣服、洗漱、如厕、整理图书和玩具等。在我们大人眼中，这些也许只是再简单不过的生活琐事，但也正是这些生活中最基本的内容才构成了孩子身心健康的生活习惯，让正心、正念、正行可以伴随孩子的一生。

许多家长认为，孩子上了幼儿园，只要把孩子全权交给幼儿园老师负责，自己就可以完全撒手不管了。其实不然，在幼儿教育界流传着一个算式"5+2=0"，就是说孩子好不容易用5天在幼儿园养成的好习惯，周末回家待了2天就被打回了原形。比如，在幼儿园里，老师刚刚辛辛苦苦教会孩子养成了生活自理能力，但是回家后，家长嫌孩子弄不好又让他丧失了生活自理能力，养成了依赖他人的习惯。在幼儿启蒙时期，父母需要尽全力配合幼儿园老师的教育工作，重视家庭的引导性教育，将5+2=0改为5+2≥7，这才是最科学的家庭教育方式。

想要做到这一点，父母就需要利用孩子的假期帮助他们制作一份"假期计划表"，并在上面列出孩子每天要做的事，如洗手绢、摆碗筷、整理玩具、洗水果等，家长要把"什么时间做什么事"标注得清晰明确，关键要让孩子看得懂，充分利用好假期的每一天让这段时间更有意义。当一个个"小任务"完成后，孩子不仅获得了满满的成就感，还提高了自理能力，一举两得。

孩子各种品质、能力、习惯的建立，内化于心、外化于行是一个长期的过程，而教育目标的实现也是个循序渐进的过程。不好高骛远，不追求完美，只要今天的我们或孩子比昨天有一点点的进步和成长，都值得鼓掌。在不远的未来，一幅美好的世界画卷必将在孩子脚下徐徐展开。

在蒙以养正0—6岁的阶段，培养孩子的习惯是家庭成员最重要的任务。

第一，培养生活习惯。

用曾国藩的一句话说是"衣冠正则人正"，教会孩子整齐穿衣，让孩子有一个良好的形象。生活习惯还包括用餐习惯，让孩子学会如何用餐，懂得最起码的餐桌礼仪、次序、次第都非常重要。此外，还包括卫生习惯，包括不说脏话、饭前洗手、刷牙洗脸的正确方法等。

第二，培养阅读习惯。

首先，培养专注力，让孩子慢慢安静下来，给他一个宁静的氛围。其次，培养阅读习惯，引入一些孩子能接受的绘本、小人书，让孩子慢慢学会用视觉、听觉，进入学习的心流状态。

第三，培养与人交流和交往的社会化发展习惯。

如何与他人相处成为很多现代人的苦恼。事实证明，电子化程度越高，人与人相处的能力反而越低。很多孩子专注于打游戏、看手机，而不会说话、不会聊天打招呼，手勤嘴笨。那么，在孩子上小学期间，就要多带孩子去人多的地方，带她认识新朋友，并且锻炼孩子在熟悉的环境里介绍自己。

切记，人是群居性动物，也是群体性社会性动物，如何跟他人相处是带给孩子终身的能力，所以在0—6岁蒙以养正的阶段这个能力是必不可少的。

第四，培养丰富生活情趣的艺术学习能力和习惯。

例如，音律的启蒙，教孩子吟诗诵词是古人对音律的启蒙。而贵族家庭则少不了乐音、乐理的教育。现代社会，我们的物质文化生活越来越丰富，让孩子在0—6岁接受一些艺术教育，增加孩子的生活情趣、自身的素养，拓宽他们的眼界迫在眉睫。0—6岁是一个非常关键的时间,在家里,家长一定要营造出这样的氛围:放置一台播放机,能让孩子随时听到世界上最优美的音乐;手机上有音乐App,早晚都能让孩子听到动听的歌曲,这些耳濡目染的熏陶在多年以后就成了孩子成长路上的艺术宝藏。

读公立还是读私立?瞄准符合家庭未来发展的靶心

近些年,私立学校在全球范围内如雨后春笋般涌现。越来越多的家长因为其升学率、排名以及毕业生薪水的优势把孩子从公立学校转送到了那里,由此引发社会上出现此起彼伏的反对声,很多人担忧它们会打破教育平等,导致社会分层的现象出现。而公立学校也逃不出"教育质量下滑""教学水平不足"的诟病。

那么,私立学校和公立学校该何去何从?父母到底该如何选择?

我的孩子小学在公立学校就读,其实公立学校的老师跟私立学校的老师都是一样认真负责的。上私立学校也并不是家长们说的那样,只要有钱,想上就能上的,这样的学校确实也存在,但大多教育质量一般。

过去15年来,全球范围内的私立学校有增无减,特别是在一些低收入和中等收入的国家,私立学校的增长率要远远超过发达国家。据统计,全球私立学校中,小学和中学的入学人数增长比例分别为:10%~17%,19%~27%。

从录取率来看,据剑桥大学报显示,在英国威斯敏斯特高中平均每年被牛津和剑桥大学录取的人数将近80人,这在世界屈指可数。从排名来看,私立学校更是略胜一筹,在加拿大和美国的"学校排行"中,私立学校遥遥领先。即使有些排名靠前的学校中也有很多是公立学校,它们大多也是私人赞助。

但是《经济学人》也指出，仅看这些排名就对学校的教育质量妄下评判是不足为据的。它只是学校的研究表现，并不代表整体教学水平。

◎ **究竟怎么选公立学校和私立学校**

我的爱人曹先生作为常春藤联盟学校的毕业生，对美国的大学教育有较为深刻的了解。

首先，公立学校和私立学校的优势分别在于：公立学校有较深厚的中国人脉和资源，接地气，具有本土文化优势，孩子们守规矩，小学的基础教育很扎实；私立学校则对户口没有要求，配套设施比较先进，注重英文教育，个性化教育，老师通常会因材施教。

其次，大学对申请者的要求主要体现在是否做公益，自身的创造力，体育和文艺才能，申请者是否可以尽可能多地影响他人，是否具有克服困难的能力、品行以及社交沟通能力，等等。那么，针对大学想要广纳人才的特点，我们在帮孩子选择公立或私立学校时，就可以结合这些特点进行针对性的调整。

作为父母，当然希望孩子的路越走越宽，中国的未来发展得越来越好，给孩子回国发展创造条件，以便将来孩子有更多的选择余地。父母双方应该结合自己的家庭和婚姻情况，多方面考虑，多听听他人的经验，佐证自己的观点和选择。

还记得几年前我到一所幼儿园，专门去帮助一些家长做公立学校和私立学校选择的时候，就有许多家长面带愁容。有些家长虽然非常明确自己的需求，但仍然犹豫不决。根据多年的调查研究，在这里我把自己的相关经验分享给正在为此事愁眉不展的父母。

其实，公立和私立两类学校各有各的优势。在选择的时候，我个人建议父母要结合家庭的发展来分析，如果以后有出国、定居的考虑，以及到国外发展的需求，那么子女能够接受国外的教育就是一个明智的选择，因为家族传承需要继续下去。如果整个家庭没有出国的打算，而且公立学校方面的资源非常丰富，国内发展的资源也非常有优势，那么我认为选择公立学校也未尝不可。我们在此暂且不去对比公立学校和私立学校的绝对优势，在满足个人需求方面，这二者是完全平等的，不存在优势可以压制另一方的说法。

就我的家庭而言，为孩子选择学校时主要是洞察孩子的优势，因材施教。比如说，我们家老大，她特别适合公立学校的教育，在公立学校中，无论是在学习方面还是在其他方面，她都显得游刃有余，每天非常开心，所以我们就让她读到了小学毕业，然后去了国际学校。她进入国际学校学习，今后考境外的大学是家庭发展的一个诉求，同时也是孩子学习环境的一个推动。

可是对于我们家老二，我们没有让他走姐姐的路，因为他的个性发展与姐姐完全不同。7岁时，我发现他表现出来的学习兴趣、学习习惯以及个人专注等方面，在公立体制下，以及在公立教育的整合下显现不出太多的优势，而在私立学校中会发挥得会更好。

每个人不只有简单的一面，而人生也不只让人们展现某一方面才能即可。从孩子上学、毕业、工作，再到退休，几十年的漫漫长河中，他们今后涉及的领域十分广泛。一个孩子如果我们不去给他贴标签，说明他已经具备了足够的能力去做不同的事情。生活中，我们经常能看到优秀的孩子在一生之中辗转迈入不同的领域，而且无论在哪儿都一样出色。

比如谷爱凌，她不仅是一个学霸，在国际学校里名列前茅，还是个体育健将，在冬奥会上为中国夺得多枚金牌。与此同时，她还受欧洲多个品牌商的青睐。这样的孩子是揠苗助长而成的吗？不是，她是兴趣使然。她的母亲只是做了合理的规划，迎合了她的个性发展，最后让她走出了一条和别人完全不一样的路。

所以，我想说的是，无论是选公立学校还是选私立学校，孩子的教育都不是一蹴而就的事。有些孩子可能一所学校走到底，一种教育模式贯穿始终。也有一些孩子可能就是阶段性地发生变化，然后整合成他精彩的一生。哪一种教育模式能够让孩子笑到最后，我们不关注，我们关注的是他们健康的内心，唯有在健康的教育制度下，才能开出幸福的花朵。

小学打基础期：稳扎稳打，全面规划方能水到渠成

小学是衔接幼儿园和初中的重要阶段，然而我从很多家长的口中听过这么一句话："孩子才上小学，不用那么着急。小学要学习的知识内容最少，分量最轻，先给他们一些自由，到了中学再严加管教也不迟。"

如果抱有这样的想法，那就大错特错了。小学阶段正是打基础时期，这就好比盖一栋房子，若是地基打得不够牢固，即使建筑最后完工也是一座"危楼"。对于上了小学的孩子，家庭教育与学校教育同等重要，二者缺一不可。正如教育部原部长陈宝生说过的一句话：家庭教育不到位，学校教育做得再好也无济于事。

家庭教育是孩子变优秀的始发站，而父母则是孩子成长之路的引导者。小学阶段的内容虽较之初中、高中而言有些简单，但父母也千万不能因此而忽视了孩子小学阶段的教育。当幼儿园的某些良好的生活习惯已经养成，接下来我们要做的就是进一步引导孩子在学习习惯、生活习惯、专注力等方面努力加强锻炼。

◎ **兴趣永远是推动孩子学习的动力**

小学教育既是孩子们真正开始学习文化课的起点，也是其整个求学阶段的起跑线。虽然是起跑线，但是我们的孩子不需要抢跑，只有做好这一阶段的事，打好小学的基础才是最重要的。

孩子刚刚步入小学，需要熟悉小学的学习环境和整个小学阶段的课程，以及如何与同学和老师和睦相处，所以在一年级的上半学期，父母要格外注重孩子幼升小的衔接问题。而到了一年级的下半学期，父母主要需要注意的是孩子学习习惯的建立，因为学习习惯是打好基础的第一步。

上了小学以后，孩子不再以玩为主，放学回家首先要完成老师布置的作业，其次老师还会有阅读要求，甚至需要打卡。因此，在这个阶段父母尤其要重视培养孩子拥有一个条件反射的意识，让孩子知道自己回家后要完成作业。我们可以告诉孩子："你现在已经是个小学生了，不能再像幼儿园时只知道玩耍了。"

二年级之后，孩子需要养成自律的学习习惯，良好的学习习惯是规范孩子自主学习的利器。而许多孩子由于年龄尚小，还有一颗玩心，对学习并非那么感兴趣，可是学习兴趣又是孩子自觉学习的最大动力。所以家长要从培养孩子的学习兴趣入手，一旦孩子养成了良好的学习习惯，便会自觉地把老师背书的要求带回来，高效完成老师布置的口算、心算作业，并且还能自觉地整理书桌、书架。随着年龄的增长，基于大脑"奖赏回路"的特点，就会让孩子变得自觉主动、高效地去完成任务，当这些逐渐变成他的优势，孩子自然而然就会更加优秀，这是一个正向反馈。

当一年级、二年级陡然迈过，到了三年级，孩子的学习任务会有一些增加，孩子在掌握了学习方法后就会更从容地面对学习上的问题。此时父母需要培养孩子在学习方面的专注力。小学阶段的孩子通常缺乏自制力，注意力不够集中，不仅在课堂上喜欢做些小动作，回家做作业时也常常三心二意，学一会儿玩一会儿，最终导致学习的知识掌握不牢固，一问三不知。研究表明，7—8岁的孩子注意力能有意识地集中15—20分钟。因此，父母可以为孩子规划好学习和玩耍的时间，孩子学习时父母尽量不要干扰，也不要将玩具和食物放在孩子的旁边，当孩子慢慢沉浸到学习中时，他的注意力也在无意之中得到了培养。

四年级阶段，父母需要侧重帮助孩子在学习方面进行拔高。如果有哪一门学科有不足之处，父母要及时帮助孩子取长补短。

无论是语文的字词、英语的听力词汇，还是数学口算题，都需要一点一滴地去积累，牢固地记忆，这就好比汽车，任你动力再强劲，没有轮子也照样无法前进。打基础没有捷径可走，最好的方法就是脚踏实地一步一个脚印地积累基础知识，虽然看起来费时费力，却是孩子取得优秀成绩的必经之路。那些考取985、211重点大学的孩子们，又有哪个不是在拥有足够扎实的小学基础知识下一步步走过来的呢？

你用超出孩子真正能力的规划去要求孩子，孩子如果拼尽全力也达不到，那只会把他逼上绝路。如果孩子一步步扎实地走到某个位置，因为实力足够强，后面的规划才会比较贴合实际进而水到渠成，甚至能达到更高的要求。

五年级、六年级阶段，我们要关注孩子的成绩单，不只是关注分数，而是清醒地认识到孩子的学业水平和未来的定位。不管考哪一所中学，孩子的学业水平就是能否进这所中学的参考值。所以了解孩子的成绩并不代表我们要揠苗助长，也不代表我们要参与"内卷",而是清醒认知孩子学业上的情况。

除此之外,小学阶段良好生活习惯养成同样是父母所不能忽视的。有了幼儿时期的蒙以养正,孩子的生活习惯已初见雏形,对待这段时期的孩子,父母要立好规矩、定好原则。一方面,小学时期不再如幼儿园时期那样以玩耍为主,更多时候是以学习为重,因此父母要让孩子养成早睡早起的好习惯,只有休息好,学习状态才能更好。另一方面,孩子正处于发育阶段,父母要培养孩子不偏食、不挑食、不剩饭的行为习惯,积极引导孩子选择那些营养健康的食物,这样有利于孩子接受全面的营养,对于身体健康大有裨益。

所以小学期间的规划,甚至整个学习生涯的规划,是动态调整的,你可以把整个规划作为一个目标去努力,但前提是努力去达到目标,如果拼尽全力也达不到那个目标,则应该放过孩子,适当降低目标,正确认识孩子的能力,然后调整成匹配孩子真正能力的目标,这才是对孩子的最大帮助。在这个过程中,父母要做的就是和孩子一起经历所有的学习细节,让他们明白什么是全力以赴、什么是贵在坚持!虽然过程会比较辛苦,但可以让孩子们懂得"一分耕耘,一分收获"的道理,让他们从中获得成就感、获得快乐!

初高中过渡期:让孩子身心健康,平稳度过青春期

世界卫生组织将健康定义为:不仅仅是身体没有疾病,心理方面、社会适应能力方面、生理方面等也都要处于完美的状态之下。这说明,学生的心理健康和身体健康同等重要,只有身和心都健康才能做到真正的健康。

青春期是每个人成长的必经之路。如果说青春期对孩子而言是人生的第三次叛逆，是短暂又难忘的激情岁月，那么在家长看来，孩子的青春期就是彼此斗智斗勇的博弈阶段，双方总要分出个胜负，为此父母与子女都会感到格外的烦恼和痛苦。曾有教育学专家将青春期隐喻为暴风骤雨时期，在这样一个特殊时期，孩子独立自主的个性会频繁爆发，让许多父母不知该如何接招。然而，青春期又是孩子必须经历的成长期，从初中到高中，需要一个时间上的过渡，只是对于不同的人来说适应能力也大不相同，有人适应能力很强，有人就略显得有些吃力。

但是不管怎样，孩子都要经历中考的选拔，迈入高中校园，这本身就是一件值得庆幸的事情，人总要成长，总要学会适应不同的环境，所以父母要做的就是帮助孩子更快地适应高中的生活状态，融入高中校园。

◎ 从初中到高中，变化的不只是环境

当孩子从初中步入高中，就意味着他们的成长即将进入一个崭新的人生阶段！首先，孩子要应对来自方方面面的变化。

第一，生活环境的改变：孩子上了高中后，不仅校园环境发生了改变，就连家庭居住地也会随着学校地址的变化而有所改变，所以孩子需要适应这样一个新的生活环境！

第二，同行者发生改变：孩子初中时代的大部分同学都不会陪他进入同一所高中，即使进入同一所高中，也不一定可以分到同一个班级，所以孩子迈入高中后会认识一群新同学，他们将是孩子的新伙伴。孩子要学会逐渐适应新的生活圈，并懂得与新伙伴和睦共处。

第三，学习的改变：从初中到高中的最大变化还是课程知识体系以及难易程度的改变,相比初中而言,高中各个学科的知识体系更加完整,知识结构的层次也更加清晰。高中不再像初中一样,只是针对某个知识点进行探索和分析,更多时候高中的多个知识点之间是融会贯通的,知识的难度和深度也会提升很多。所以,在孩子初升高的过程中,父母要让其意识到这种差异的变化,进而引导孩子打破固有的学习思维方式,快速适应新的学习生活和节奏。

有研究表明:高一阶段是衔接初三和高二两个学习阶段的重要过渡期,同时也是处于两个心智发展高峰之间的低谷期,高一学生会随着角色的转换而在兴趣爱好、思维发展、人生价值观等各个方面发生巨大的转变。因此,父母要努力掌握这个时期孩子的心理衔接点,帮助孩子消除不适应,实现初中到高中的顺利衔接和平稳过渡。

朋友家的孩子小强,读初中时成绩在年级里数一数二,可是上了高中之后,小强就被分到了重点班,班级里的学生都是学校顶尖的学霸,他的成绩也就不再如初中时一样出色。成绩的落差导致小强经常产生厌学情绪,甚至有时旷课逃学,朋友悉心教导多次也起不到任何作用。

后来,学校对于小强的逃学情况给予了很严重的处分,老师找了朋友谈话,说明了小强逃学的利害关系。回家后,朋友气愤地用对待小学生的口吻训斥了小强,没有听他半点解释。之后,问题越来越严重了,小强不仅总逃学,连家也不回了。

这是一个真实的案例。青春期的孩子产生逆反行为本是正常的现象,可是如果这种逆反行为被激化,就会无限地放大到不可收拾的地步,主要根源在于孩子的心理得不到理解和满足,又被父母以"过来人"的身份不断地压制,导致孩子忍无可忍,最终爆发。

青春期的孩子情绪往往起伏不定，因为他们既没有独立的自由空间，也满足不了心理的完美追求，更被父母以小孩子的方式对待，所以孩子的逆反心理是由情绪的积累造成的。当孩子的想法和行为得不到理解和认可，他们不知道该如何用健康的方式处理自己的负面情绪时，就会用叛逆的行为来索取自己想要的东西，这种逆反心理往往不利于孩子的身心发展。

◎ **给孩子留足空间，但不完全放手**

相关研究表明，在中国，有70%以上的中学生的家长在教育方式上都存在问题，其中，对孩子过分监督和过分保护各占30%，剩余10%是对孩子过分严厉。可以说，以上三种家庭教育方式都是不正确的。

过分监督会给孩子的学习生活造成非常大的压力，让孩子少了足够的独立空间，长久下去很容易导致孩子形成胆小、谨慎等性格。

过分保护则一般表现为对孩子的过分宠爱，这种情况下孩子就会形成自私、以自我为中心的心理，做事常常不为他人考虑，总是站在自己的角度思考问题。

同样地，过度严厉也能给孩子的心理带来负面的影响，使孩子不愿与父母交流，内向孤僻。

我们一直强调，每个孩子都是独立的个体，他们可以有自己的隐私权，可以有自己的小秘密，也可以有自己的秘密基地。在初高中过渡期，很多父母由于担心孩子陷入早恋或有其他小秘密，于是肆意侵犯孩子的隐私，或是跟踪孩子，或是偷听孩子与同学打电话，甚至翻看孩子的日记本，把孩子的一切都掌控在自己的手里，殊不知，攥得太紧，有时往往会起到反作用力。

父母需要尊重孩子的隐私，懂得为孩子适当地放权，如给予其交友的权利、独自开派对的权利、外出同朋友郊游的权利等，当然这不等于完全放手，而是要在一定范围内放松管理。因为适当地放手能让青春期孩子的负面情绪在自己的小世界中得到排解和释放。

处于青春期的孩子，不想从长辈的口中听到"不"字，因为那是对自己的否定。他们渴望父母能以真挚的朋友身份同自己对话，渴望自己的想法得到父母的认同，而不是不闻不问就直接命令与斥责，所以倾听孩子的想法是父母与青春期孩子建立亲密关系的最好桥梁。

青春期阶段的青少年不论是在生理上还是在心理上，都是一个矛盾体，出现任何问题都有可能导致他们走上歧途。

例如，青春期的孩子身体发育变化比较明显，身高、体重上升也很快，心理上也会因此产生不小的压力和负担。有时还常被贴上"网瘾""早恋""厌学""叛逆"等标签，有些男孩子喜欢上网打游戏，对前途漠不关心；有些女孩子内心敏感和细腻，容易到网络上或在校园内寻找异性朋友诉说自己的心事，然后出现"早恋"的现象。这些都会严重影响孩子的学习成绩令其内心产生波动，也会成为亲子关系破裂的导火线。

对于青春期孩子的心理变化，父母应主动观察和了解，并及时进行引导和疏导，尽早地帮助孩子实现心智上的成长。在倾听孩子诉说想法的过程中，我们要保持和孩子的目光接触，排除干扰和分心的事物，切忌横加打断或指责孩子。聆听也要事事有回应，件件有回音。

《千与千寻》的导演宫崎骏曾说过："不管前方的路有多苦，只要走的方向正确，不管多么崎岖不平，都比站在原地更接近幸福！"

帮孩子实现从初中到高中的过渡也是如此，只要你们正在努力且一直坚持就不需要太着急，相应的进步和成长终将会悄然而至！

大学人生转折期：做孩子人生事业的"成长合伙人"

相信每个父母都有过与我相同的感触：每次我们送孩子上学站在校门外，看着他们进入校园渐渐远去的背影，一股酸楚的滋味就会涌上心头。但是孩子们心里的感受与我们不同，就像有一天早晨，在与女儿告别时，我说了一句："宝贝，再见！"她立马回头很严肃地告诉我："不要再叫我宝贝了！我已经长大了，再这么叫会被同学们笑话的！"

是啊，不知不觉间孩子已经慢慢长大，无论是身高、年龄，还是生理、心理，都在向成熟一点点转变。特别是当孩子上了大学后，这种变化更为明显。他犹如羽翼丰满的雄鹰，陪伴他们的不再是父母，而是大学校园的一群有着共同梦想、志同道合的伙伴，他们开始拥有了自己的社交圈，渴望拥有更多的自由，渴望飞向更广阔的蓝天。于是，孩子越来越不喜欢再像从前一样与父母保持甜腻的亲密关系，而是想要换一种新型的方式与父母相处。

如果这个时候，父母尝试跳出原来的教导者身份，像对待合伙人般对待他们，让他们感受来自父母的另一种形式的关爱，或许你才能走进他们的内心世界，获得他们真正意义上的尊重与认可。

◎ 与其过分干涉孩子的人生，不如成为他们的"合伙人"

俗话说，沟通是打开心扉的钥匙。根据青少年研究中心的调查研究显示，超过50%的学生不喜欢父母唠叨他们，同时也不愿与父母诉说心事，随着年龄的增长，这种情况会愈演愈烈，该中心另一项研究显示，长大后的孩子中，表示愿意与父母沟通的仅占调查人数的30%。

由此看来，如何与长大后的孩子重建亲子关系，是摆在父母面前的重大挑战，这也是值得每一位父母认真思索的难题！

甄馨是个刚上大一的学生，从小她就是亲戚朋友口中的"乖乖女"，从不忤逆父母。她的母亲是一位全职妈妈，上大学前总是寸步不离地陪在她的身边嘘寒问暖，事无巨细。

在一次寒假聚餐后，甄馨无奈地对我说："阿姨，我这半年去外地读书最大的感慨就是我终于摆脱我妈了！您知道吗？从前她连我吃什么东西、穿哪件衣服都要管。就拿这次放寒假来说，她又是唠叨我看手机时间久了，又是让我准备大二考研的资料，我都快要窒息了！她总说是为了我好，可我觉得这样对我一点都不好！"

我们这代人习惯了父母在耳边不断地督促，不管是衣食住行，还是考学、就业，甚至就连选择配偶也要遵从父母的建议。于是，我们不假思索地把此种亲子关系转移到了我们和自己的孩子身上，却未曾考虑过时代已经变了，孩子的思维和想法也正在改变。

尽管我们受过了更好的教育，看过了更大的世界，但当孩子慢慢走向成熟，他们为人处世的态度和眼光也逐渐趋近成年人，他们不再希望父母像对待孩子一样过度地约束和管制自己。此时，与其被孩子厌烦唠叨，不如我们换种方式去对待孩子，做孩子人生和事业发展道路上的"成长合伙人"，并用"合伙人"制度来进行管理，即父母和孩子形成团队合力、共同作战，商议制定学业目标，然后放手让孩子做自己喜欢做的事，父母只是在旁充当一个为其提供资源、时间以及技术支持的"成长合伙人"。

这也是我给甄馨妈妈的建议，听了我的建议后，甄馨妈妈便开始转变教育策略。果然，不久后的一次聚餐，甄馨又跑过来和我说，比起做父母的宝贝，她更喜欢做父母的"合伙人"，因为这个感觉让她很舒服自在。后来，她的母亲告诉我，甄馨有天兴奋地对自己说："我们的同学都很羡慕我和你的'合伙人'关系，他们都说，希望自己的父母也不要再把自己看成是他们的宝贝，事事命令，事事代办，而是和自己做'合伙人'，平等独立、一起奋斗！"

至今已快两年，其间，甄馨妈妈和她始终保持着"合伙人"的关系，各自分工明确地工作，再也没有越界。甄馨认为，与老妈一起奋斗时让自己找到了自信与动力！

"合伙人"这种关系是一种新型的亲子关系，父母和孩子以团队的形式并肩携手同行，在努力奋斗的过程中，彼此相互尊重，相互理解，保持各自的相对独立性。我们总觉得自己是一个开明的家长，已经做到了平等、倾听与尊重，但是在孩子眼里，也许还远远不够。

青少年教育专家孙云晓曾说："教育孩子的前提，是了解孩子；了解孩子的前提，是尊重孩子。"

当孩子进入大学转折期后，我们可以与他们树立共同的愿景和目标，例如学业成绩目标、健康管理目标、未来就业方向等。定期制定一个小任务，例如每周、每月要完成的事，确立分工、彼此支持，有困难共同承担，取得成功共同分享，甚至利益共享，就像真正的"合伙人"那样。

既然"成长合伙人"如同公司"合伙人"一样，那么父母与孩子在维持这种关系时就要遵循以下几个原则。

1.目标要在双方沟通后才能确定，并且双方要为了同一个目标一起奋斗；

2.分析各自的优势和短板，确定各自的分工和协作机制，优势互补；

3. 遇到问题，双方要互相沟通，各抒己见，找出最佳的解决方案，产生争执时要立即叫停；

4. 沟通机制建立后，彼此要相互尊重、相互理解、相互信任；

5. 每个目标完成后要开会共享成果，并确定下一个奋斗目标。

近几年，由于工作的关系，我接触了不少"90后""00后"的孩子，他们的谈吐举止和远见卓识让我重新认识了这些孩子，我不得不承认，他们的智慧和潜质已经远远超出了我们的想象。所以，我们唯有与他们建立"成长合伙人"的关系，共同学习，共同成长，才能努力追上他们的步伐，才能和他们一起奔向无限憧憬的未来！

在不确定性的阶段，长远规划让孩子的路越走越宽

现代社会的竞争日益激烈，"凡事预则立，不预则废"。

哈佛大学曾经做过一个主题为"人生目标"的研究项目，调查发现，只有3%的人有清晰而长远的目标，10%的人有清晰但比较短期的目标，60%的人目标模糊，27%的人根本没有目标。25年后的追踪调查结果发现，没有目标的人生活在社会的最底层；目标模糊的人生活在社会底层，每日为生计奔波；有清晰的短期目标的人生活在社会的中上层；而有清晰的长远目标的人则成为社会的精英人士，因为他们总是朝着一个方向坚定地前进。在今天这个充满不确定性的时代，唯一不变的是变化本身，而长远规划孩子的未来发展能为其个人发展提供一张最清晰、最有远见的蓝图，指导孩子开创最辉煌的人生。

然而，很多孩子苦读四年，却始终找不到未来的发展方向，未

来的目标也非常模糊。这种情况下，大批的学生不能将专业知识学以致用，亦不能找到适合自己的工作，不知不觉中成了"啃老"一族，大学四年学习的知识毫无用武之地，对自己、家庭乃至社会都没有任何意义。

为什么如此多的孩子对未来感到迷茫无措？为什么大批在高考中取得优异成绩的孩子就业困难，甚至无所适从选择"家里蹲"？我们承认这其中脱离不了社会的关系，但归根结底还是在于父母缺乏对孩子的长远规划教育。

◎ 选什么专业、要不要出国都要统筹规划抉择

在我的职业生涯中，遇到很多朋友向我咨询：孩子学什么专业？孩子要不要出国？应该何时来定夺？

选择一个理想的专业对于每个孩子来说都是至关重要的，它可能影响孩子的一生。据调查，如今大学生里有40%的学生不满意自己当初所选的专业，60%的学生在跨专业选择职业后，每天不是享受其中，而是备感煎熬。

美国传媒大亨、CNN创立者特德·特纳（Ted Turner）的父亲曾经对他选择专业的方向感到非常不解和惊讶，并在信中这样对他说："你竟然选择了古典文学作为专业。事实上，我今天在回家的路上差点吐了……我是一个务实的人，我一辈子都无法理解你为什么要说希腊语，你会和谁用希腊语交流？"原来不仅是中国父母，欧美父母同样对孩子能否进入理想的专业领域格外重视。

由于当今经济时代的日新月异，父母更希望孩子能够进入科学、技术以及工程领域。越来越多的父母与子女因为选择就业问题而发生亲子大战，造成子女陷入就业难的困境。

这种情况在北美地区极为普遍，据我所知，北美大学毕业生

中，学士学位的获得者能够在第一年找到合适工作的还不到50%，其中超过半数以上的人5年后仍处于待岗状态。与此同时，根据美国对300多家招聘应届毕业生的公司调查后发现，大部分公司表示需要招揽全面发展的毕业生，接近90%的公司认为他们现在招聘职位相比过去要更加复杂、更具挑战性。

由此看来，无论孩子学什么专业，父母都一定要提早统筹规划，而不是等到高中以后，因为现在很多大学已经开始实行推荐制。自从美国洛杉矶宣布大学招生不再进行高考，改为推荐制后，很多东南亚的大学以及中国的一些学校随之争相模仿启用推荐制。

推荐是一个什么样的概念？放弃高考能不能筛选出高才生？这是很多家长都在思考的问题。

"推荐制"从字面意思理解就是学生的录取资格取决于老师、学校等推荐人的推荐信。以美国为例，学生申请上大学必须提供两封推荐信。推荐者可以是任课老师、学校，但不可以是父母。推荐信以公开、实名的原则，推荐者的身份、地位、声誉越高，学生被录取的概率就越大。在我国，清华大学也早已实行过"自强计划""拔尖计划""领军计划"三种不同的推荐制招生策略。其中天才、偏才学生，可按照自己的特长选报专业展示自己的特长成果，取得该领域专家推荐后，就有机会获得所选报专业的降分权。可见，推荐制的宗旨在于学生兴趣的发现。

在孩子上初中以前，家长洞察了孩子长达10年，在孩子即将跨入初中的时候，专业方向就已经初见端倪。如果父母能够以兴趣为导向，基于社会份额和社会机会进行统筹分析，孩子的专业便不难选择。

除了专业的问题，我想最令大多数父母头疼和纠结的，莫过于要不要送孩子出国发展。一方面,想要不计成本给孩子最好的教育,许一个远大前程;另一方面,又想要最简单的亲情陪伴,孩子在身边就安心。

然而世事难两全。

《大西洋月刊》报道显示,从2010年到2017年,在美低龄留学生数量持续攀升,从最初的65人到后来超越3万人,留学生人数的增加说明家庭教育观念在不断发生改变。《2021国际化教育家庭调查报告》中,73.8%的家庭仍然坚定出国,其中最受欢迎的是美国和英国,其次是新加坡、加拿大等国。

事实上,与选择专业相同,出国也好,留在国内也罢,父母都要与孩子做好统筹规划。统筹的关键在于教育教学资源是稀缺的,竞争是激烈的。如果我们确定了一个方向,却没有准备一个充足的条件,那么这样的统筹是没有意义的。统筹是为了竞争和高效,规划是为了节约我们的时间成本。所以,父母要在孩子上初中的时候就对孩子的未来做出70%的规划。

关于这个话题,我们在上一节也已经谈过,主要根据家庭整体发展,孩子的实际情况而定。从孩子的专业发展角度来看,如果需要留学,需要丰富的教育资源去满足,那么就要提前做规划,因为语言的练习不是短时间就能完成的,以及国外的文化氛围、校园氛围也不是短时间就能适应的,再加上国外的竞争相比国内要激烈得多,更不是一蹴而就就能达到的。如此看来,从初中到高中,父母对孩子出国留学的统筹规划要达六七年之久。

综上所述,父母对于孩子未来的统筹发展规划马虎不得。人生本就充满无限的选择,别人走过的路不一定就是一条稳妥之路,只有适合自己的路才是好路。我们还要回归孩子本身进行思考,结合孩子自身的个性和特点，规划出一条具有竞争力的发展路径！

「培昕心语」

从基因传承的角度来说，孩子不仅是家族香火的延续，更肩负着整个家庭的责任感和使命感。古人常用光宗耀祖、光耀门楣来表达对孩子殷切的希望，希望孩子将来过上富足的生活，成为家族的荣耀。这背后隐藏的其实是孩子个体发展与家庭发展的协同问题。

在许多现代人的观念中，以家庭为单位的发展观念、家族观念被淡化至虚无，很多父母鼓励孩子终其一生追逐自己的梦想，却没有考虑到长远的家庭发展，以至于在孩子人生不同阶段需要做出选择时都颇为犹豫，尤其是在择业的方向选择上，没有自己的原则和主见。其实，父母不仅要充分尊重孩子的意愿，同时也要考虑家庭的兴盛繁衍，将孩子的个体发展和家庭整体发展等同来看，孩子的路才会越走越宽！

第十一章　情感联结：面对孩子早恋和嫁娶都释然

孩子，你只不过是恋爱了

很多人感慨，现在的孩子真是越来越大胆，连在学校中谈恋爱都不避讳。的确，时代变了，孩子们的恋爱观也与我们那个年代有着很大的差别。在青春期萌动的时期，许多孩子在学校与异性大胆地谈恋爱，他们对异性所表现出的倾慕不再是偷偷摸摸，而是吃饭、上课走到哪儿都要牵手，还把"我爱你""我喜欢你"常挂在嘴边，每个节日也要过得浪漫。对于这样的做法，大多数父母持反对意见，他们认为学生的主要任务是学习，谈恋爱势必会分心，影响学习成绩。实际上，父母这种杜绝的做法属于矫枉过正，反而不利于孩子心理发展。

爱，是一个神圣而又严肃的话题，它涵盖的范围非常广泛，不是轻易就能说得清楚的。

青春期的爱就像一串不知其味的葡萄，孩子想要摘下尝尝其中滋味，却总是被父母横加阻拦，苦苦劝退。面对孩子青春期懵懵懂懂的爱，父母要做的不是杜绝和责备，而是正确地引导和帮助孩子认识爱、理解爱。

◎ **平静地告诉孩子：感情有理，恋爱无罪**

记得韩寒说过一句话："中国的情况是，很多家长不允许学生谈恋爱，甚至读大学了还有很多家长反对恋爱。但等到大学一毕业，所有家长都希望，马上从天上掉下来一个各方面都很优秀，最好有一套房子的人和自己儿女恋爱，而且要结婚。想得很美啊。"

一天，朋友萧然心急火燎地给我打电话，要我跟她一起去学校旁边的咖啡厅找 16 岁的女儿。因为她感觉女儿最近情绪和行为不对劲，原来是因为孩子早恋了，一顿批评教育后，孩子答应与男朋友分开。可是萧然不信，又是翻书包又是看手机又是跟踪的，想尽办法阻止他们来往，到最后她的女儿反悔了，表示决不分手。

萧然的表现，和大多数早恋孩子的家长大同小异，父母以为严格管教就能束缚孩子的想法和做法，但是有时过度地干涉反而会造成孩子产生抵抗心理，导致情况愈演愈烈。

因为年龄的关系，我身边多数朋友的孩子都到了青春期谈恋爱的阶段，他们对异性的感觉发生了细微变化，很多朋友向我摆明他们对孩子在早恋、恋爱以及带异性同学回家上的态度。其中主要分为三种类型。

第一种类型，是不管不问，任其发展，然后让孩子的情感随着时间的流逝而结束。孩子健健康康的，也有了一次成功的恋爱体验，父母没有责怪，而是持友好态度，让孩子感觉到恋爱是美好的，但恋爱是不容易的。

第二种类型，是孩子谈恋爱了，父母一惊一乍，然后跟踪查访，最后给予警告。孩子毛骨悚然，开始小心翼翼地保护隐私，本来还要应付老师和同学的惊觉，到最后他把对付父母的窥探之心当作一个应对早恋的方向。结果是，孩子对这份感情确实失去了兴趣，但同时也把父母当成了敌人，从今往后关闭心门，再也不会与父母自由自在地谈论异性、敞开心扉。父母失去了一次与孩子做朋友的机会，也失去了与成年的孩子探讨隐私的可能。

第三种类型，是孩子恋爱了，父母欣喜若狂，但是同时诸多的担心都浮于脸上。父母会思考找寻方法，然后跟孩子谈自己的爱情观，也很想成为孩子的知心朋友。因此，送礼物等表面上的和谐以及宠溺式的放纵就成了父母与孩子的一种沟通方式。而孩子在接受父母好意的同时，也能够感觉到父母想要参与到自己生活中来的那份迫切。在这个过程中，孩子在慢慢地变化和成长，自己心之所爱被父母认同，父母的积极主动让孩子也少了一些顾虑，他们开始愿意与父母大胆地展开探讨，与此同时，出于对未来的憧憬父母也会循循善诱地给予孩子引导。到最后，一份看似不可靠的恋爱，就可能让孩子找到陪伴他终生的伴侣。

以上三种案例类型的父母在我身边比比皆是，那么我们到底应该怎样面对孩子的早恋行为呢？

其实，孩子谈恋爱只是他们的生理发生转变的一个成熟的、客观的体现，随着荷尔蒙不断增长，雌性激素／雄性激素不断分泌，孩子对异性有了向往是一种自然现象，我们无须横加指责，孩子对异性有向往不代表他们一定会就做什么。在这个时候，如果父母能够当一个听众，当孩子允许我们发言的时候，我们能够以朋友的身份说出自己的想法，并表达出对孩子选择的一种尊重，孩子就能够与父母敞开心扉。

因为最好的教育和爱是让孩子自己去体验世界的苦与乐，随着时间的流逝他们会慢慢领悟幸福和眼泪的滋味，真正掌握爱的能力，做更好的自己。

孩子的情绪体验完全来自客观的刺激，比如，获得一个礼物，获得一个赞赏。当年龄逐渐增加，他们获取体验的方式开始转向内心感觉，而孩子情窦初开的现象正是重视内心体验的开始。

每个人心中都有一个理想的恋人模型，它可能是从父亲身上获得的，也可能是从明星光环下获得的，当孩子在一个人身上看到了这种特质，就会将其无限扩大，从而产生倾慕心理。所以，对于孩子的恋爱行为，我们可以看成是内部力量的驱使，在此推动下，孩子就会主动从外界获取满足。

如果父母能够正确地引导孩子恋爱，那么孩子就不会做错事，也不会影响到自己的学业。与其一味地遏制，不如坦然地告诉并引导孩子：你现在是读书的黄金时间，从走进高中的那天开始，就在向高考靠近，向大学的门口迈进。你已经没有退路，你要对自己负责，对明天负责，同时也要对你的爱情负责，对对方负责。爱一个人就是要给她幸福。如果一个人还没有能力给她幸福的话，那就要努力去创造良好的条件，和足够给她幸福的条件。如此一来，孩子才会渐渐明白，只有把爱的种子珍藏在心底，把精力用在学业和个人修养上，才能够在不久的将来赢得甜蜜的爱情！

当青春期撞上更年期

青春期和更年期是人生中最重要的两个特殊时期。在这两段时期里，我们的生理和心理都会发生巨大的变化。青春期是一个女人从未成熟走向成熟的过渡阶段，渴望独立，向往自由。

而更年期恰恰相反，人到中年进入更年期后身体各项机能会慢慢走向衰退，伴随的症状有失眠、焦虑、情绪起伏不定等。可想而知，当青春期的孩子与更年期的女性相遇，一定会有诸多矛盾产生，发生争吵也是在所难免的事。

随着国家二孩甚至三孩政策的推进，以及部分年轻人持有晚婚晚育的观念，间接导致了青春期与更年期相遇概率的增大。青春期子女的思想独立、富有主见、易产生叛逆心理，而更年期的母亲不仅与孩子存在年龄上的代沟，还喜欢对孩子指手画脚、唠叨不停，不顺心时就可能对孩子劈头盖脸地加以指责，父母与孩子的冲突越发明显。这是所有家庭不愿去面对却又不得不去面对的问题。

◎ 父母懂得换位思考是对孩子最大的尊重与信任

两"期"相遇，必有一战！代沟的确会存在，但如果我们不跨过去，那条沟就永远存在。其实，更年期遭遇青春期是许多家庭都会碰到的问题，如若父母与孩子都能够调节好情绪，共同面对问题，共同克服困难，互相尊重和理解，双方定能平稳地度过自己人生中的特殊时期，也能维持家庭的稳定和谐。

相信很多父母都会经历一个问题，孩子进入青春期后，不再像从前一样事事顺从，黏人，喜欢分享自己每天的经历，他们开始变得少言寡语、心事重重，甚至总是嫌弃父母来烦自己。

到了青春期，孩子从生理到心理都面临着突如其来的转变，这使他们猝不及防，渴望获得独立话语权和隐私权，以及父母的尊重、理解与信任。如若父母再用命令式的语气要求孩子听从于自己，他们便会下意识地产生抵触心理，想要维护自己的权利，与家长产生对抗情绪，矛盾因此就产生了。

朋友钟灵最近被上高中的女儿的青春"撞了一下腰"。她懵懂的女儿与班上的一位同学互有好感，悄然进入恋爱期。一时间，她的心情晴转多云，往日脸上的笑容，也变得有些牵强了。女儿的"恋爱"日记开篇了，妈妈的美丽心情结束了。

女儿心心念念的爱情，在妈妈眼中却是大错，当妈的不想让女儿被恋爱冲昏了头，影响了自己的学业。孩子们的青春期与妈妈们的更年期狭路相逢，孰退孰进，谁胜谁负，的确是个很难断定的问题。

对于女性来说，在家庭中自己以母亲角色存在的时间为80%，而以妻子或太太身份存在的时间仅占20%。所以，当青春期的孩子不服从自己时，作为妈妈的我们常常找不到存在感，不知道自己的价值何在，于是开始对孩子妄加挑剔和指责，此时孩子也只能用同样的方式回撑妈妈，最后两败俱伤。

处理此类问题的关键在于父母要有一颗同理心，同理心是良好亲子关系的基础。在心理学中，人们常把青春期孩子与父母作对的行为叫作"第二反抗期"。面对孩子的"第二反抗期"，父母既不能漠视不管，也不能存在侥幸心理，而是要以换位思考去应对。

第一，父母要把青春期的孩子当成朋友来看待。

青春期的父母对待孩子的原则是：信任，尊重，给予空间。身份的转换会让父母从主观意识上发生一定的变化。青春期的孩子需要一个精神上陪伴他的朋友，当父母以朋友的身份愿意倾听孩子的心事，理解孩子的做事行为，平等、坦诚，多谈内心的想法，孩子便会觉得获得了认同，生活和学习上也会更加自信。

第二，告诉子女要把更年期的父母当成小孩来看待。

更年期的父母情绪多变，可是你不告诉孩子，孩子根本全然不知。所以，父母可以耐心地告诉孩子自己更年期的一些情绪波动变化以及所要服用的药物，让孩子将乱发脾气的自己当成同龄人来看待，并表示希望得到他们的帮助。当孩子理解父母的苦衷后，他们就会发自内心地去理解你，发生矛盾时也会设身处地为你着想，而不是顽劣抵抗。

女性在人到中年，进入更年期是大概率事件。而大龄妈妈的风险就在于，你的孩子正处于青春期。

我个人也有一些体会，当我发生一些情绪上的变化的时候，我采取的方式是主动找到孩子，告诉他们妈妈现在正在经历些什么，服用的药物会导致妈妈身体发生什么样的变化，同时把青春期和更年期作为生理成长的一个必然现象给他们讲清楚，也可以寻求他们的帮助："如果遇到妈妈情绪不稳定的时候，希望你们能够张开双臂拥抱妈妈，因为妈妈这个时候很需要你们。有时妈妈可能在你们毫不设防的情况下发火，有情绪，责骂你们，你们一定要知道这不是你们的错，而是妈妈遇到了情绪问题，或者是妈妈需要你们的帮助。"

我的坦白换来的是孩子的理解和帮助，他们也会主动帮助我找寻更年期综合征应服用的药物。同时当我的情绪有起伏的时候，他们也不再像过去一样顶风而上，而是懂得为我倒水安抚我的情绪，让我坐下来平静一下。

家庭的意义就在于能够在关键时刻陪伴家人度过一些特殊时期，我常对孩子们说："家之所以让人温暖，就是因为家是每一个人的港湾。不只是妈妈需要你们，以后你们在创业过程中也会遇到一些困难，也会遇到外界不理解的时候，家就是你可以回来依靠的港湾。"

每个人都会遇到情绪问题，我也会告诉他们，因为别人和你们不一样，相处过程中两个人的思维不同，考虑事情的方向也会不一致。当你们对此产生不解和疑惑的时候，要记得和家人常沟通，告诉我们你们正在经历的事情，让我们帮助你们一起解决。

值得注意的是，在沟通的过程中，家庭团队的每个人都要学会用一种平静、温和、尊重的语气与家人分享自己内心的真实想法。

一个整日唠叨、挑剔的更年期妈妈，对于处于青春期的孩子来说像是带刺的花朵，不敢靠近，更不敢触碰。妈妈们要试图拔掉身上的刺，让自己变得温柔、和善，易亲近些，放下自己的忧愁和焦虑，把所有的不满用包容和理解来代替。

帮助孩子健全情感世界和社会人格

中国心理学会法律心理学分会副会长李玫瑾教授说过："现在的孩子恋爱多是从文学上来的，从电视电影上学来的，但大部分影视剧都是夸张的，他们却信以为真了。"孩子的随意盲从，背后影射的正是父母在两性关系教育上的缺失。

许多父母把孩子早恋看作可耻的行为，常常横加阻拦，甚至将孩子逼上了绝路，回头想想，难道这种感情就真的不被允许吗？早恋是朦胧的、单纯的、美好的，相互爱慕与欣赏，孩子从小听着公主与王子相恋的童话故事长大，到了青春期，他们躁动的心开始萌芽，遇到喜欢的伙伴就很容易想要把喜欢变成爱情，然而这种现象实质上只是因为他们对待感情并未成熟。

在我看来，父母首先应该为孩子感到高兴和欣慰，因为孩子真的长大了。要知道，有时没有显露的情感并不代表不存在，作为父母，我们要正面对待孩子的恋爱问题，如此反而能够让孩子拥有正确的恋爱观，加快健全人格的形成，这就好像是脓包破裂反而离愈合不远了。

◎ **性格缺陷最容易使孩子误入歧途**

兼任中国预防青少年犯罪研究会副会长的李玫瑾教授还根据她多年接触的案件分析总结出，青春期的孩子普遍存在比较滞后的心理问题，人的心理特征与早期抚养有密切的关系。家庭健全并不一定代表拥有健全的家庭教育。很多未成年人犯罪不是他自身造成的，而是与他接受的家庭教育有关,主要原因还是在于性格上存在缺陷。

我曾经看到过一组惊人的数据,全球有将近4%的人存在反社会人格障碍。这是一个什么概念?也就是每25个人中就有1个是反社会人格者,其中患有此种心理疾病的男性人数要比女性人数高出3倍,甚至更高。

根据我国的诊断标准,凡是被诊断为反社会人格障碍的人都需要年满18周岁。话虽如此,但是在我们生活中有许多儿童或青春期的学生早早出现了此种疾病的症状,而且到了成年后这种情况会越来越严重。

在玛莎·斯托特所著的《当良知沉睡:辨认身边的反社会人格者》中就写到了关于反社会人格者在全球的分布比例。相比而言,欧美国家的反社会人格者要比东亚国家高得多,前者比例可达到4%,而后者中,以中国台湾地区为例,反社会人格者在人群中所占比例为0.03%~0.14%。

在美国得克萨斯州就曾发生过一起震惊全美的灭门惨剧,而这场惨剧的幕后主谋竟是被害人的16岁女儿。事情的起因源于一场再平常不过的早恋,基于法律原因,美国警方在事后没有公布女孩的真实姓名,只称她为卡菲。卡菲是一名中学生,自从她邂逅了19岁的男友查利·詹姆斯·威金森,便陷入了恋爱的旋涡,整日无法自拔。当父亲特里、母亲潘妮发现女儿早恋后,非常不赞同她的做法,而且要求女儿立即停止现在的行为,和对方分手。卡菲感到很痛心,她非常不解为何父母的反应如此强烈,所以拒绝了分手的要求,一气之下萌生了极端的想法。

卡菲和男友以及另外两名要好的朋友策划了前面提到的灭门计划,在一天夜里,几个年轻人趁全家人熟睡,先后进入卡菲父母以及两个年幼的弟弟的房间，开枪射击杀死了所有人，最后还把汽油倒在了房子上，一把火点燃后迅速逃跑。

事后，4个孩子身边的人全然不信这是他们能做出来的事，因为在老师和同学心里，他们中有的是品学兼优的好学生，有的是遵纪守法的好孩子。

我想每个看到这个悲剧故事的人都会为那几个年轻的孩子感到惋惜。青春期的孩子，其情感世界和社会人格本就不健全，一旦有反社会人格障碍，做事就会不择手段，只为达到目的不计后果。他们往往缺乏爱人之心、同情之心，不惧怕做错事，更不惧怕死亡，但是他们的人格缺陷又很难被别人察觉，在很多人眼中相当于一个定时炸弹，让人生畏和恐惧。

时代的改变并没有改变人们骨子里传统的观念，父母担忧孩子早恋无非是怕孩子的学习受到影响，从而影响孩子的身心健康，甚至会早孕。其实，如果我们换种角度来看，也许问题就没那么复杂了。恋爱有时会让人变得成熟，在早恋过程中，孩子心智成熟度的加快有助于健全人格的快速形成，他们能够早早以独立人格面对家庭环境、家庭成员、校园环境、社会大环境乃至整个国家，像剥笋一样层层递进，但是绝大多数父母却没有把笋剥好。

有些时候，孩子的世界真的很简单，父母在对待孩子情感问题时不妨采用我们常说的"隐蔽教育意图，淡化教育轨迹"，引导时可让孩子从"喜欢他是什么感觉"思考到"具体喜欢这个人的什么地方"，帮助孩子厘清情感世界的思绪，并且诚挚地告诉孩子你对早恋的看法和担忧，告诉他：我们喜欢一个人，是因为欣赏这个人身上某些优秀的地方，所以在读书时代，我们也要试着和喜欢的人一起变得更优秀，这样才有可能和他走得更长远。但是父母也要对孩子做出提醒，即便恋爱也要注意分寸，两个人的感情需要被尊重，生命也需要得到绝对的尊重。无论何时，一定守住最基本的责任底线，不仅要对自己负责，更要对彼此的人生负责。

你的原生家庭里，藏着孩子的婚恋观

美国"家庭治疗大师"萨提亚曾说："一个人和他的原生家庭有着千丝万缕的联系，这种联系能够影响他的一生。"

回想一下，你当初喜欢一个人是因为什么？或者说，你的择偶标准是怎样的？如果你曾经有过几次恋爱经历，那么应该更能够体会孩子如今的心理和处境。假如你足够细心，就会发现孩子喜欢的人身上都有着某种相同的特质，而且这种特质往往与其原生家庭有着密切的关系。换句话说，原生家庭影响了孩子的恋爱观和婚姻观。

说到这里，我想起自己大学时期的一位朋友阿楠，她身材高挑、皮肤白皙，而且成绩也在学校名列前茅，堪称"校花"，毫不夸张地说，追她的人能排几条街，可是大学四年她没有答应任何一个追求者，始终保持单身，当时我经常在想："究竟什么样的人才能被她瞧上？"

然而，阿楠的选择却令我大跌眼镜，因为她最终嫁给了样貌平平、家境普通、各方面都不够出众的一个男人，而且这人还十分木讷。我实在想不通当初那个骄傲、优秀、把所有男生都不放在眼里的女孩为何最后会做出这样的选择。

直到后来和阿楠私下聊天的时候，我才终于明白了其中的原因。

阿楠说，她原本成长在一个非常幸福的家庭里，但是因为她的父亲长相出众、风趣又浪漫，还十分优秀，所以被身边许多女性属意，而她的母亲并非一无所知，只是为了女儿忍气吞声了多年，背

后不知偷偷哭泣了多少次，后来父母还是选择了离婚。

所以，她从小就默默发誓决不找太过出众的男生，因为她觉得自己总能在他们身上看到父亲的影子。她的先生虽然在外人看来可能并不够优秀，但是这样平凡普通的男人更让她感到心安和踏实，即便他不懂浪漫，不会花言巧语，可他能够以最朴实的方式爱她，真诚又温暖。

◎ 原生家庭决定了孩子的择偶观

心理学中有这样一个理论：人们的亲密关系、情感观、婚姻观与童年时期和父母相处时的心理体验脱不了干系。

生活中，一部分人想要在恋爱中、婚姻中寻找原生家庭中缺失的东西，拼命寻找的过程中或许还会给亲密关系带来困扰。还有一部分人由于受原生家庭影响太深，长大后不知不觉中活成了父母的翻版。

就像我在前面提到过的民国才女张爱玲，由于自幼缺失父爱，所以她在寻找配偶时心中的目标就是要找一个像父亲般的男人。于是，她经历的两段婚姻里，伴侣的年龄分别比她大了14岁和29岁。张爱玲也曾坦露自己的婚姻观："我一直想着，男人的年龄应当大十岁或是十岁以上，我觉得女人应当天真一点，男人应当有经验一点。"她的这种择偶观不正是追求父爱的一种表现吗？

原生家庭对一个人的影响，不仅体现在择偶观上，还可能影响你之后的婚姻模式。

电视剧《我的前半生》是一部展现"原生家庭深度影响子女婚姻观"的热播电视剧，剧中母亲薛甄珠与女儿罗子君、罗子群三人支离破碎的婚姻让观众看到了婚姻生活的残酷。

显然两个女儿是受到原生家庭父母的婚姻影响，才未能将幸福的婚姻进行到底。特别是罗子君，简直就是母亲薛甄珠的翻版。

女主角罗子君的生活原本非常幸福美满，与丈夫陈俊生结婚10年，还有一个古灵精怪的儿子。家里万事不用操心，全部由保姆代劳，她每天唯一要做的就是挥霍消费。

可是她从小生长在一个父母离异的家庭，父亲早早抛妻弃子，母亲时常教育两个女儿一定要嫁给一个有钱人。尽管母亲薛甄珠不再相信男人、相信爱情，但是当陈俊生提出离婚时，她会跟罗子君说："男人就是这样的啦，有钱了在外花心点没关系，只要他肯回来就好。"

所以，罗子君找了有钱的老公，吃穿用度完全不用发愁，她以"买买买"为乐趣，而这种肆意狂妄的消费带来的满足感也与原生家庭不无关系。除此之外，被父亲抛弃的童年创伤和全职太太完全依靠丈夫生存的现状，又让她缺乏安全感，总是患得患失，丈夫稍有个风吹草动她就会心生疑虑，想要掌控他的一切行动轨迹，拼尽全力抓住这根救命稻草。

可想而知，最终罗子君的婚姻走到了尽头，与母亲惊人相似的是她也是被丈夫抛弃了。其实，并不是丈夫抛弃了她，而是她无意识地复制了父母的相处模式，逼走了丈夫。

我们总是信誓旦旦地说不想成为像父母那样的人，但最终还是重蹈覆辙，步入了父母的后尘。

但好在，原生家庭再痛苦，也还有一条路通往幸福。

有人说："谈恋爱是跟对方的优点打交道，眼里只有对方的优点，而过日子是和对方的原生家庭相磨合，眼里都是缺点。"我很赞同这个观点。

我一直觉得，婚姻不只是两个人的事，它是否幸福与两个原生家庭的最终走向密不可分。我们无论成长到哪个阶段，身上始终带着原生家庭的烙印。只是在恋爱时，这些烙印还不易显现，直到进入婚姻的漫长岁月里，我们才会意识到它的存在，并想尽办法修补、缝合。

每个人成年后的恋爱或婚姻，都早已在他的原生家庭和童年经历中埋下了种子，而这颗种子能否健康、幸福地开花、结果，就要看父母拿什么去滋养孩子的心灵。若我们能帮助孩子切断那些负面的枷锁，不断完善自身，孩子便能尽早脱离原生家庭的旋涡，收获正常的婚恋观。

重组家庭里也有亲情

"继父""继母"，这些是我们小时候只有在童话故事里才能看到和听到的词汇，可是近几年随着我国离婚率的上升，重组家庭越来越多，孩子们也开始明白了它真正的含义。

2021年全国各省离婚率数据的公布令国人感到震惊，再次刺痛了人们的神经。或许数据的高低对于许多人而言只是一个概念，可是当我们联想到家庭破裂的背后是一个个孩子失去了家庭温暖后的孤独与无助，就会感到痛心不已。我突然想到儿时听过的一首歌曲中有这么一句歌词："爸爸一个家，妈妈一个家，剩下我自己好像是多余的。"

在亲子关系中，重组家庭的亲子关系确实比较难处理。重组家庭的孩子经历了原生家庭的创伤后进入一个完全陌生的新家庭，当人生又一次遭遇变故，他们要面对的不仅是继父或继母，还有另一方的子女，这并不是一个简单的过程。一个家庭的破裂就像一个金鱼缸破碎，那些在地上挣扎的鱼正是我们的孩子，他们会由内而外地产生抵触和抗拒,重组家庭长大的孩子着实令人担忧。

◎ **重组家庭的亲情就不堪重负吗**

"幸福的家庭都一样,不幸的家庭各有各的不幸。"长久以来,人们认为优质的原生家庭就是幸福家庭该有的样子,也是最适合孩子健康成长的环境。可世事无常,无数个家庭因为矛盾纷争破碎后又重新组建,而那些重组家庭的孩子能否融入新家庭中才是最重要的问题。

电影《向阳的日子》是由毕业于美术专业的张罗平执导的影片,英文名叫作 *Sun Flower*(向日葵),影片像极了凡·高的油画,向观众展示了平凡而又带有一点年代感悲情色彩的生活画面。

电影的小主人公名叫张向阳,他1岁的时候母亲病逝,因为父亲重新组建了家庭,向阳便跟着奶奶在大伯家长大。10岁的时候奶奶也去世了,被逼无奈,他只好被父亲带回了重组的新家。面对继母的冷嘲热讽,他开始封闭自己,倔强又叛逆。父亲因为长久没有陪伴孩子而感到自责和内疚,所以慢慢接近向阳,花费很多时间陪伴他,在和父亲的交往中,向阳才逐渐打开心结,重新融入新家庭,和继母、弟弟、妹妹试着和睦相处。

而在《亲爱的爸妈》这部剧中,男主角江林的母亲也是在他很小的时候就去世了,由于他是兄弟姐妹中最小的一个,便一直跟着父亲,除了江林,其他几个孩子都与父亲有过较长时间的分离。直到后来父亲重组了家庭,兄弟姐妹才重聚在一起。

而我们知道,重组家庭的难题就在于双方的孩子不愿意接受大人在一起的事实。在江林身上我们却一点也看不到他的抵触心理,相反的是,他因为从小获得母爱很少,所以极度渴望得到母爱,幸运的是,江林需要的爱刚好有了回应,继母柳碧云非常关心他,他也对继母十分依赖和认可。可见,重组家庭并不完全只有悲伤,其中也有温暖的亲情。

◎ **重组家庭需要更多爱的滋养**

国外一名学者对上千名荷兰成年人的研究发现,尽管重组家庭中继父母与子女的关系相比原生家庭的亲子关系较差,但如果把孩子童年时期与继父母一起生活的时间长度纳入考虑范围,这种差距就会明显降低。另有研究显示,重组家庭的亲子关系还常常会受到继父母的性别以及子女的性别的影响,比如继母与子女的关系远不如继父与子女的关系,相比女孩来说,男孩更容易融入重组家庭。当然,这些因素也不是完全绝对的,当继父母对孩子表现出更多的爱与包容,双方的关系也能更加和谐。

家庭环境对继父母与子女之间的关系也有着深远的影响。在重组家庭中,继父母成了孩子"亲密的外人",若想维持彼此良好的关系,跟原生家庭的相处方式一样,保持倾听和交流尤为重要。多花些时间陪伴孩子,双方能够明确说明相处原则和界限,遇到问题共同商量、共同解决,双方多表达自己的情感对良好关系的建立更有好处。

对于重组家庭来说,面临的问题要比原生家庭更为复杂,更具挑战性。其他的都不重要,关键在于两个人的"心"是否在一起,如果不管遇到任何事,两个人的心始终往一个方向走,那么一切难题都不是难题,如果其中有一人抱有其他目的,或是为了找个人照顾自己和孩子,或是想找个栖身之所缓解经济压力,那么再小的问题也会被逐渐放大,成为难以解决的问题。

《礼记》中说:"人不独亲其亲,不独子其子。"这句话中的后一个"亲"和"子"说的是没有血缘关系的"别人"。可是在重组家庭中，继父母和子女不是"别人"，虽然双方没有血缘关系，却是亲人，是家人，更应该"亲其亲""子其子"。正如向日葵的绽放，不仅需要时间的滋养，更需要温暖阳光的照耀。

「培昕心语」

教育家陶行知说："培养教育人和种花木一样，首先要认识花木的特点，区别不同情况给予施肥、浇水和培养教育，这就叫'因材施教'。"可是，一提到孩子早恋和婚恋嫁娶等敏感话题，很多父母都是谈虎色变，把因材施教抛在了脑后，生怕孩子因为早恋而耽误学业，更怕孩子逾越雷池半步而不小心失足走错路。

的确，在关键时刻，父母若不把好关，孩子的一生可能就毁了。但孩子成长到一定阶段，无论是对于异性产生好感还是婚娶，都是我们挡也挡不住的事。因此，父母只能见招拆招，比如男孩与女孩的思维方式和性格特点完全不同，父母就要懂得运用合理的方式"对症下药"，更重要的是时刻用爱滋养孩子，潜移默化地引导和帮助孩子认识爱、理解爱，建立正确的家庭观。

第十二章　人生管理：孩子，你快乐所以我们快乐

思考快乐过好一生的统筹计划

人生统筹规划，其中的"生"指的是人生或者活着，即一个人活着想做、要做任何事，都需要提前做一个规划。这就像盖房子前，必须有一个完整的结构设计图纸，如此我们建造房子时才能更顺利、更牢固。

◎ **用统筹学帮助孩子管理人生的象限**

我们之前提到过，孩子出生后就如同一张白纸，他们的人生轨迹如何勾勒取决于父母、老师以及周围的环境，虽然还没有具体完整的统筹规划，但至少有了初步的模型就会更加井然有序。

丁俊晖在世界台球大赛中获得无数大奖，没有父母的精心栽培，就不会有今天站在台球场上自信满满的世界冠军。

被称为"神童"的杜兆泽川，从几岁起就能识字上千，更令人惊讶的是他小学连续跳级，10岁时已经能掌握英语、法语等多个国家的语言，这样的天才自然是离不开他所在家庭环境的影响和父母的教育。

孩子的人生是由多个象限所组成的，每个象限都象征着孩子人生的一个重要阶段，父母需要运筹帷幄，帮助孩子统筹管理好人生

的每个象限，而若想管理好人生的每个象限，就不能给孩子设限。

◎ 提前思考这一生的统筹计划，让孩子顺利入"局"

我们不得不承认，社会中诸多优秀人才来自富裕阶层，他们受家族影响拥有大智慧、大勇气，基因是一方面，更重要的是家长从小对孩子身上反常规的天赋培养。

除了金钱上的满足，他们还可以接触到上层社会的精英人士、进入顶尖的学校。所以，对于这样的家庭来说，成就孩子的未来便是水到渠成的事。而我们普通家庭的孩子亦是如此，如若父母足够深谋远虑，提前设计好孩子的这一生，那么其未来也必将绚烂多彩。

历史上拿破仑、达·芬奇、莫扎特之所以能够成为伟人，并不一定因为他们从小都出生在贵族家庭，而是因为他们都有一个共同点——善于自我管理。不过，他们属于千古一遇的奇才，并且有着常人无可比拟的天赋，天生就善于自我管理，所以才能取得伟大的成就。

而我们当中的大多数人，甚至包括那些还算有点天赋的人，都不具备自我管理的能力。因此，父母需要通过不断学习来掌握帮助孩子统筹规划人生的技巧和方法。有家长说，上一代人教育我们的时候没觉得这么费劲，为什么现在养个孩子还需要提前做好规划？为什么上一代人教育孩子就可以任由孩子自由生长，而是我们这一代人却别无他法？

其实，统筹规划不是一个选修课，而是每个父母的必修课。

我们这一代人小时候都是自由生长的，如果你学习成绩优秀，自然就知道自己要考好大学；如果你学习成绩一般，也不会觉得这有什么不好的，或是低人一等。总之，那个时候我们的父母没有说一定要把孩子培养成什么样的人，我们从小到大完全是自由生长。

另外，从前的社会资源还不足以改变这种社会现状，但在近几十年，这种情况发生了急剧的变化。随着社会资源的增加，我们的选择受限，因此，大多数家长的想法也开始发生转变，想要将家庭的全部可支配收入都投入孩子的教育中。那我们又应该为孩子的未来做哪些铺垫呢？

拟订规划之前，你需要对孩子人生中的可控因素和不可控因素做到心中有数。每位父母都想要为孩子规划完美的人生，想要孩子按照自己的意愿一步一步往前走。但是，在此之前有一个问题我们必须弄清楚，我们的人生经历了几十年岁月的磨砺和沉淀，而孩子还在成长期，他们正在慢慢熟悉这个世界。

这个人生规划，笼统来说是个大方向的规划，准确地说它更像一个提纲。所以，我们在给孩子设计人生规划时，要与孩子站在一个平等的位置上。

首先，你需要告诉孩子：既然我们一起制订了规划，那么也要共同遵守它。或许你现在的年龄还小，当你慢慢长大，会对生活有全新的认识，职业规划可能会在某些方面有些变动，但坚守崇高的理想、高尚的品格和良好的习惯是永远不变的。

其次，我们要与孩子制订一个具体规划，包括小学、初中、高中以及研究生阶段的规划安排。以下是我在女儿小学四年级时为她制订的一份计划书。

第一个计划：在你的小学阶段，你需要做的就是在健康、学习、卫生、安全、品德等多方面养成良好的习惯，因为这些好习惯是人生的基础，所以你要及时、尽早地养成。

第二个计划：小学结业后，我希望你凭借自己的努力进入理想的初中。初中是你成长的第二个重要阶段，此时的你进入了青春期，或许会越来越叛逆，或许会对异性产生情愫，或许改变了原有的价值观和人生观，可是无论怎样，我们都要尽量按照计划去做。

第三个计划：初中临近毕业时，你可能会因为中考的压力彻夜难眠，我会一直陪伴在你身边，对你的饮食起居负责，做好后勤保障，为你鼓励加油，助你从容不迫地走进考场，升入重点高中。

第四个计划：升入高中后的你，也许会因为繁重的课业而不堪重负，也许每天都会学习到半夜。但是为了能够考进自己理想的大学，请你一定坚持，我相信，只要有所付出，时间会给你最好的答案。面对高考，希望你可以放下包袱，轻松上考场，取得自己满意的优异成绩。

第五个计划：10年之后，你已不是曾经的少年，变得成熟、沉稳、冷静，可能已经进入你梦寐以求的岗位，在自己擅长的领域做得风生水起；也可能你已找到了相爱的伴侣，承诺与之相守一生，我仍会继续站在你身后，看着你有条不紊地打理自己的生活，为你鼓掌、给你力量。

而随着女儿一天天长大，愿我们一起定下的人生规划能够成为她往后拼搏日子里的导向图，当她陷入迷茫、焦虑时，当她遇到人生瓶颈时，可以把它拿出来看看，然后重新定位自己努力的方向。我的计划只是一份参考，我更希望女儿能健康、快乐地追逐自己的梦想。因为一个人真正的成功不在于拥有多少物质和金钱，而是具有高尚的道德品格以及辨别客观事物真善美的能力。我期待的就是我的两个孩子都能做最好的自己。

最后，我将自己学生时代的座右铭送给了孩子们——坚持初衷，不在人群中迷失自己。

当然，即便计划得再好，我相信，只有观世界，才有世界观；

只有观人生，才有人生观。孩子只有亲自见识了世界，体会了人生才会形成更大的世界观和人生观。从这个角度而言，父母可以帮孩子做好这一生的统筹规划，但不该用自己的世界观、人生观来要求孩子，父母的观点和看法都只是自己的，并不是孩子的。父母与孩子之间应该是平等、亲密的朋友关系，我们要做的就是尽所能地为孩子提供优秀的成长环境、成长氛围，并在孩子遇到问题时给予最大的帮助，尊重孩子的意愿和想法，让孩子选择自己喜欢做的事。

我们为孩子做人生统筹规划的最终目的就是：做一个普通人也好，做一个优秀人也罢，只要孩子心中有梦想，只要孩子初心不改，哪怕未必每一步都按照父母为他们设计的人生规划稳稳前行，即使稍有差池也不影响梦想这艘航船偏离正常的轨道。而我相信，这样培养出来的孩子，不仅会成为人中翘楚，更会与众不同。最重要的是，当孩子可以按自己的意愿过一生时，必然会收获更多的精彩与快乐！

管理期待值和底线思维同等重要

不知从何时起，孩子成为家长们互相攀比的工具。在多数家长的心里，孩子的成绩就是父母的面子。在孩子小的时候，家长就希望他们在学校门门功课都能名列前茅，并以此为荣。比如当孩子取得优异的成绩时，父母会感到扬眉吐气，为自己争了光；当孩子成绩不理想时，父母可能就会一脸阴沉，失去了往日的笑容，感觉在其他家长面前抬不起头。

可是弓拉得太满，反而可能导致射出去的箭偏离靶心。无论何事都要适度，一旦过度就会引起质变，结果不尽如人意。父母对孩子的期望值越高，越会给孩子增加过大的心理负担和压力，甚至还可能毁掉孩子的大好前途，这并非夸大其词。

上海市的一项调查结果显示：在上海，超过半数的父母对孩子的期望值过高，强烈要求孩子在各个领域尽力拿到第一。我们不得不承认，父母望子成龙、望女成凤的急切心理是人之常情。为人父母，谁不希望自己的孩子可以成为人上人，但是如果父母对孩子的期望超出了孩子自身的能力，与孩子身心发展的规律背道而驰，就会让孩子觉得父母定下的目标是可望而不可即的，自己几乎是无法完成的，他们便会因此失去自信心，陷入自我否定中，这严重影响了孩子的身心健康和性格发展。

◎ 设定一个适合孩子发展的期待值底线

日常生活中，父母给孩子定下过高目标的例子数不胜数，其中也不乏极端的事例。

"这次考不好，看我回来怎么收拾你。""看看你的成绩，让我怎么出去见人哪！""你如果拿不了第一，今后就别再出去玩了。"说者无意，听者有心。父母严厉苛刻的言辞对天真的孩子而言就像是一道圣旨，如果做不到，就有可能面临惩罚，只有达到父母期望的目标，才能获得奖励和疼爱。而父母的期望不会永远停留在一个标准上，它会随着孩子的完成情况变本加厉，孩子被不停地鞭策着与同行者一较高下。可他们忽略了孩子的性格也发生了改变，那个活泼爱笑的孩子变得多愁善感、郁郁寡欢。当自己实现不了父母"量身定制"的目标时，他们就会想起父母之前威胁自己的话语，久而久之，他们或者厌弃了学习，暴躁之下撕掉了所有的书本；或者不愿再受父母管控，叛逆心使然，一气之下选择离家出走。

有报道显示，近些年我国存在心理障碍的青少年人数呈逐年上升趋势，其主要原因与父母过高的期望有关。正如一位家长曾幡然醒悟道："我总是在对儿子说你只有努力，才能超越别人，可是我最近发现他越来越觉得自己自卑、无能，没有了以往的自信，也许是我的方法错了。"

除此之外，父母以过高期望值为参考的弊端还体现在，他们将孩子的智力发展水平作为评判优秀与不足的主要因素，不再关注孩子的德体美劳等其他方面能力的培养，因此孩子的个性发展发生了严重的偏移。由于父母给孩子设定的目标和要求过高，有些孩子感觉完成起来太吃力，便失去自己的个性和潜能"光环"，甚至奋力抵抗，最后与父母的期望背道而驰。

请把自己的期望值降低，确定一个期望值底线，给双方都留些喘息的机会和合适的缓冲空间。如此，孩子就不会因为父母过度的期望而备感煎熬，也不至于有损身心健康，做出极端的行为。

下面是一个发生在我身边真实的故事。

朋友 A 有个优秀的女儿，从小学到初中，孩子的学习成绩一直稳居年级前列，父母对孩子寄予了无限的厚望，就连亲戚朋友也认为孩子考取重点高中是十拿九稳的事。

结果意外发生了。中考那一年，孩子突然觉得身体倦怠，做什么事都提不起精神来。朋友去了本市的几所医院都查不出病情，无奈之下，只好让孩子暂时休学，到北京的大医院求医。最后，孩子被诊断为"神经性倦怠症"，原因在于学习、生活压力过高。终于，一切谜团都解开了：很明显，为了不辜负家长的一片期许，孩子给自己设定了过高的目标，才出现了这样的结果。

朋友后来同我感慨说："我从前经常埋怨孩子为何不能体谅父母的良苦用心，现在想想是我没有体谅女儿的感受，我总是要求她去做什么，却不知道她想要做什么，能够做什么。如今我只希望女儿赶紧恢复健康，其他已经别无所求。"听了这话，我瞬间感慨万千。孩子健康时，父母往往从未考虑过孩子的所想所感，只知一味地督促孩子要变得更优秀，要拿第一。一旦孩子身体抱恙，父母的愿望就只剩下孩子健康就好！为何我们不能在孩子健康时把期望值降低，让孩子在轻松、自由的氛围下成长呢？

总的来说，家长要学会为孩子设定合理的期望值，这个期望值不可过高，也不可过低，要根据孩子的自身个性特点来设定。无论是孩子的学习成绩，还是未来的婚姻，抑或总体发展，都要规划得恰到好处，并在每个重要的成长阶段给予孩子正确的引导。欲速则不达，适度降低期望值不仅能够减轻孩子的压力，还能大大降低孩子患上心理疾病的概率。我们不妨这样提醒自己：我的孩子学习成绩可能不是最好的，但他是最健康的孩子；我的孩子学业、事业可能不够成功，但至少他拥有良好的品德，这就是我的期望值的底线。让孩子的人生变得更值得期待，或许是普通平凡的，或许是精彩璀璨的，无论如何都请您以一颗平常心接纳。当您对孩子的成绩设定了一个期望值底线，接下来要做的就只是静待花开。

让孩子成为自己人生的 CEO

每个人的人生都像是一家正常经营的公司，而这个公司的 CEO 恰恰是我们自己。

现代管理学之父彼得·德鲁克说过：一个人获取成功的前提是懂得管理自己。管理人生的概念并不是单一的，它涵盖的范围很广泛。比如我喜欢做什么，我在哪些方面比较擅长，我的工作方式是怎样的，我有怎样的价值观，等等。可见，学会做自己的首席执行官是通往成功之路的重要选项。

这些看似简单，能够真正做到的人却是寥寥无几。更何况孩子们在校园里几乎接触不到这样的概念，以至于他们即使升入大学、走向社会仍是跌跌撞撞，常困于迷茫、无助之中，找不到自己前进的方向和动力。

什么是成功的人生？这是许多成功人士探讨最多的话题之一。我比较赞同的一种说法是华大基因CEO尹烨从自然生物角度做出的解析："基因是要求生物多样性的，地球之所以美丽，是因为它没有放弃每一种色彩，不管它是红色还是黑色。所以，人的成功也应该是多元的标准，不定义成功或者都成功，允许每个人都可以定义他自己的成功。"

◎ 成功不是单一定义，允许孩子的人生多样化

在我看来，成功的定义可以分为两种：一种是外在成功，一种是内在成功。

外在成功说的是你在事业、家庭、地位、权力等表面上肉眼可见的世俗的成功。

内在成功是指你从心里感受到幸福感、荣誉感、安全感、成就感、满足感等，它归属于你内心深处，是对自己的肯定。

关于成功的定义，作家余秋雨先生也同样持有一致的看法，只是他换了种说法，他所理解的成功也有两种：前者是把别人比下去，即世俗的成功；后者是做自己想做的事，即自我定义的内在成功。

然而，现实中很多父母总是习惯性地用"有用"或"无用"来评判孩子所做的事情。

有段时间，最常在朋友圈谈论的一个话题就是"副业"。我听到过一段经典的评论："你若安好，主业是你的饭碗，副业是你的

兴趣。你若不好，主业或许就是压死骆驼的最后一根稻草，而副业反而成了你的救命稻草！"

乔布斯可能从不曾想到，自己当初痴迷书法，竟对他后来设计苹果电子产品的字体起到了巨大的作用。

当裁员浪潮袭来时，我看到身边太多的朋友把平时的兴趣特长、无用的小手艺当作安身立命的有用之举，有给孩子做线上辅导的，有依靠自己的厨艺开糕点、餐饮店的，有将弹奏乐器的爱好变为培训手段的……

人生就像建设房屋一样，它需要多点支撑，而不是只有一个立柱。论及收入、谈及工作，都是如此。整个社会好像一个自然生态，有行业里的精英翘楚，也有忙于小家的普罗大众。对于每个勇于追求实现自我的人，社会都应给予最大的理解和尊重，这才是多元社会下应该保有的理性和温情。

我们一直在强调，孩子的人生是他们自己的，应由他们自己掌控和管理。

但是一旦孩子想干点"无用"的事情时，父母往往就会感到心有不安。

"我想玩会儿游戏。""这有什么用？天天玩游戏！"

"我正在读漫画书。""读这有什么用？那么幼稚！"

"我想学吹笛子。""学这有什么用？不能当饭吃！"

"我想养只鸟。""养鸟有什么用？还要天天伺候它！"

"你就不能做点有用的事，看点有用的书吗？"

……

周国平说："世上有味之事，包括诗、酒、哲学、爱情，往往无用。吟无用之诗，醉无用之酒，读无用之书，钟无用之情，终于成一无用之人，却因此活得有滋有味。"

人们认为的"有用"，无非就是做满足自己物质欲望的事情，可是，有一种事物它的境界要远远高出物质，那就是精神追求。山间之明月，江上之清风，没有一处称得上是"有用"，却是治愈人类精神灵魂的最好良药。

罗素有句名言道尽了幸福成功的真谛："须知参差多态，乃幸福的本源。"意为人生的模式不该只有一种，人生应是千姿百态、多样化的，这样的人生才是幸福的根源。

作为父母，我们不应是孩子成长路上的绊脚石，而应是指引他们前行的人生导师。我们要试着让孩子参与自己每一段人生的规划，感受自己选择的人生路途中的苦与乐。每当孩子迈出新的一步时，我们都需要抱以理解、宽容的态度与孩子进行沟通，了解孩子内心最真实的想法和感受。

美国作家海明威曾说过，自己就是主宰一切的上帝，倘若想征服全世界，就得先征服自己。我们并不指望孩子能征服世界，但至少要让孩子有征服世界的目标和勇气；我们或许也并不希望孩子能跨越式前进，但至少孩子的人生每天都要有变化。当孩子成为自己的主宰者，任何外力都无法再撼动孩子的内心，即便最终孩子没有成为学习上的佼佼者，也会成为自己的人生奠基人。

管教要有界限，适时而退是智慧

日本推理作家西泽保彦曾说："所谓正常的人际关系，是要和别人交往时保持一定距离才能成立的。不管是多么亲密的关系，都必须尊重对方的个性，这是理所当然的规矩。"

所谓"一定距离"，其实就是人与人之间刚刚好的心理边界，它时刻提醒着我们,既要保护自己不被他人打扰,也不要随意侵入他人的领地。例如,职场中的我们都不喜欢被问及隐私;和好朋友之间,当自己的感受或喜好被别人嘲讽、否定时,也会感到很不舒服;当他人不顾我们的意愿,而强加给我们一个观点或强迫我们去做一件事时,我们就会感到愤怒等。

其实,这个原则,在亲子关系中同样适用。

◎ **最好的管理是对孩子放手而不撒手**

当今父母对孩子的管理往往存在两种截然相反的情况。

一种是"放羊式父母",其特点是父母对孩子的情况不管不问,放任自流。甚至很多父母认为,既然把孩子送去了学校,就应该由学校负责孩子的全部,否则还要老师做什么。于是,这类父母基本不会关心孩子的成长和表现,认为把孩子交给学校就万事大吉了。

另一种是"直升机父母",其特点是恨不得24小时对孩子紧盯不放,事无巨细地安排孩子的行程,甚至试图完全控制孩子的成长和人生轨迹。

这两种教育方式都不利于孩子成长,归根结底都是由于父母没有边界感,不能正确把握亲子关系的界限。

伦敦大学的一项研究表明,父母对孩子的生活满意度和控制度直接影响着孩子的心理健康。那些在成长过程中不被父母控制或控制较少的孩子,长大后更容易感到快乐和满足。相反,那些在成长过程中感到时刻被父母控制的孩子,在他们整个成年生活中表现出明显较低的心理幸福感,严重者还会留下一生的阴影。此外,如果孩子的边界不断被父母打破和侵入,那么孩子长大以后可能同样没有自己的边界感,容易形成讨好型人格,影响自己与他人的社交关系和亲密关系。

遗憾的是，在中国家庭中，还有太多的父母没有边界感。很多人常常以爱之名，一次又一次剥夺了孩子独立自主的机会，最终影响了孩子身心的健康发展。

在豆瓣上有这样一个帖子："你见过或经历过哪些令人窒息的爱？"

其中一个网友的回答引起了很多人的共鸣："从小到大，我都被父母'无微不至'的关怀与爱包围着。小到衣食住行，大到上什么学校、报考什么专业、交什么样的朋友都被父母'推着走'。以至于到了社会上，但凡遇到一丁点事，我都会习惯性地问父母，丝毫没有自己的主见。我也常常想要反抗和逃离，可一来不敢想象和父母闹翻的后果，二来不想让父母失望。于是，我就这样麻木地活着。"

在缺乏边界感的父母眼中，孩子更像是自己生命的延续，而不是一个有独立人格的个体。于是，他们偏执地认为自己所想便是孩子所想，自己的愿望也一定是孩子的愿望，孩子的成功意味着自己的成功，相反，孩子失败就是自己的失败。这类父母总是给孩子过高的要求和期待，并试图控制孩子的发展轨迹。一旦孩子有了自己的想法或是想要挣脱父母的控制，父母就会认为自己构建好的一个完美世界被孩子摧毁了。

现代著名学者、思想家胡适在给孩子的信中这样写道："我并不是你的前传，你也不是我的续篇。你是独立的个体，是与我不同的灵魂。你并不因我而来，你是因对生命的渴望而来。你是自由的，我是爱你的；但我绝不会'以爱之名'，去掌控你的人生。"

在物理学中有一个煤气灯效应[1]，又称煤气灯探戈、煤气灯操纵，

---

1 参考自百度百科对煤气灯效应的定义。

是指对受害者施加的情感虐待和操控，让受害者逐渐丧失自尊，产生自我怀疑，无法逃脱。煤气灯效应描述的是一种心理操控手段，受害者深受施害者操控，以至于怀疑自己的记忆、感知或理智。

"你怎么那么笨哪，连这个都不会！"

"别弄了，反正也弄不好。"

"你还有什么用！"

……

其实，作为父母，我们是孩子身边最亲近的人。不经意间的一句否定或一次轻视，都会磨灭孩子的意志，甚至在我们毫不知情的情况下，让孩子陷入无法自拔的消极情绪中。久而久之，这种没有边界感的、否定孩子的方式也将慢慢摧毁孩子的自我认知。父母常以爱之名掌控孩子，归根结底，不过是想要让孩子按照自己制定好的目标生活。殊不知，父母毫无分寸地介入孩子的领地，实为捆绑孩子的人生，而这种不留余地地突破安全边界的做法，不仅会给孩子带来无法想象的压力，也会在无形中毁掉和谐的亲子关系。在上文我们已经谈到很多次，养育孩子，其实就是父母体面地退出孩子生命的过程。越是在亲密的亲子关系中，就越是要划定清晰的"楚河汉界"。只有父母先守住自己言行的边界，孩子才能在有界限的管教中，成长为一个人格健全、身心健康的人。

愿每个父母都能分清爱的界限，该放手时就从容不迫地放手，让孩子朝着属于他们自己的轨道自由生长、勇敢前行。

让孩子有希望、更快乐地生活

教育的本质，是为了让孩子享受美好、快乐的生命。

马丁纳是荷兰著名的心理学家，他在自己所著的《改变，从心开始》一书中讲述了人生的三种快乐，分别是竞争式快乐、条件式快乐和无条件快乐。

第一种快乐是竞争式快乐，它也是最底层的快乐。

绝大多数情况下，从学校到家庭，社会教育体系往往仅停留在竞争式快乐这一层面。何为竞争式快乐？通俗来讲，就是只要我比你强，我就会感到无比的快乐。打个比方，原本孩子考上了985重点本科院校是件值得开心的事，但是看到孩子的同班同学考上了清华、北大，家长脸上的笑容瞬间消失了，转身就责怪自己孩子不争气，这就是所谓的竞争式快乐。甚至很多孩子自己也被这种传统教育观念异化了，每当看到别人在某方面超越自己时，心里就会感到既不服气又懊恼不已。

第二种快乐是条件式快乐。

马丁纳认为，这种快乐脱离了竞争式快乐，即只要自己心里的条件或愿望得到满足，我就会很快乐。比如，你的愿望是三年之内买辆私家车，当这个心愿实现的那一天，你就会非常开心，而不会因为别人比自己生活条件好而烦恼、痛苦。

第三种快乐是无条件的快乐。

马丁纳将其称为"至乐"，这是所有快乐中的最高境界。当我们的快乐上升到这一层面，便不会因外界的任何竞争、改变而扰乱自己的心境，无须任何条件的满足，我们就很容易感受到快乐，生病或是健康，贫穷或是富裕，我们都能以最平和的心态接受，始终持有一颗感恩的心对待身边的每一个人。

◎ **孩子，我愿你慢慢长大，一生快乐！**

每个孩子都如同一只雏鸟，在父母的庇护下慢慢长出翅膀，学会起飞，经历无数次摔伤、疼痛后，最终真正掌握独自翱翔天空的本领。

想要获得无条件的快乐确实不易，尽管父母能够为孩子提供优越的物质生活，并给予孩子无限的爱，但就现实社会背景而言，没有哪个孩子可以享受到真正无条件的"至乐"，这种无条件的"至乐"对孩子来说似乎就是一种奢侈。

传统教育观念的影响以及社会竞争激烈的压力，让更多的父母和孩子都生活得身心俱疲，忘记了那些最简单的快乐，剩下的仅仅是竞争式快乐。"万般皆下品，唯有读书高"成为父母教育儿女的至理名言，父母也试图让孩子相信只有竞争式快乐才是真正的快乐。

事实上，我们低估了孩子的心灵，孩子的心灵要比我们想象的敏锐和细腻得多，也比我们想象的要脆弱得多。那些我们自认为孩子毫不在意的事，有时已经在孩子心中留下了痛苦印记，这些印记可能会影响他们一生。竞争式快乐只是大人享受的快乐，在孩子的心中，这样的快乐可能并不是他想要的。

其实，孩子想要的快乐其实很简单。他对世界上的一切事物充满了好奇心，也许会因为独自搭建完乐高而开心半天，也许会因为爸爸妈妈给自己过了个有意义的生日而笑得合不拢嘴，也许会因为完成一件家务受到妈妈的夸奖而万分开心……假如我们也能和孩子一起点燃这颗沉睡已久的童心，那么获得"至乐"的时刻也就指日可待了。

我想对所有的父母说：莫问收获，但问耕耘。

孩子的一生不是只有几年或十几年，而是几十年、一辈子，我们不应因为不想让孩子输在起跑线上便催促他们拼命地向前追赶，却忘了告诉他们适当地停下来看看路途中的风景。我曾对我的孩子们说：

"无论任何时候,你们想要做什么就去做,妈妈永远无条件地支持你们,做你们强有力的后盾,但你们要记得时常问问自己所做之事是否快乐。"

自从孩子降临人世的那天起,父母就是孩子人生路上的守护者,终究要别离,却仍然嘘寒问暖、不离不弃;父母也是孩子人生路上的一根蜡烛,终究要熄灭,却依然燃烧自己照亮孩子前方的路。只要父母能以自然的态度对待,善于引导,孩子的人生定是多姿多彩的,日后痛苦必将开出完美的花朵,困惑必将结出智慧的果实。

愿天下每一个孩子都能拥有不平凡的人生;愿天下所有父母都能与孩子共同扬帆起航,陪伴孩子走过人生路上的风风雨雨,顺利通往梦想的彼岸。

无论孩子未来最终走向何方,别忘了告诉孩子:你快乐,所以我快乐!

「培昕心语」

我常常想,父母养育孩子,真正的快乐源泉来自哪里?

当我快要写完这本书时有了答案——真正的爱,大音希声,大象无形。为人父母,就是为孩子而忧、因孩子而乐。

正如歌手王菲在《你快乐所以我快乐》这首歌中唱的那样:

你眉头开了 / 所以我笑了

你眼睛红了 / 我的天灰了 / 你快乐 / 于是我快乐……

不仅如此,当孩子取得成绩、学习进步的时候,当孩子积极阳光、乐观向上的时候,做父母的总是比孩子还要快乐。当然,在成长的过程中,孩子也会遇见无数困难,不可能时时快乐,或许这就是父母存在的意义。困难犹如前行路上的石子,我们要用爱和孩子一起清理人生中的碎石,铺开一条宽阔的道路。

采访手记

不知不觉，写完了这本书的最终章。但我深知，教育永无止境。关于我接下来新一轮的教育研究与实践，才刚刚拉开序幕。在此之前，我有幸访问了云想衣裳夫人学院的几位妈妈。

说到云想衣裳夫人学院，这是我在 2017 年成立的一所公益性质的女性素质教育组织，它是一所面对家庭开放的夫人学校，教学内容围绕家庭生活的方方面面。我的第一本著作《好好过日子》就是云想衣裳夫人学院的教科书，一书在手，家庭管理、生活方式、婚姻沟通等一手掌握。

开办几年来，云想衣裳夫人学院吸引了很多智慧妈妈前来听课。课上她们静静聆听，课程结束后她们在分享沙龙里面畅所欲言，分享话题从家庭的健康管理到孩子的学业发展，以及艺术培育。每一个家庭的理念都不一样，教养方式也不尽相同，但她们的孩子在我看来十分相似：身心积极健康、人际关系良好、临危应变不惧、学业家业并举、与父母关系亲近等。

根据目前的社会发展状况来看，父母信息闭塞地养孩子已经不合时宜。看看身边人，似乎穷养或富养也都能出成绩。其实，父母需要营造良好的家庭内部环境，妈妈们再建立良好的外部环境，孩子们有了妈妈们认同的交友文化圈，两代人一起携手并进，身心都会得到很好的滋养。

云想衣裳夫人学院成立以来让我个人最受益的方面就是：首先，它让我实现了跨界交友，丰富了我的女性朋友圈；其次，在教养孩子的方法上打开了我的眼界；最后，我的孩子们也跟着受益，每逢节假日他们有了可以一起玩的小伙伴，他们的交友群也得到了扩充，在步入社会之前也自己摸索出人际拓展的方法。

在本书截稿之际，我很乐意在此分享云想衣裳夫人学院部分妈妈的优秀的教育理念，我们一起从善如流、见贤思齐。

马雪梅：好习惯让孩子受益终身

> 姓名：马雪梅
> 职业：四川宝兴三兴汉白玉开发有限公司董事总经理
> 　　　宝兴昆来建材科技有限公司法人代表、董事长兼总经理

马雪梅和青年时期在英国读书的儿子

四川省杰出企业家、雅安市首届十大魅力女性之一、雅安市人大代表、宝兴县人大常委会委员……这其中的任何一顶光环投射在女性的身上，都会如万千星辉般让其更添魅力。实际上，这些头衔皆来自这篇故事的主人公马雪梅。

从一名打工妹到董事长，后又成为人大代表，一路走来，她的传奇人生早已羡煞旁人。但"铁娘子"马雪梅始终用"温柔情怀"言传身教、感染着儿子。正是在这种"爱的教育"下，马雪梅的儿子已经成长为让她骄傲的孩子。就在儿子18岁生日的前两天，马雪梅一如既往地以"温柔"的方式说出了她长久以来想对儿子说的心里话。

亲爱的儿子，生日快乐！

再过两天就是你18岁的生日，看着你一米八的身影和那成熟却还带着稚气的脸庞，老妈心里甚是宽慰。可不知为何，我还是会在脑海里浮现你儿时的模样——那时的你就像是年画上的娃娃，咧嘴一笑，阳光灿烂。每当这时，妈妈所有的不开心都因你的笑脸一扫而空。所以，我还是无数次感谢老天让我生下了你。

时光飞逝，我无数次在时光的罅隙里问自己："这是我的儿子吗？"我确信，是你带给我生活和工作的动力，让我努力前行！

妈妈小时候虽然不是那个最受父母宠爱的孩子，但骨子里希望能做到最好，成为父母的骄傲，更渴望父母能成为我的朋友，给予我指引。可那个年代的我们更多的是遵从师道尊严、长幼有序。所以，你的出现让我觉得，虽然你是我的儿子，但更是我的朋友。在你成长的过程中，我也多以尊重你的思想为主，因为我想让你做自己！然而，书本和现实总是有差距。对此，老妈在中西合璧的教育体系中，总结了一套适合我们的相处之道和对你的教育之道。尽管你在长大的过程中逐渐有了自己的思想，但毕竟，终有一天你会走出家门，踏入社会。而社会是有秩序的，也必将构成对人的秩序。所以，我对你在为人处世、言行习惯等方面不仅有着西式的开放尊重，也有着中式的严格要求。偷偷告诉你，我这种"中西合璧"是继承了你外公的人生处世哲学。令我欣慰的是，你不吸烟、不喝酒、不去嘈杂的夜店，始终保持良好的生活习惯。但在花钱方面，妈妈觉得你需要多做规划，在各方面养成好习惯将令你受益终身。总之，儿子，你的优点真的很多！

虽然妈妈学习的知识不多，可但凡与你成长相关的教育理念我都愿意多看一眼，自己理解后再灌输给你，其实这样的方式也有局限性。所以，我总是不断叮嘱你要多看书学习，希望你未来的人生能更从容。

儿子，18岁是从儿童、少年到青年，再到成人的分界线，它标志着从今以后，你自己要学会承担往后的日子。人生的快乐也好、成功也罢，都是建立在目标之上的，而目标的实现需要你付诸实践。妈妈相信，这些道理你都明白。因此，现在的你更应该珍惜时间，为将来做准备。

洛克菲勒先生在给他儿子的信中有一句话给我很大启发，这也是在信的最后，我最想对你说的话："人生的价值不在于时间的长短，而在于我们如何利用时间驾驭人生！"妈妈希望能继续和你一起成长，做更多有意义的事，让我们都成为更好的自己！

不知不觉，读完这封信的我被泪水打湿了眼眶。从这封信中，我几乎忘记了"霸道女总裁"的身影，我看到的只是一位温柔的母亲，在儿子的教育上给空间、给温暖、给规矩。我想，这也是马雪梅送给儿子的最珍贵的"成人礼"。同时，我也欣喜地看到，原来不止我一个人深受洛克菲勒教育智慧的启迪，希望未来我能和更多智慧女性一起不断将积极的教育理念传递给更多人。

教育和经营企业一样，总要面临各种风险与挑战，关键就在于如何应对。在教育这趟没有终点的旅程中，愿我们都能和马雪梅一样，成为时间的朋友，静待花开！

周敏茹：孩子的成长只此一次，教育没有回头路

> 姓名：周敏茹
> 职业：北京三仁医疗美容院院长、整形外科主任医师

一个人拼命赚钱，有了金山、银山，就是真正的富有了吗？

周敏茹用她的育儿故事给了我们最真实的回答。

教育是一个长期过程，需要父母有长线思维。但现实中很多父母往往后知后觉，我的好友周敏茹便是其中一个。幸运的是，时间对她格外开恩，当她反应过来的时候，孩子们对她的爱并未减少半分，只能说，一切都是最好的安排。

周敏茹亲子照

敏茹是典型的"70后"，婚后拼命工作，为了家庭早日"奔小康"而奋斗。据我了解，在美容整形行业里，她绝对算得上是业界的天花板。但当我访问她时，她对于自己的事业已持云淡风轻的态度。虽然她感谢自己自始至终从未放弃自身能力的提升，但她更

感谢自己在岁月的历练中如梦初醒："婚可以不结，孩子不能不要，但要了孩子更要对孩子负责。再多的金钱、房产都没有孩子重要，我的两个孩子就是我最大的财富。"

敏茹的两个孩子相差13岁，她一边回忆早期那些"北漂"奋斗的日子，一边感慨自己当时忽略了对老大的教育，生完老大3个月就把孩子托付给父母，自己开始孜孜不倦地工作。周敏茹感慨，虽然自己有意识，知道孩子要自己带、教育更要亲力亲为，但由于现实所迫，每天下班回到家已是深夜，孩子已经睡下了，当时对孩子的陪伴只是名义上的，说白了只是在形式上将孩子放在自己身边而已。我想，其实这也是许多现代职场妈妈存在的问题和纠结之处。

用敏茹的话说，那个时候的自己是个工作狂，从来不知道什么是累，对于加班从来没有拒绝过，更没说过一个"不"字。和许多父母一样，当我们忽略了对孩子的陪伴和教育，只会拼命赚钱后，便会尽可能地在物质上满足孩子的一切需求。这一时期敏茹对老大几乎没说过一个"不"字，因为这时的她只能在物质上满足孩子。

在经历了一系列大大小小的学术研讨会、各种进修学习后，有一天，敏茹发现自己虽然才38岁，但是整个人已经非常憔悴。多年来，为了生活，拼命赚钱买房、买车，但好像所有的奋斗都只是为了那些表面上的财富，连最基本的对孩子的教育都没有做好，再富有也只是个"负婆"。尤其在有了老二后，敏茹更加意识到，什么事情都可以回头，项目失败可以再做，钱没了可以再赚，唯有对孩子的教育不能回头。而在此时"回头"的她，也终于渐渐学会了平衡事业与家庭，学会了统筹规划管理两个孩子，并开始推掉一切无用的社交，每逢假期都会尽可能地全心全意陪伴孩子。

对于两个孩子的教育，敏茹也从最初的放养到懂得了因材施教，从老大出国、回国、举家迁居成都后又辗转回京，每一步都充分体现了对孩子的尊重与关爱。而渐渐长大的老大也越来越懂事。现在，不管敏茹走到哪里、参加什么活动总会戴着一块表，她自豪地说，这是大儿子送给她的第一件礼物，虽然还不到100块钱，但对她而言却是世界上最珍贵的礼物。

多年的经历让敏茹懂得了，作为女人，要拎得清自己的主业。她建议女性在刚生完宝宝的三四年里，条件允许的情况下尽量不工作，陪伴孩子度过幼儿期。当然，对于大多数女性而言，包括敏茹自己在内，工作无法停止是现实使然。既然如此，统筹规划就显得格外重要。那些重要的、紧急的，紧急不重要、重要不紧急的事都要提前安排好，注意，这里的统筹规划不是用小时来计算的，而是用年来计算的。

现在的敏茹，除非开早会，否则每天早上一定会坚持早起亲自送老二去幼儿园，晚上孩子放学，她一定已经到家。如今，老大学习非常用功，完全不用她操心，老二也越来越听话可爱。每当听敏茹聊起两个孩子，我都能看到她嘴角掩藏不住的笑意。如果说父母与孩子之间的情感联结是一个银行，我还真是为敏茹捏了把汗，钱的确不是最重要的，因为欠下的亲情债迟早要还；金山银山也不代表真正的富有，所有的财富都比不上把孩子教育好重要。所幸敏茹及时补救了这个情感账户，让它的余额又变得充裕。

敏茹的经历让我看到了许多当代中国女性的缩影，不得不说，即便你过着暂时不那么富有的生活，日出而作日入而息，简单又普通，但你的子女在你的养育下一个比一个有出息，那你就是真正的富有之人！

吕春梅：引导式教育让我与孩子共成长

姓名：吕春梅
职业：中国平安综合金融客户经理
　　　家庭私人理财规划师

吕春梅一家

如今，大多数家长，尤其是职业女性最为关心的一个教育问题，莫过于在忙碌的工作重担下，我们该如何承担起为人父母的责任。

春梅给我的答案是：将工作与生活相融合，实行引导式教育。

据我了解，引导式教育源于20世纪20年代，由一位匈牙利学者创建。从应用心理学的角度而言，这种教育是一种发现并运用孩子内在潜能的沟通方式。其前提条件是：作为父母要相信孩子的内在潜能，并具有和孩子感同身受的立场及共同面对问题的能力。

其实，春梅总结得很到位，她认为，一个孩子的成长来自他的内驱力。作为家长，就要用适当的方法激发出孩子的内驱力，培养其做事情不会轻易放弃的决心。

当然她也和许多普通父母一样，经历过孩子初上小学时的焦虑期。但她相信，每个孩子都是一个个体，都有其独立性和个性。例如，从儿子上幼儿园开始，春梅就教育孩子要善待他人，让儿子帮老师做一点力所能及的事情；到了一二年级时，春梅让儿子与班里的同学搞好关系，避免产生交流上的障碍，提早学习与人相处的社交能力；到了三年级时，儿子被挑选为学校的排球队员，春梅认为，不一定非要要求儿子排球打得有多好，只要孩子在练习体育的过程中能锻炼他的意志力，养成坚持的习惯就可以了。比如，四年级时7点就要到学校晨练，但儿子都喜欢睡懒觉，尤其是冬天，头三天坚持得还可以，第四天就起不来了。此时，春梅并没有强迫儿子去训练。首先，她认为，孩子应该为自己的选择负责，我们应该适当地让孩子感知到一些事情"做不到"的后果。其次，与其强迫孩子，春梅更愿意身体力行地为孩子树立一个好榜样，再引导孩子去效仿自己的行为。

由于从事金融行业，春梅可以自主安排工作时间，但她为了给孩子树立榜样，对待工作十分认真。当天晚上回到家，春梅问儿子："怎么样，今天没有去训练的感受如何？"此时儿子并没有对此事有太多的感受，这都在春梅的意料当中。于是，她决定把这件事情当作教育孩子的一个"工具"，对儿子说："妈妈是一个非常自律的人，这么多年，我每天都是很早就到公司，不会因为情绪化而不去上班。人一旦对自己没有要求，就会越来越放松，从而失去坚持的习惯。别看这是小事，妈妈也知道坚持和自律很难，但如果无论做什么事都能以这样的标准来要求自己，未来你会收获不一样的人生。"春梅话音未落，儿子已经听懂妈妈的言外之意了。果不其然，儿子第二天早上就继续去学校训练了，从此再也没间断过。

很庆幸，春梅从来没有用职场中那套强势的方法去对付儿子。不仅如此，她深知，女孩到初一以后与妈妈可能还会有些交流，而男孩到初中之后与妈妈沟通就少了。于是，她与儿子一直保持每周至少两次深度沟通的习惯，久而久之儿子早已把她当成了可以推心置腹的朋友，什么话都愿意和妈妈说，而春梅也从来不会因为孩子成绩不好就各种谩骂，而是找到成绩不好的原因后加强训练，并加以鼓励，帮助儿子提高分数。有一次，儿子班上的某个同学考试成绩不好，就对他说回家又要挨父母揍了，儿子当时搞不懂为什么考不好父母会揍她。其实，这就是因为孩子从小没有因为没考好而挨过打，而且在孩子心中，妈妈是朋友一样的存在，所以才愿意和妈妈分享其他同学的糗事。

其实，当我们将孩子放在一个平等的位置上去对待时，收获的何止是一个朋友！沟通顺畅了，孩子自然愿意听话。这样培养出来的孩子通常也不会有逆反心理。

眼看孩子一天天长大，对春梅而言，岁月静好，时光是最温柔的见证人，见证了她和孩子一同成长、互相学习、彼此成就。作为职场女性，春梅获得了什么奖励就会给儿子带回去分享，而儿子在春梅的办公室看到墙上某个奖项没有妈妈的照片时，也会鼓励妈妈："你什么时候能拿到那个奖啊？"的确，很多时候父母在职场中的成长轨迹，能够帮助其在孩子面前树立榜样，而孩子的一句鼓励也会牵动着父母的心，时刻提醒自己为了孩子成为更好的人。用春梅的话说："如果我们自己都做不到的话，凭什么要求孩子做到呢？"她始终坚信，每个孩子都有自己的闪光点。未来，她希望儿子能在保持身体健康的同时，让学习成为自己未来发展道路上的有力武器，而她将永远是孩子背后的支持者。

通过与春梅简短的访谈，我确信，最好的教育秘诀不在孩子那里，而在父母身上。

孙婷婷：教育和家庭战略规划，一个都不能少

姓名：孙婷婷
职业：全职妈妈

一个忙于工作又爱孩子的女人，能把事业和家庭兼顾好吗？

这一篇的主人公孙婷婷给了我们最好的答案。

在我眼中，友人婷婷一直都是最完美的妈妈类型，也是相当有战略规划的一位女性—— 她是个好妻子，把家庭打理得井井有条；她更是个好妈妈，一儿一女教育得都非常好。在她身上我看到了将孩子个体发展与家庭发展规划相结合这种理念下结出的硕果，但这个过程势必要付出很多心力。我在婷婷身上似乎看见了自己的影子，也更好地印证了这个观点。

孙婷婷一家

在怀老大的时候，婷婷属于全职妈妈，后来才与爱人一起创业。平时婷婷非常喜欢读书，不但擅长总结，还习惯给自己的人生

做规划。早在老大出生之前，她就已经有了自己的人生规划，在有了大方向后，今后的事业发展、孩子教育、家庭目标等问题，她都已经做好统筹规划。例如：结婚第一年的目标是买辆车，结婚5年内的目标是解决北京住房问题。一切都按照规划进行。包括丈夫的梦想，也是在她清晰地分析过后，一步步明朗化的，如今，丈夫终于开了自己的律师事务所，实现了最初当一名专职律师的梦想。婷婷始终觉得，一段好的感情除了要有相濡以沫的陪伴，更要有相互扶持的、彼此成就的行动和信心。

在一切都归于平静和顺遂后，婷婷对孩子将来的发展也已有统筹规划。她认为，孩子们的发展应以兴趣爱好为主。例如，女儿很喜欢画画，并已经明确表明长大后想做一名美术老师。婷婷觉得这没什么问题，她不会限制女儿的梦想，同时她认为画画所涉及的领域很广，无论女儿将来从事服装业、广告设计还是其他有关美术的行业，都会有所助益，因此她会全力支持女儿的梦想。她需要做的就是在自己有限的能力范围内给女儿创造机会，多参加实践，直至早日达成梦想。

尽管婷婷对孩子的教育和家庭的规划都很完美，但也并非毫无挫折。她发现，女儿虽然学了芭蕾、画画、书法、英语、西班牙语、游泳，但是她在每一个兴趣爱好上的能力都不是很强。而婷婷的想法是，希望女儿在低年级的时候可以多培养一些兴趣爱好，等到高年级的时候再把其中某些特别感兴趣的爱好的优势凸显出来。其实，不管是对女儿还是对儿子，教育方面她一向都比较严格。例如，她从小就给孩子养成了良好的学习习惯，让孩子意识到想要放学回家上兴趣班，就必须将所有的作业在学校完成。婷婷认为，现在的孩子报很多兴趣班的确不轻松，但孩子不快乐最主要的原因还是在学校没有利用好时间，回到家还要继续"刷"题，孩子天性爱玩，剥夺了孩子玩的时间，他们自然不会快乐。相反，如果在学校知识吸收得好，回家就可以开心地玩，去做自己喜欢的事情，而孩子的学习成绩也不会差。当然，如果发现孩子在某阶段偏科，她就会专门腾出一些时间给孩子做专项辅导，但绝不是每天都要求孩子去"刷"题。

对于婷婷的这种做法，我深以为然。

与其说是严格，不如说是她更习惯将人生的不同阶段分成长、短期目标，并且在有了一个大目标之后，再分成一个个小目标阶段性执行和实现，直到达成整体战略目标，她相信只有这样才能把整个人生道路走好。不仅如此，在婷婷的教育过程中，规则与爱从来都不曾缺席。她并没有因为有了儿子而忽视对女儿的爱，甚至在发现女儿性格特别敏感后，她每天都会对女儿说"我爱你"；她在孩子们欲打破原则不守规矩时，既会耐心解释安抚，也会适当给孩子一个情绪发泄的出口；她虽然对孩子要求严格，却从不会拿孩子和别人家的孩子做比较。

而婷婷这样的教育理念偶尔也会与爱人产生一些分歧，但随着不断深入沟通交流与磨合，目前二人在教育理念上已经基本达成一致，在实现家庭整体战略规划这条路上，夫妻二人又多了一股协同作战的合力。

足见，教育规划和家庭规划一个都不能少，而家庭的战略规划往往决定了孩子教育的未来方向。作为父母，不能用战术上的勤奋去掩盖战略上的懒惰，我们要帮助孩子找出前进的方向，孩子才不会迷失在人生的旅途中！

孟庆玲：每个人都是在错误中成长的，允许孩子犯错

> 姓名：孟庆玲
> 职业：北京米兰风尚服装服饰有限公司董事长，从事国际贸易25年

孟庆玲一家

在采访庆玲之前，我觉得那些不允许孩子犯错误、让孩子唯命是从的妈妈，通常是叱咤商界的强势的女强人。在聆听完庆玲的育儿故事后，我幡然醒悟，原来恰恰相反，从事商业工作的她自从有了孩子之后，不仅将心思都用在了孩子身上，而且丝毫未将事业中的强势带到教育中。

她认为，每个人都是在错误中成长的，如果我们做大人的都不允许孩子犯错，那么无异于不允许孩子在学走路时摔跤，只是用表面的、暂时的完美取代了孩子内在的、持久的完善。当然，这是她在7年的育儿经历中，不断学习、不断反省并逐渐认识到自己的问题后总结出来的。

庆玲很早就发现女儿希希的特性，她不仅是个心地善良、有

礼貌、特别积极阳光的孩子，还是个非常有个性的孩子。例如，班级里有什么活动，希希马上参与其中，渴望第一时间表达自我。有参与感本是一件好事，但庆玲发现女儿性格很急躁，不管在什么事上都急于表现，加上从小被保护得太好，这就导致孩子总会出现一些行为规范上的错误。后经与班主任老师沟通后，庆玲认为，表现欲强是希希这个年龄段孩子的天性，孩子的天性无须过度干预和约束，要尊重她，但要明确给她确立一个尺度。

有一次，希希与班上一个关系很要好的男同学玩，结果男同学回到家后跟自己的父母"告状"说希希对自己不友好，而男同学的父母认为这是霸凌行为。庆玲认为，七八岁孩子之间的嬉笑打闹还谈不上"霸凌"这两个字，这个年龄段的孩子思想都还很单纯，只是有些孩子在玩的时候没有把握好尺度而在行为上过于急躁，没能照顾其他小伙伴的感受，但这不等于霸凌。当然，作为父母，在相信自己孩子的同时，庆玲首先还是会去和老师及对方父母沟通，了解真实情况，确定是一场误会后，再想办法引导孩子。庆玲强调："正是由于孩子还什么都不太懂，我们就更不能以大人的惯性思维去考虑事情，不能妄下结论、不管不顾训斥孩子，甚至是给孩子贴标签。"

根据本书前面章节的故事，我们了解到，即便孩子是因为天性而犯错，此时，绝大多数的父母大概率都免不了对孩子展开一顿批评教育，生怕孩子不长记性。而庆玲会耐心地对女儿说："每个人都是在错误当中成长的，妈妈也是这样。没有不犯错误的人，犯错误了没有关系，下次再遇到此类事情，我们就一定要考虑好再去做，不要再犯类似的错误，这样我们就是在成长、在进步。"

尽管自己已经在努力做一个善言暖语的妈妈，但庆玲还是常常觉得自己的性格有些急躁。在未来，她愿意和先生共同努力，为孩子树立榜样，多多与孩子沟通交流，而不是堵住他们成长的出口、否定他们。

庆玲的故事让我想起了《终身成长》中的一句话："婴儿不会担心自己犯错误或者丢脸，他们向前走，摔倒，再站起来。当婴儿学习走路或说话时，不会觉得太难了就停止，也不会认为这些技能根本不值得自己为之努力。"人生不如意事十之八九，我们要接受这个事实；而孩子和自己总会犯错误，我们也要接受这个事实，因为这些都是人这一生再正常不过的成长规律。

需要强调的是，这种"宽容"与"鼓励"绝不等同于纵容孩子犯错。作为父母我们真正应该做的，就是在自己可承受的范围内，允许孩子自己去经历、去感受、去体验、去试错。而我们也要在这个过程中，让自己和孩子一起变得更好，努力放大生活中的光明面，才会有更多的阳光照耀着孩子，让其一路向阳生长。

后记
陪孩子一起成长，遇见更好的自己

当我采访完云想衣裳夫人学院的几位妈妈，聆听了她们的育儿心得后，发现了一个共同点——我们不只是陪孩子慢慢长大，孩子也陪伴我们一路成长。作家龙应台说："所谓父女母子一场，只不过意味着你和他的缘分就是今生今世，不断地在目送他的背影渐行渐远。"而我想说的是，所谓父母子女一场，是一种修行，更是相互滋养。养育孩子，是对父母最好的历练，我也一度认为自己为孩子牺牲太多、付出一切，到最后我才发现，成全的原来是我自己。孩子慢慢长大，我也在这个过程中不知不觉地学会了爱与被爱，成为更好的自己！

有不少朋友认为：孩子对父母的爱，远没有父母对孩子的爱多，我们给予孩子生命，含辛茹苦把孩子养大，孩子对父母感恩戴德是天经地义的。

其实，孩子远比想象中更爱你。

有一次，我去朋友家做客，吃饭的时候，朋友故意把孩子最爱吃的烤肠夹了很多放到自己的盘子里。我们本以为孩子肯定会不高兴，没想到孩子的反应却是，立刻将自己碗中所有的烤肠都夹给了妈妈。

这一幕深深地触动了我，很多时候，我们总以为孩子还小不懂事，殊不知他们正以一种稚嫩的方式爱着自己的父母。可以这样说，大部分的孩子爱自己的父母，常常胜过了爱他们自己。

还记得曾经被刷屏的"让妈妈和孩子分别给对方打分"的电视节目吗？

节目中，主持人先采访妈妈，几乎每个妈妈都认为自己的孩子是不完美的，不爱吃饭、不讲卫生、爱哭爱闹、不爱睡觉……满分是10分，每一项"不完美"都要扣除一分。在妈妈们的审判下，很多孩子只得了几分甚至不及格。

主持人反过来采访孩子，在孩子的眼里恰恰相反，妈妈就是像女神一样的完美存在，听别人提起妈妈，他们的眼里仿佛有星星，都闪着光。

孩子们都给妈妈打了满分10分，甚至1万分。看到此情此景，妈妈们都哭了。她们很是自责："和孩子比起来，我们真是太惭愧了。"没人料到，孩子对父母的爱是这样毫不掩饰、毫无保留。

身为人母，过去我也是个目空一切、桀骜不驯的少女，但现在我会陪伴孩子练琴、画画，带着孩子一起给留守儿童捐款，去拯救路上偶遇的流浪猫……多年不见的老友再见到我时，说我好像变了一个人似的。每当这时，我就会认真地回答："我也是当了妈妈以后才懂得，孩子就像一面镜子，反射着我们自己的模样，孩子更像一张白纸，我们做父母的什么样，孩子就什么样。其实不是我变了，而是孩子让我遇见了更好的自己。"我很赞同作家刘瑜说过的一句话："父母是要感谢孩子的，是孩子让他们的虚空有所寄托，让他们体验到生命层层开放的神秘与欣喜。"

起初，我们可能觉得孩子像一个捣蛋鬼，突然闯入我们平静的世界，打乱了我们原有的生活节奏；后来，我们可能觉得孩子像一个监工，逼着我们在为人父母后不停地学习和成长，在不知不觉中尝遍了酸甜苦辣，也学会了爱与被爱。原来，父母子女一场，是彼此成全、共同成长，是一片云推动另一片云，是一缕风吹动另一缕风，是一棵树撼动另一棵树，是一个灵魂唤醒另一个灵魂。

记得在写我的上一本书《好好过日子》的后记时，正值2020年万物复苏、春暖花开之时，当时国内疫情也在反复暴发中逐渐被控制。历史总是惊人的相似，在本书初稿完成之际，由于疫情暴发，社会再次被迫按下了"暂停键"，一时间学生们又改成居家上网课。然而，和孩子们相处的时间越长，我就越加珍惜。由于篇幅有限，即便完成了20万字的初稿，也未能将我这十几年来育儿路上全部的所见、所闻、所感呈现出来。然而，在我写作过程中有太多昔日的故事一幕幕浮现。

犹记得多年前，陪一位友人回到故乡去探望她那不久于人世的老父亲。当时老人的胃口已经变得很差，朋友就给父亲买了一些以前从未吃过的水果尝尝鲜。结果父亲在病床上吃了一口又一口，然后对朋友说："谢谢。"

朋友还以为是在表达水果好吃，就顺嘴说了句："爱吃你就多吃点，晚上我再去买。"

结果父亲强调说："闺女，谢谢你，愿意做我的孩子。"

父亲继续说："你小的时候，我没怎么管过你，后来你妈生你弟弟时难产去世，从那天起我开始自己抚养你们，也是那一刻我才体会到，原来养孩子是那么辛苦的一件事，可是我又很开心。以前我总想着，等我有病了就自杀，绝不会给儿女们添麻烦。可是当我看着你结婚生子，我实在是舍不得。如今却要你像照顾小孩子一样来照顾我。"

朋友听了，泪流满面，而她的父亲第二天就去世了。

朋友说，以前一直不明白，为什么生养了自己的父亲反而要跟自己说"谢谢"。我想，其实她父亲要表达的是，养育子女，虽然又苦又累，但也正因如此，父亲才真正体验到生命更深层次的喜悦。或许，孩子对她父亲来说就是努力活着的意义，孩子让他的人生变得更完整，所以他才对女儿说"谢谢"。

的确，人生苦，因为有了孩子的存在，这苦中才有了甜，是他们点亮了父母的每一天。日子也因为孩子们的存在，从此变得有滋有味、诗意盎然。

现在，每每看到我的两个孩子在客厅里嬉戏的身影，我都会觉得自己是如此幸运，能被孩子选中做他们的妈妈。所以，我也想对我的孩子们说："谢谢你们，愿意做我的孩子，让我带你们来到这个世界，也让我感受到，原来被你们需要是如此温暖。"

为人父母，永无止境。每个父母都希望自己的孩子能够健康、快乐地成长，如今，我的愿望又多了一个，那就是能陪孩子一起成长，孩子一路过关斩将，我一路"升级打怪"，我们终将成为更好的自己！

曹马培昕
2022 年 4 月于北京